新地方公会計
統一基準の完全解説

公会計・公監査の
考え方とすすめ方

鈴木 豊［著］

中央経済社

序　　文

　近年，地方公共団体に対する財政健全化の要請を受けて，団体全体の財務業績と現金主義・単式簿記を基礎とする，いわゆる官庁会計から発生主義・複式簿記方式による企業会計的な公会計基準の設定が要請され，既に先行団体において基準モデルや総務省方式改訂モデルの財務書類が複数の方式で作成され，開示され，活用も始まりつつある。

　しかし，団体の財政健全化のための経営戦略，資産・負債改革，ガバナンス・マネジメント改革のためには，全国統一の基準による地方公会計制度を確立する必要性が喫緊の課題であり，一般企業，公営企業，第三セクター等を包含した団体全体の財務書類が不可欠と考えられた。

　この結果，地方公会計の統一化の方針が決定され，基準・要領作成や，公営企業会計基準の改定が実施され，さらに，公営企業に対しては，一層の法適化の拡大による会計基準の適用が求められた。これにより一般会社財務書類～全体財務書類～連結財務書類の作成までのロードマップが示されることとなったのである。

　平成30年3月決算期までに遅くとも全地方公共団体1,700余，公営企業8,000余，第三セクター8,000余の包括的な連結財務書類作成のために，準備が開始されることとなったのである。既にこれらの公会計基準の統一化のためには4年半，そして数万時間の関係者の作業量によって，従前の公会計制度の継続性も視野に入れ，さらに企業会計的および国際公会計的な視点も重視しながら，一方，各団体の実施可能性も斟酌して本統一基準の設定となったものである。

　本書は，このような状況を踏まえ，主として，平成27年1月公表の「統一的な基準による地方公会計マニュアル」，平成21年12月公表の「地方公営企業会計基準（平成26年4月から適用）」および平成27年1月公表の「地方公営企業法の適用に関する研究会報告書」を，その設定の趣旨から実務適用の考え方について，できるだけ網羅的に，わかりやすく解説したものである。また，これら公会計基準の設定と同時に，その活用や公監査体制の準備も必要になるので

あるから，これらを含めて包括的に，読者の利用に利便性を付加するための方法で解説している。本書の構成は，第Ⅰ部「新地方公会計統一基準」，第Ⅱ部「公営企業の新会計基準」，第Ⅲ部「公監査と公経営監査」としており，地方公会計・公監査について必読の考え方と基準を解説している。

　本書が，各地方公共団体の財政課・会計課・行政評価や経営戦略関係の公務員の方々のみならず，公営企業・第三セクター等の関係法人職員の方々，公会計・公監査を支援する公認会計士・税理士・コンサルタントの方々，公会計・公監査の研究者や学生・大学院生の方々，地方財務書類を活用する議員，首長・マネジメント，金融機関や株主のステークホルダーの方々の理解と活用に資することとなれば，著者にとって望外の喜びです。なお，本書の執筆にあたって，著者の誤りがある可能性もなしとしません。それらについては，今後たゆまず修正していく所存です。

平成28年3月

鈴　木　　豊

目　　次

序　文　i

第Ⅰ部　新地方公会計統一基準

第1章　地方公会計基準統一化の経緯 ── 3

1．新地方公会計統一基準の基本的な考え方　3
2．地方公会計に関するこれまでの取組み　4
3．各地方公共団体における財務書類の作成状況等　5
4．新地方公会計統一基準による地方公会計整備の意義　6
5．新地方公会計基準の基本的な考え方　6
6．新統一基準の基礎概念　8
7．財務書類の構成要素　11
8．財務書類の体系　13
9．財務書類の作成　17

第2章　新地方公会計統一基準の要約 ── 19

1．新地方公会計基準統一の論点　19
2．統一的な基準による地方公会計の整備促進について　28

第3章　新地方公会計統一基準における作成手順 ── 31

1．地方公会計の意義　31

  2．財務諸表の作成手順　32

  3．複式簿記の導入　32

第4章　固定資産台帳の作成基準 ——————— 51

  1．固定資産台帳の整備　51

  2．台帳の記載項目　52

  3．台帳の記載対象範囲　52

  4．減価償却計算　57

  5．評価基準と評価方法　60

  6．整備手順等　80

  7．固定資産台帳に関するQ&A　84

  8．固定資産台帳作成基準の抜すい　88

第5章　財務書類作成基準 ——————————— 95

 第1節　貸借対照表 …………………………………………… 95

  1．基　　礎　95

  2．資産の測定と評価　95

  3．有形固定資産の評価基準　95

  4．固定資産の会計処理　96

  5．流動資産の会計処理　100

  6．負債の会計処理　101

  7．純資産の表示　102

  8．貸借対照表の様式　102

  9．貸借対照表の附属明細書　104

  10．事業用資産とインフラ資産の区分表　105

  11．貸借対照表の勘定科目表　107

第2節　行政コスト計算書作成基準 …………………………………………… 108

1．基　　礎　108

2．経常費用　108

3．経常収益　109

4．臨時損失と臨時利益　109

5．行政コスト計算書の様式　109

6．行政コスト計算書の附属明細書　112

7．行政コスト計算書の勘定科目表　113

第3節　純資産変動計算書 ………………………………………………………… 114

1．基　　礎　114

2．純行政コストの算定　114

3．財源情報　115

4．純資産変動計算書の様式　115

5．純資産変動計算書の附属明細書　116

6．純資産変動計算書の勘定科目表　118

第4節　資金収支計算書 …………………………………………………………… 118

1．基　　礎　118

2．業務活動収支　119

3．投資活動収支　119

4．財務活動収支　119

5．資金収支計算書の様式　120

6．資金収支計算書の附属明細書　121

7．資金収支計算書の勘定科目表　121

第5節　注記と附属明細書 ………………………………………………………… 123

1．注　　記　123

2．附属明細書　124

第6節　財務書類作成基準に関するQ＆A ……………………………………… 126

第6章　連結財務書類の作成基準 ─────────── 131

　　1．連結の基礎　131
　　2．対象団体　131
　　3．連結決算日　134
　　4．連結財務書類の体系と表示　134
　　5．注　　記　137
　　6．連結財務書類の作成手順　139
　　7．連結財務書類の様式　149
　　8．連結財務書類の附属明細書　154
　　9．連結財務書類作成基準に関するＱ＆Ａ　155
　10．基準の抜すい　157

第7章　今後の実務上の課題と活用の方向性 ─────── 173

　第1節　実務上の課題と活用 ……………………………………… 173
　　1．開示等にあたってのわかりやすい表示等　173
　　2．財政の効率化・適正化に向けた財務書類の活用　173
　　3．地方公会計の整備促進に貢献する人材の育成・教育　174
　　4．地方公共団体における事務負担等　174
　　5．システム整備　174
　　6．支援の方法　174
　　7．ロードマップと公表資料　176
　第2節　財務書類の活用 …………………………………………… 177
　　1．行政内部での活用（マネジメント目的）　178
　　2．行政外部での活用（アカウンタビリティの履行目的）　180
　　3．財務書類分析の視点　182
　　4．財務書類の活用方策　188

第Ⅱ部　公営企業の新会計基準

第1章　新地方公営企業会計基準の改定目的と内容 ——— 203

1. 借入資本金　205
2. 補助金等により取得した固定資産の償却制度等　206
3. 引当金　208
4. 繰延資金　211
5. たな卸資産の価額　211
6. 減損会計　211
7. リース取引に係る会計基準　212
8. セグメント情報の開示　212
9. キャッシュ・フロー計算書　214
10. 勘定科目等の見直し　215
11. 資本制度　218
12. 財務適用範囲の拡大等　219

第2章　地方公営企業法の適用に関する研究会報告書のポイントの活用 ——— 221

1. 固定資産をはじめとする会計情報の整備　221
2. 段階的な法適用　222
3. 地方公共団体の懸念に対する見解　223
4. 今後の財務規定等の適用範囲の拡大に関する考え方　224
5. 経営戦略の策定及び経営比較分析表の策定　224

第3章 地方公営企業の経営戦略診断の
　　　　公監査プロセス ─────────── 227

第Ⅲ部　公監査と公経営監査

第1章　公経営監査の萌芽 ───────────── 239

　第1節　経営監査の萌芽 ……………………………………… 239

　第2節　公経営監査の萌芽 …………………………………… 248

　第3節　公監査と公経営監査の確立への提言 ……………… 253

第2章　公経営監査の構成要素 ───────────── 261

　第1節　公経営監査の統制構造 ……………………………… 261

第3章　公経営監査の監査手続と証拠 ─────────── 267

索　引・287

第Ⅰ部

新地方公会計統一基準

第1章

地方公会計基準統一化の経緯

1. 新地方公会計統一基準の基本的な考え方

(1) 地方財政の状況が厳しさを増す中で財政の透明性，説明責任（対住民・議会等）の重要性がが高まったこと。

(2) 平成18年度「新地方公会計制度研究会」が設置され，新地方公会計モデルとして基準モデルと総務省方式改訂モデル等を示してその整備を要請されたが，統一基準という性格ではなかった。

(3) 平成22年9月，「今後の新地方公会計の推進に関する研究会」が設置され，公会計の推進方策や基準のあり方などが議論された。その背景としては，①財務書類の作成についての検証，②国際公会計基準（IPSAS）や国の公会計の動向等を検討することであった。

(4) 平成25年8月，当研究会が「中間とりまとめ」を行い，その中で，

① 公会計の整備にあたっての標準的な考え，方法を示す基準を設定した。

② 固定資産台帳の整備と複式簿記導入かつ必要不可欠であることが提示された。

(5) 研究会の下に，次の2部会を設置し，詳細な基準化がなされた。

① 「財務書類の作成基準に関する作業部会」

② 「固定資産台帳の整備等に関する作業部会」

ここでは，既存の財務書類との継続性等，実務面での実施可能性，財務書類のわかりやすさ等の基本方針が検討された。

(6) 本報告書の作成

① 特段記載のない事項は両部会の考え方を踏襲することとなった。
② さらに実務的な検証が必要とされるものについては，今後の詳細かつ実務的な検討を踏まえて，要領等において整理することとなった。
(7) 「今後の新地方公会計の推進に関する実務研究会」から統一基準として，最終報告書が下記のように平成27年1月23日に総務省より公表された。
① 地方公会計マニュアル
② 財務書類作成要領
③ 資産評価及び固定資産台帳整備の手引き
④ 連結財務書類作成の手引き
⑤ 財務書類等活用の手引き
⑥ Q&A集

2．地方公会計に関するこれまでの取組み

(1) 地方公共団体の会計の考え方
① 対価性のない税財源を配分するという地方財政の基本目的を設定していた。
② 議決を経た予算を通じて事前統制を行う財源を有し，ここが企業会計とは根本的に異なっているものと識別されていた。
③ それ故に予算の適正・確実な執行を行うことから現金主義を採用していた。
(2) 厳しい財政状況への対応
　市民・納税者から財政の透明性，公的説明責任，効率化・適正化を図ることが求められ，発生主義等の企業会計の考え方による財務書類の作成・開示を推進する必要があることが強く求められた。
(3) 「行政改革の重要方針」が平成17年12月に閣議決定された。
(4) 「簡素で効率的な政府を実現するための行政改革の推進に関する法律」が平成18年に制定された。ここでは地方においても資産・債務改革に積極的に取り組むことが求められた。
(5) 地方公共団体の財政破綻を契機として，「地方公共団体の財政の健全化に関する法律」が平成19年に制定され，実質公債費比率，将来負担比率等

の5指標による収支成績が評価された。

3．各地方公共団体における財務書類の作成状況等

(1) 平成23年度決算に係る財務書類の作成状況（平成25年度3月時点）では，作成団体（作成済・作成中の団体合計）96％であり，着実に進んでいる傾向であった〔図表Ⅰ-1-1〕。
(2) 固定資産台帳の整備状況では，整備済団体，財務書類の作成団体の18％であり，あまり進んでいない状況が判明した。
(3) 財務書類の活用状況（平成23年度計算）については，作成済団体の89％で他の地方公共団体との比較，経年比較等の財務状況の分析，住民や議会等に対する財務状況の説明などに活用しているものの行政評価や公共施設の老朽化対策に係る資産管理等の個別的な活用は，一部の地方公共団体に留まっていた。
(4) 財務書類の作成方式
  各モデル等の特例は下記のとおりであった。
① 基準モデル
  ㋑ 個々の取引等；発生の都度または期末に一括して発生主義により複式仕訳を行う。
  ㋺ 特殊な財源仕訳あり。

〔図表Ⅰ-1-1〕作成状況

（平成25年3月31日時点）

区　分	団体数	割合
作成済＋作成中	1,711	(95.6％)
基準モデル	254	(14.2％)
総務省方式改訂モデル	1,416	(79.2％)
旧総務省方式	23	(1.3％)
その他のモデル	18	(1.0％)
未着手	78	(4.4％)
合計	1,789	(100％)

② 総務省方式改訂モデル
　　㋑ 個々の複式仕訳によらず，既存の決算統計情報を活用する。
　　㋺ 簡便な方法のため検証可能性が低く，資産額に精緻さを欠くこととなる。
③ 東京都や大阪府等の方式
　　㋑ 発生の都度，複式仕訳を実施する方式である。
　　㋺ 官庁会計処理と連動したシステムを用いている。
　新統一基準と上記のモデルとの比較表は，〔図表Ⅰ－1－2〕，〔図表Ⅰ－1－3〕，〔図表Ⅰ－1－4〕のとおりである。
(5) 他の公会計基準の状況
① 国の公会計
　特別会計財務書類，省庁別財務書類，省庁別財務書類を合算した国の財務書類，連結財務書類，政策別コスト情報が作成されている。
② 国際公会計基準（IPSAS）
　国際財務報告基準に公的部門の特徴を加味し，概念フレームワークプロジェクトが進行し，また財務諸表以外の財務報告の開発等も検討されている。

4．新地方公会計統一基準による地方公会計整備の意義

以下のように意義がまとめられた。
① 発生主義によりストック・フロー情報を総体的・一覧的に把握すること。
② 現金主義会計による予算・決算制度を補完する機能とすること。
③ 住民や議会等に対し，財務情報をわかりやすく開示することによって説明責任の履行を果たすこと。
④ 資産・債務管理や予算編成，行政評価等に有効に活用でき，マネジメント強化，財政の効率化・適正化に有効となる。
⑤ 地方公共団体全体，すなわち連結会計として財務情報のわかりやすい開示を行う。

5．新地方公会計基準の基本的な考え方

① 基準の設定については標準的な基準を示すことが必要であり，㋑他団体

〔図表Ⅰ－1－2〕基準モデルからの変更点（財務書類関係）

項　目	主　な　変　更　点
報告主体	○一部事務組合及び広域連合も対象に追加
財務書類の体系	○4表と3表の選択制に 　・貸借対照表 　・行政コスト計算書 　・純資産変動計算書 　・資金収支計算書 　※行政コスト計算書及び純資産変動計算書は，別々の計算書としても，結合した計算書としても差し支えないことに
貸借対照表	○報告式から勘定式に ○流動性配列法から固定性配列法に ○金融資産・非金融資産から固定資産・流動資産の区分に ○流動負債・非流動負債から固定負債・流動負債の区分に ○勘定科目の見直し（繰延資産の廃止，投資損失引当金の新設，インフラ資産の内訳や公債の名称変更等） ○純資産の部の内訳について，財源・調達源泉別の資産形成充当財源・その他の純資産の区分から，固定資産等形成分・余剰分（不足分）の区分に簡略化 ○償却資産について，その表示を直接法から間接法に（減価償却累計額の明示）
行政コスト計算書	○経常費用・経常収益の区分に，臨時損失・臨時利益の区分を追加
純資産変動計算書	内訳の簡略化（固定資産台帳の財源情報が任意に）
資金収支計算書	○業務活動収支・投資活動収支・財務活動収支に区分の名称変更 ○固定資産等形成に係る国県等補助金収入を投資活動に ○支払利息の計上箇所を財務的収支から業務活動収支に
その他の様式	○注記事項，附属明細書の充実

との比較が容易，㋺住民等に対するわかりやすい説明，㋩財政運営や行政評価等への活用充実に資するものでなければならない。そのため資産評価の基準や様式などを統一的な取扱いとして整理し，また今後，国と連携を図る上でも必要なものである。

② こうした必要性から新たな財務書類の作成基準を示すことが目的である。

③ 本基準は，各地方公共団体の創意工夫による住民等への説明責任や行政

〔図表Ⅰ－1－3〕基準モデルからの変更点（資産評価・会計処理関係）

項　目	主な変更点
有形固定資産の評価基準	○これまで原則として再調達原価で評価し，事業用資産の土地は再評価を行うこととしていたが，原則として取得原価で評価し，再評価は行わないことに ○基準モデル等により評価している資産については，これまでの評価額を許容するが，新たに取得した資産については取得原価により評価
資産関係の会計処理	○事業用資産とインフラ資産の区分について再整理 ○繰延資産について，勘定科目として計上しないことに
負債関係の会計処理	○連結対象団体及び会計の投資及び出資金は減損方式から投資損失引当金として引当金計上方式に ○貸倒引当金から徴収不能引当金に名称変更 ○賞与等引当金として，法定福利費も含めることに
費用・収益関係	○インフラ資産の減価償却費・直接資本減耗相当は減価償却費として行政コスト計算書に計上することに ○使用の当月または翌月からの償却を可能に
耐用年数	○その取扱いに合理性・客観性があるものについては，耐用年数省令よりも長い期間の耐用年数を設定することも可能に
取替法・減損処理	○その有用性等を検証する観点から，適用している地方公共団体が今後も取扱いを継続することが可能に

経営に資する財務書類の作成を妨げないものとする。

6．新統一基準の基礎概念

(1) 報告主体

報告主体は，都道府県，市町村（特別区を含む。），一部事務組合及び広域連合である。

① 一般会計及び地方公営事業会計以外の特別会計からなる一般会計等を基礎として財務書類を作成する。
② 一般会計等に地方公営事業会計を加えた全体財務書類を作成する。
③ ②に地方公共団体の関連団体を加えた連結財務書類を作成する。
④ 全体財務書類と連結財務書類の具体的な処理・表示の取扱いは要領等с

〔図表Ⅰ-1-4〕総務省方式改訂モデルからの変更点（財務書類関係）

項　目	主　な　変　更　点
報告主体	○一部事務組合及び広域連合も対象に追加
財務書類の体系	○4表と3表の選択制に 　・貸借対照表 　・行政コスト計算書 　・純資産変動計算書 　・資金収支計算書 　※行政コスト計算書及び純資産変動計算書は，別々の計算書としても，結合した計算書としても差し支えないことに ○固定資産台帳の整備と複式簿記の導入が前提
貸借対照表	○公共資産・投資等・流動資産から固定資産・流動資産の区分に ○勘定科目の見直し（有形固定資産について行政目的別（生活インフラ・国土保全，教育等）から性質別（土地，建物等）の表示に変更等） ○純資産の部の内訳について，公共資産等整備国県補助金等・公共資産等整備一般財源等・その他一般財源等・資産評価差額から，固定資産等形成分・余剰分（不足分）の区分に簡略化 ○償却資産について，その表示を直接法から間接法に（減価償却累計額の明示）
行政コスト計算書	○経常行政コスト・経常収益の区分から経常費用・経常収益・臨時損失・臨時利益の区分に ○性質別・目的別分類の表示から性質別分類のみの表示に（目的別分類は附属明細書で表示）
純資産変動計算書	○内訳の簡略化（財源情報の省略）
資金収支計算書	○業務活動収支・投資活動収支・財務活動収支に区分の名称変更 ○区分ごとの支出と財源の対応関係の表示から活動区分別の表示に（地方債発行の例：改訂モデルではその性質に応じた区分に計上していたが，統一的な基準では財務活動収支に計上）
その他の様式	○注記事項，附属明細書の充実

おいて整理して示す。

〔図表Ⅰ-1-5〕で示すと次のようになる。

(2) 情報利用者及びそのニーズ

　財務書類の利用者と情報利用者のニーズの例は以下のとおりである。

〔図表Ⅰ-1-5〕財務書類の対象となる会計

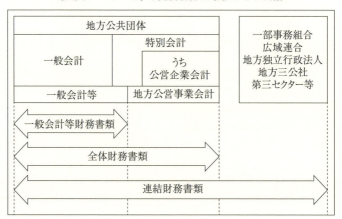

① 住　民
　㋑　将来世代と現世代との負担の分担は適切か
　㋺　行政サービスは効率的に提供されているか
　㋩　(投票に関する) 政治的意思決定
② 地方債等への投資者⇒財政の持続可能性
③ 地方公共団体の内部者 (首長，議会，補助機関等)
　　⇒予算編成過程における具体的な政策決定の資料
④ その他外部の利害関係者 (取引先，国，格付機関等)
(3) 財務書類の作成目的
　作成目的は次のように集約された。
① 情報利用者に対し，意思決定に有用な情報をわかりやすく開示することによる説明責任の履行を果たすこと。
② 資産・債務管理や予算編成，行政評価等に有効に活用し，マネジメント強化，特に財政の効率化・適正化を果たすこと。
そのために具体的には，地方公共団体における下記の情報を提供することとなった。
　㋑　財政状態
　㋺　発生主義による一会計期間における費用・収益

㈦　純資産の変動
㈧　資金収支の状態
(4)　財務書類の質的特性
　財務情報として具備すべき定性的な要件を企業会計に準じてつぎのように示す。
①　理解可能性の原則
　できるだけ簡潔にわかりやすい基準とする。
②　完全性の原則
　基準にはストック情報・フロー情報・損益取引・資本取引等，すべての情報を含んでいなければならない。
③　目的適合性の原則
　利用者にとってどれだけ有用性があるかの観点から，事後的評価可能性，予測・シミュレーション可能性，適時性が求められる。
④　信頼性の原則
　決算情報の開示とこれにより住民による財政規律を達成する上でその情報が正確性と真実性を有するかという観点から，㈠実質優先主義，㈡中立性，㈢表示の忠実性が求められる。
⑤　比較可能性の原則
　会計期間又は他の会計主体との間で比較可能性が担保できるものでなければならない。
⑥　重要性の原則
　地方公会計についても財務情報の省略又は誤表示に関する，情報利用者の意思決定に与える影響が考慮されるべきである。

7．財務書類の構成要素

　新地方公会計の統一基準の設定にあたり，その基礎となるべき財務書類の構成要素を下記のように確定した。
(1)　総則
①　資産⇒将来の経済的便益が当該会計主体に流入すると期待される資源，
　　または潜在的なサービス提供能力を伴うもの

② 負債⇒特定の会計主体の現在の義務であって，経済的便益を伴う資源が当該会計主体から流出し，または潜在的なサービス提供能力の低下を招くことが予想されるもの
③ 純資産⇒正味の資産をいい，租税等の拠出及び獲得された余剰（又は損失）の蓄積残高
④ 費用⇒一会計期間中に費消された，資産の流出・減損，負債の発生の形による経済的便益又はサービス提供能力の減少
⑤ 収益⇒一会計期間中に成果として資産の流入もしくは増加，負債の減少の形による経済的便益又はサービス提供能力の増加
⑥ その他の純資産減少原因⇒費用に該当しない純資産（またはその内部構成）の減少原因をいう。「固定資産等の増加（余剰分（不足分））」，「固定資産等の減少）固定資産等形成分）」及び「その他の純資産の減少」に細分類される。
⑦ 財源及びその他の純資産増加原因⇒会計期間中における資産の流入もしくは増加，又は負債の減少の形による経済的便益又はサービス提供能力の増加をもたらすものであって，収益に該当しない純資産（又はその内部構成）の増加原因をいう。「財源」，「固定資産等の増加（固定資産等形成分）」，「固定資産等の減少（剰余分（不足分））」及び「その他の純資産の増加」に細分類される。

以上のように，企業会計基準の5要素に2つの特徴的要素を付加したものである。

(2) 資産・負債アプローチ

本基準においては，「資産・負債アプローチ」（資産及び負債を基本的構成要素とした上で，これらを基礎としてその他の構成要素の定義付けを行う考え方）を採用したものであり，利益概念のない地方公会計においては費用・収益アプローチは採用しなかったのである。

(3) 構成要素の認識及び測定

構成要素の認識とは，当該取引事象が，①構成要素の定義に該当し，かつ，②一定以上の信頼性をもって測定できる場合に，これを認識し，財務書類に計上することとなる。

構成要素の測定とは，構成要素を認識した上で，財務書類に計上する金額を決定する過程を意味する。これらは企業会計と同意義である。

このことにより歳入・歳出管理というフローの側面だけでなく，資産・負債管理というストックの側面からも，構成要素の認識基準として，発生主義を活用すべきとする結論が導出されたものである。

この発生主義には，①どのタイミングで取引事象を認識すべきか（会計の基礎），②どのような範囲の取引事象を認識すべきか（測定の焦点）という側面がある。特に「すべての経済資源を認識の範囲に含める」という②の側面が地方公会計では重要とされた。

すなわち決算情報の開示と住民による財政規律という目的を達成する上で，損益取引は限定的であるのに対して，純資産及びその内部構成を変動させる資本取引等の重要性が高いものとされたのである。

以上のことから，住民など情報利用者に有用な情報を提供する内容が，(A) 財政状態，(B) 資金収支の状態，(C)「発生主義による一会計期間の費用・収益」，(D)「純資産（及びその内部構成）の変動」とされたのである。

8．財務書類の体系

「中間とりまとめ」において，測定・開示すべき財務実績は，〔図表Ⅰ-1-

〔図表Ⅰ-1-6〕財務書類の体系について

・財務書類の体系については，住民をはじめとする情報利用者が経済的または政治的意思決定を行うに当たり，有用な情報を提供するという観点から整理する必要がある。
・具体的には，(A) 資産・負債・純資産の残高を示す「財政状態」と，(B) 資金の状態を示す「資金収支の状態」に加え，(C)「発生主義による一会計期間の費用・収益」及び(D)「純資産の変動」に関する情報を適切に提供していくことが必要となる。（現行モデルの考え方と同様）

①一会計期間の経常的な費用がどの程度あり
②それが税収等の財源によってどのように賄われ，
③固定資産の増減等を含め，将来に引き継ぐ純資産がどのように変動したかを示すことによって評価することが適当

（出所：平成26年4月総務省資料（今後の新地方公会計の推進に関する研究会報告書・参考資料））

〔図表Ⅰ-1-7〕財務書類の体系に係る論点整理の方向性

＜財務書類の体系に係る主な論点＞
① 当該年度に純資産がどのように変動したか示すことの重要性及び示し方
② 収益（受益者負担により徴収している使用料等）を財源と切り分けて認識する必要性
③ 表示形式について，行政コスト計算書と純資産変動計算書を区分すべきか，結合すべきか。（4表又は3表）
④ 純資産の変動要因の表示場所（本表又は別表）

【考え方】
①⇒ 少なくとも有形固定資産の増減及び貸付金・基金等の増減について
②⇒ 使用料等については，現行と同様に収益として認識
③⇒ 4表形式としても，これらを結合して3表形式としても差し支えない。ただし，集計等を行う際に，4表形式とする。
④⇒ 本表での表示とする。

(出所：平成26年4月総務省資料（今後の新地方公会計の推進に関する研究会報告書：参考資料））

6〕，〔図表Ⅰ-1-7〕のような論点整理によって，①一会計期間の経常的な費用がどの程度あり，②それが税収等の財源によってどのように賄われ，③固定資産の増減等を含め，将来に引き継ぐ純資産がどのように変動したかを示すことによって評価することが適当との結論に至った。

そこで財務書類の体系については，①貸借対照表，②資金収支計算書，③行政コスト計算書，④純資産変動計算書として4表形式に，そして⑤附属明細書が付加された。

但し，行政コスト計算書及び純資産変動計算書については，別々の計算書としても，その二つを結合した計算書としても差し支えないものとされた。これは〔図表Ⅰ-1-8〕，〔図表Ⅰ-1-9〕のように，先行自治体による作成開示例もあり，主として4表形式であるが，この3表形式も許容することとされた。

第1章 地方公会計基準統一化の経緯　15

[図表Ⅰ-1-8] 財務書類の体系（4表形式）

[財務書類のイメージを示す資料であり、勘定科目の名称・体系は仮のものである。]

(単位：百万円)

【貸借対照表】

科目	金額	科目	金額
固定資産	25,177	固定負債	5,197
有形固定資産	23,134	地方債	4,332
事業用資産	7,561	その他	865
土地	1,924	流動負債	670
建物等	11,274	1年内償還予定地方債等	670
減価償却累計額	△5,637	負債合計	5,867
インフラ資産	15,573	固定資産等形成分	25,185
土地	2,781	余剰分（不足分）	△5,509
建物等	25,584		
減価償却累計額	△12,792		
投資その他の資産	2,043		
投資金等	2,043		
流動資産	366		
現金預金	152	純資産合計	19,676
その他	214		
資産合計	25,543	負債及び純資産合計	25,543

【行政コスト計算書】

科目	金額
1. 経常費用	3,996
①業務費用	2,757
ア 人件費	965
イ 減価償却費	897
ウ その他	895
②移転費用	1,239
2. 経常収益	175
①使用料及び手数料	175
3. 純経常行政コスト（1－2）	3,821
4. 臨時損失	－
5. 資産売却損益	－
①資産売却益	－
6. 純行政コスト（3＋4－5）	3,821

【資金収支計算書】

科目	金額
【業務活動収支】	
支出合計	3,038
収入合計	4,442
業務活動収支①	1,404
【投資活動収支】	
支出合計	1,221
収入合計	156
投資活動収支②	△1,065
【財務活動収支】	
支出合計	928
収入合計	607
財務活動収支③	△321
本年度資金収支額④（①＋②＋③）	18
前年度資金残高⑤	134
本年度資金残高⑥（④＋⑤）	152

【純資産変動計算書】

科目	合計	固定資産形成分	余剰分（不足分）
1. 前年度末純資産残高	19,253	24,964	△5,711
2. 純行政コスト（△）	△3,821		△3,821
3. 財源	4,244		4,244
①税収等	3,465		3,465
②国県等補助金	779		779
4. 本年度差額（2＋3）	423		423
5. 固定資産等の変動（内部変動）		221	△221
①有形固定資産等の増加		756	△756
②有形固定資産等の減少		△897	897
③貸付金・基金等の増加		519	△519
④貸付金・基金等の減少		△157	157
6. 資産評価差額	－	－	－
7. 無償所管換等	－	－	－
8. その他	－	－	－
9. 本年度純資産変動額（4～8の合計）	423	221	202
10. 本年度末純資産残高（1＋9）	19,676	25,185	△5,509

(出所：平成26年4月総務省資料（今後の新地方公会計の推進に関する研究会報告書・参考資料))

[図表Ⅰ-1-9] 財務書類の体系（3表形式）

[財務書類のイメージを示す資料であり、勘定科目の名称・体系は仮のものである。]

（単位：百万円）

【貸借対照表】

科目	金額
固定資産	25,177
有形固定資産	23,134
事業用資産	7,561
土地	1,924
建物等	11,274
減価償却累計額	△5,637
インフラ資産	15,573
土地	2,781
建物等	25,584
減価償却累計額	△12,792
投資その他の資産	2,043
流動資産	366
現金預金	152
その他	214
資産合計	25,543

科目	金額
固定負債	5,197
地方債	4,332
その他	865
流動負債	670
1年内償還予定地方債等	670
負債合計	5,867
固定資産等形成分	25,185
余剰分（不足分）	△5,509
純資産合計	19,676
負債及び純資産合計	25,543

【行政コスト及び純資産変動計算書】

科目	合計	固定資産等形成分	余剰分（不足分）
1 経常費用	3,996		
①業務費用	2,757		
ア 人件費	965		
イ 減価償却費	897		
ウ その他	895		
②移転費用	1,239		
2 経常収益	175		
①使用料及び手数料等	175		
3 純経常行政コスト（1－2）	3,821		
4 臨時損失	—		
5 臨時利益	—		
①資産売却益等	—		
6 純行政コスト（3＋4－5）	3,821		3,821
7 財源	4,244		4,244
①税収等	3,465		3,465
②国県支出補助金	779		779
8 本年度差額（7－6）	423		423
9 固定資産等の変動（内部変動）		221	△221
①有形固定資産等の増加		756	△756
②有形固定資産等の減少		△897	897
③貸付金・基金等の増加		519	△519
④貸付金・基金等の減少		△157	157
10. 資産評価差額	—	—	—
11. 無償所管換等	—	—	—
12. その他	—	—	—
13. 本年度純資産変動額（8～12の合計）	423	221	202
14. 前年度末純資産残高	19,253	24,964	△5,711
15. 本年度末純資産残高（13＋14）	19,676	25,185	△5,509

【資金収支計算書】

科目	金額
【業務活動収支】	
支出合計	3,038
収入合計	4,442
業務活動収支①	1,404
【投資活動収支】	
支出合計	1,221
収入合計	156
投資活動収支②	△1,065
【財務活動収支】	
支出合計	928
収入合計	607
財務活動収支③	△321
本年度資金収支額（①＋②＋③）④	18
前年度末資金残高⑤	134
本年度末資金残高（④＋⑤）	152

（出所：平成26年4月総務省資料（今後の新地方公会計の推進に関する研究会報告書・参考資料））

9．財務書類の作成

(1) 財務書類の体系

体系は，①貸借対照表，②行政コスト計算書，③純資産変動計算書，④資金収支計算書，⑤附属明細書があり，4表と3表の関係は，〔図表Ⅰ-1-10〕，〔図表Ⅰ-1-11〕のとおりである。

(2) 作成単位

作成単位は，一般会計等を基礎とし，地方公営事業会計を加えた全体財務書類，関連団体を加えた連結財務書類とする。そして具体的な取扱いは，要領等において整理された。

(3) 会計処理

会計プロセスは，総勘定元帳等の会計帳簿から誘導的に作成される，いわゆる誘導法による。

(4) 作成基準日

作成基準日は会計年度末（3月31日）とする。それ故，出納整理期間中の現金の受払い等の終了した後の計数（その旨及び出納整理期間に係る根拠条文の注記を要するとされた）とされ，出納整理期間中の取引は従来通り含ま

〔図表Ⅰ-1-10〕財務諸表4表構成の相互関係

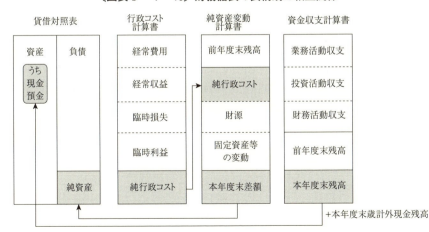

（出所：平成27年1月総務省資料（財務書類作成要領））

〔図表Ⅰ-1-11〕財務諸表3表構成の相互関係

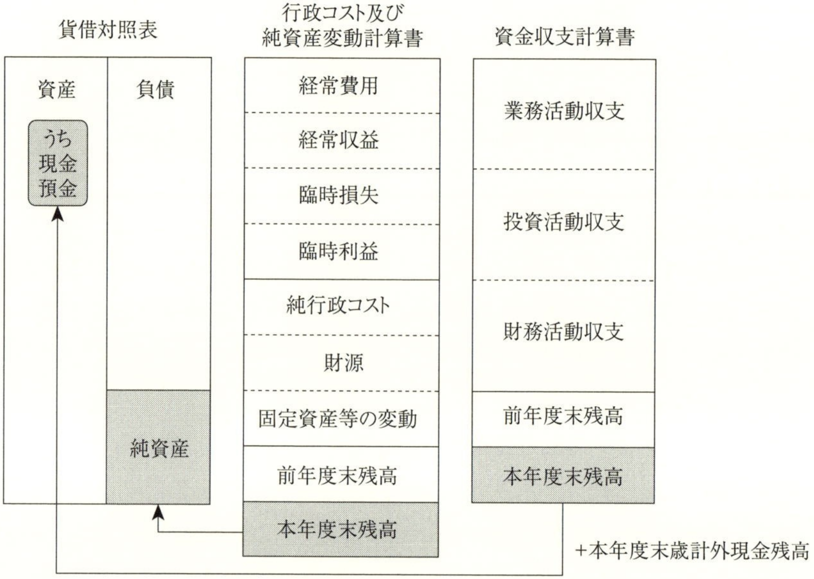

貸借対照表	行政コスト及び純資産変動計算書	資金収支計算書
資産／負債 うち現金預金／純資産	経常費用／経常収益／臨時損失／臨時利益／純行政コスト／財源／固定資産等の変動／前年度末残高／本年度末残高	業務活動収支／投資活動収支／財務活動収支／前年度末残高／本年度末残高 ＋本年度末歳計外現金残高

(出所：平成27年1月総務省資料（財務書類作成要領）)

れるとされた。

(5) 表示単位

百万円を原則とし，千円単位とすることもできるとされた。

(6) 作成手順

作成プロセスは，①一般会計等，一般会計及び特別会計，②対象範囲とする会計名を注記，③一般会計等の財務書類の合算・相殺消去の方法は，会計相互間の内部取引を相殺消去し，一般会計等の純計を算出することとされた。

第2章

新地方公会計統一基準の要約

1. 新地方公会計基準統一の論点

　平成18年の「新地方公会計制度研究会」報告書にもとづく財務書類の「基準モデル」と「総務省方式改訂モデル」の作成実務を、更に精緻化し統一化するために、平成22年9月に、地方公共団体における財務書類の作成についての検証を行うとともに、国際公会計基準（IPSAS）及び国の公会計等の動向を踏まえた新地方公会計の推進方策等を検討するため、総務省に「今後の新地方公会計の推進に関する研究会」（以下「研究会」という。）」が設置された。

　同研究会の下に、他基準の考え方を取り入れられるものは取り入れ、従来からの各自治体の財務書類作成との継続性と全自治体の実施可能性を推量しつつ、さらなる基準のとりまとめに向けて地方公共団体の実態や実務上の課題等を踏まえて検討を行うため、「地方公共団体における財務書類の作成基準に関する作業部会」と、「地方公共団体における固定資産台帳の整備等に関する作業部会」の二つの部会が設置され検討が行われた。そして、特に会計処理手続の実務簡便性と両モデルの考え方や財務書類の表示上の継続性という観点も重視した検討を行い、それぞれ部会報告書としてとりまとめられた。

　新地方公会計の推進に関する研究会報告書は、両部会報告書を踏まえて作成されたものであり、検討事項のうち、さらに実務的な検証が必要とされるものについては、詳細かつ実務的な検討を踏まえて、「今後の新地方公会計の推進に関する実務研究会」が設置され要領等の作成を行った。

　報告書における基本的方針は、地方公会計基準の標準的統一化であり、その

中心的要点は，①発生主義と，②複式簿記の導入，③従来の財源表示から簡便な純資産変動の開示，④各自治体における統一的な実施可能性に基づく資産の取得原価評価，⑤開始B/Sの作成方法と固定資産台帳の作成様式，⑤予算決算制度による財政統制を踏襲した出納整理期間取引の認識等である。ここでの目標は，地方公会計は，発生主義により，ストック情報やフロー情報を総体的・一覧的に把握することにより，現金主義会計による予算・決算制度を補完するものとして整備するものである。また個々の地方公共団体における地方公会計整備の意義としては，住民や議会等に対し，財務情報をわかりやすく開示することによるパブリックアカウンタビリティの履行と，資産・債務管理や予算編成，行政評価等に有効に活用することで，マネジメントを強化し，財政の効率化・適正化を図ることが挙げられている。

このような地方公会計の整備促進を図るためには，すべての地方公共団体において適用できる標準的な基準を示すことが必要であるとして，資産評価の基準や様式など財務書類の作成の基本となる部分について，統一的な取扱いとして整理している。ここでは，一般会計等に地方公営事業会計を加えた全体財務書類，全体財務書類に地方公共団体の関連団体を加えた連結財務書類を合わせて作成する。なお，全体財務書類と連結財務書類の具体的な取扱いについては，要領等において整理するとしている。すなわち当該地方公共団体の全体の業績は，連結財務書類の作成によらなければならないとする考え方は企業会計と同様である。

地方公共団体において財務書類を作成する目的は，経済的または政治的意思決定を行う情報利用者に対し，意思決定に有用な情報をわかりやすく開示することによる説明責任の履行と，資産・債務管理や予算編成，業績評価等に有効に活用することで，マネジメントを強化し，財政の効率化・適正化を図ることである。具体的には，地方公共団体の①「財政状態」，②「発生主義による一会計期間における費用・収益」，③旧モデルにおける財源計算と表示を極力簡便化した「純資産の変動」及び④「資金収支の状態」に関する情報の開示を意味している。すなわち，ここでは特徴的に純資産の変動情報を重視している。また，現金主義によるストック情報の不足，フルコスト情報の必要性，固定資産管理情報の完備，総資金収支の効率性の把握を目指している意味あいをもっ

ている。

　財務書類の構成要素については，それぞれ異なる属性を有する大項目，すなわち「資産」，「負債」，「純資産」，「費用」，「収益」，「その他の純資産減少原因」及び「財源及びその他の純資産増加要因」を示している。純資産とは，資産から負債を控除した正味の資産をいい，租税等の拠出及び当該会計主体の活動等によって獲得された余剰（または欠損）の蓄積残高を意味する。その他の純資産減少原因とは，当該会計期間中における資産の流出もしくは減損，又は負債の発生の形による経済的便益又はサービス提供能力の減少をもたらすものであって，費用に該当しない純資産（又はその内部構成）の減少原因をいう。その他の純資産減少原因は，その発生形態の別によって，「固定資産等の増加（余剰分（不足分））」，「固定資産等の減少（固定資産等形成分）」及び「その他の純資産の減少」に細分類される。財源及びその他の純資産増加原因とは，当該会計期間中における資産の流入もしくは増加，又は負債の減少の形による経済的便益又はサービス提供能力の増加をもたらすものであって，収益に該当しない純資産（又はその内部構成）の増加原因をいう。財源及びその他の純資産増加原因は，その発生形態の別によって，「財源」，「固定資産等の増加（固定資産等形成分）」，「固定資産等の減少（余剰分（不足分））」及び「その他の純資産の増加」に細分類される。このうち財源とは，収益の定義に該当しない税収等及び国県等補助金をいう。すなわち，税収の取り扱いについては収益説と出資説等があるが，継続性と国の基準との整合性を図る目的もあり，純資産変動計算書の財源として処理することとなった。このように統一基準のもつ特質は，純資産の変動を詳細に示すことによって自治体の財政状態をダイナミックに理解できるように考えられたものである。そのためには，特に現在の自治体の過剰な固定資産を管理統制する資料としての純資産変動の測定が必須となる。しかし，これは基準モデルにおける財源仕訳の踏襲を意味するものではない。

　財務書類の体系については，住民をはじめとする情報利用者が経済的又は政治的意思決定を行うにあたり，有用な情報を提供するという観点から整理する必要がある。財務書類の体系については，貸借対照表，資金収支計算書，行政コスト計算書，及び純資産変動計算書からなり，3表，4表形式で示された。

　すなわち，行政コスト計算書及び純資産変動計算書については，先行自治体

における財務書類の活用例を踏まえて，行政コスト及び純資産変動計算書を結合した計算書としても差し支えないものとされた。

財務書類の作成基準日は，会計年度末（3月31日）とする。ただし，出納整理期間中の現金の受払い等を終了した後の計数をもって会計年度末の計数とする。このように，財務書類は，出納整理期間を存続した補完的性質をもつものである。すなわち，出納整理期間中の取引は，次期の取引とすべき有力な考え方もあるが，自治体の会計の継続性と，何よりも出納整理期間制度の廃止には，財政関係法の改正と自治体利害関係者の理解が必要であること及び実際の会計取引の比率から現行の財政処理を許容することとなったものである。

財務書類の主な項目の処理について，売却可能資産については，資産科目別の金額及びその範囲を注記する。売却可能資産は，原則として基準日時点における売却可能価額をもって注記する。インフラ資産に係る減価償却については，実務的には，例えば道路資産の構成部分ごとの把握が困難な場合もあることから，簡便的な減価償却の方法として，道路等の類似した一群の資産を一体として総合償却するような償却方法も認める。既に取替法を選択している地方公共団体に関しては，今後も取扱いを継続することは妨げないとされている。すなわち，現行基準において開示されている売却可能資産の表示については，これを削除することとしたが，これら情報の有用性から注記としたものである。

有形固定資産は，「事業用資産」，「インフラ資産」及び「物品」に分類して表示する。事業用資産の開始貸借対照表の価額の測定については，取得原価が判明しているものは，原則として取得原価とし，取得原価が不明なものは，原則として再調達原価とする。また，開始後は，原則として取得原価とし，再評価はしない。インフラ資産の開始貸借対照表の価額の測定については，取得原価が判明しているものは，原則として取得原価とし，取得原価が不明なものは，原則として再調達原価とする。ただし，道路等の土地のうち，取得原価が不明なものについては，原則として備忘価額1円とする。これは，実務の実施可能性と比較可能性の観点からである。統一基準としては，全自治体の実施可能性と有用性を考慮して，取得原価による表示を原則としたものである。しかし，道路等の土地については，自治体全体の取得原価の測定資料の保全状況及び地方債の償還期限から，特定の時期（昭和59年）以前のものは，備忘価額1円で

統一された。しかし時価等を注記することは妨げられない。なお，減損会計については，各自治体の実施可能性を考慮し，今後の検討課題とされた。

退職手当引当金は，退職手当のうち既に労働提供が行われている部分について，自治体における実施可能性から，期末要支給額方式で算定したものを計上する。損失補償等引当金は，履行すべき額が確定していない損失補償債務等のうち，地方公共団体の財政の健全化に関する法律上，将来負担比率の算定に含めた将来負担額を計上するとともに，同額を臨時損失（損失補償等引当金繰入額）に計上する。引当金の計上は，企業会計における負債性引当金要件に準拠される。

また満期保有目的以外の有価証券のうち，市場価格のあるものについては，基準日時点における市場価格をもって貸借対照表価額とし，この市場価格での評価替えに係る評価差額については，洗替方式により，純資産変動計算書の資産評価差額として計上する。有価証券の評価は，企業会計の評価基準に準拠される。

純資産は，純資産の源泉（ないし運用先）との対応によって，その内部構成を「固定資産等形成分」及び「余剰分（不足分）」に区分して表示する。すなわち，純資産変動の表示を最低必要な固定資産等形成分のみとし，財源表示については簡便な様式による附属明細書で作成されることとなった。

行政コスト計算書は，「経常費用」，「経常収益」，「臨時損失」及び「臨時利益」に区分して表示する。

純資産変動計算書は，会計期間中の地方公共団体の純資産の変動，すなわち政策形成上の意思決定又はその他の事象による純資産及びその内部構成の変動（その他の純資産減少原因・財源及びその他の純資産増加原因の取引高）を明らかにすることを目的として作成する。純資産変動計算書は，「純行政コスト」，「財源」，「固定資産等の変動（内部変動）」，「資産評価差額」，「無償所管換等」及び「その他」に区分して表示する。財源は，「税収等」及び「国県等補助金」に分類して表示する。税収等は，地方税，地方交付税及び地方譲与税等をいう。このように行政コスト計算書によって突施した純行政コストを識別し，次に財源でどれ程賄われたか，そしてその結果，純資産がどのように変動しているかによって世代間の公平性等を認識しようとしている。但し，財源仕訳は

行わないこととされ，フローの財源については附属明細書を作成することとされた。すなわち，地方公共団体の財務書類は，パブリックアカウンタビリティ履行の目的と完全開示と世代間の公平性を目指すことを意図したものであり，一方において財務書類の活用を目指す方向とも合致するということであった。

資金収支計算書は，「業務活動収支」，「投資活動収支」及び「財務活動収支」の三区分により表示する。これにより，地方公共団体における各活動の財源と支出の対応が明確となり，区分収支により企業会計と同様のキャッシュフロー状況が明瞭となるのである。

このようなすべての地方公共団体に適用する新たな基準に基づく財務書類の整備にあたっては，財務書類の作成に必要な情報を備えた補助簿として固定資産台帳を整備することの必要性を強調している。固定資産台帳の状況は，各自治体によって区々であり，これを標準的に統一化することなくしては，適正な，より精緻な財務書類の作成は出来ないのであり，一方では小規模自治体の負担も考慮した台帳整備の方法が要領等で示される。またすべての地方公共団体に適用する新たな基準に基づく財務書類の整備にあたっては，複式簿記を導入する意義を踏まえ，すべての地方公共団体で実施可能な方法によってその導入を進めていくこととしている。現行においては，複式簿記の方法として，以下のA～Cがあるとして類型を示している。

 A 日々仕訳
  原則として，取引の都度，伝票単位ごとに仕訳を行うもの。
 B 期末一括仕訳
  日々の取引の蓄積を，期末に一括して仕訳を行うもの（基本的に，伝票単位ごとに仕訳を行う。）
 C 期末一括仕訳（簡便作成法）
  日々の取引の蓄積を，あらかじめ一定の予算科目単位ごとに集計して組み替え，期末に一括して仕訳を行うもの。

かくして今後すべての地方公共団体において複式簿記を導入するにあたっては，複式簿記の導入の意義を踏まえると，日々仕訳を行う方法が望ましいものの，事務負担や経費負担等を勘案し，検証可能性が満たされ，事業別等のフル

コスト情報の分析可能性にも資するものであれば，期末に一括して仕訳を生成する方法も差し支えないこととしている。平成18年以降各自治体において財務書類作成の準備や作成が行われているが，完全な複式簿記導入は，僅少な自治体のみであり，このことから原則的にはA方式であるが，B，Cも許容されることになる。またICTシステムの導入についても，各自治体が既に実施しつつあり，システムの仕様の統一を目指して進められることとなる。

以上のように，新地方公会計基準の統一に向けたプロセスが進行しており，さらに財務書類の作成の実務要領及びQ&Aの設定が平成27年1月になされている。

ここにおいて公会計理論上から識別すべき，かつ今後の検討すべき論点として特に新基準で重視した項目とその趣旨は，下記のとおりである。

① 標準的統一化，優位性，わかりやすい開示⇒基準は，常時修正改訂されていくものであり，現時点での他会計基準の動向も踏まえ，最も優位性の高いかつ一般住民にわかりやすい開示を目指している。

② 資産評価⇒地方公会計で最も重要性の高い基準が固定資産の評価であり，これは行政成果の測定に関係するものであり，実施可能性と客観性の最も高い取得原価とされた。

③ 財務書類の様式⇒開示すべき財務書類の体系は，貸借対照表，行政コスト計算書，純資産変動計算書，資金収支計算書であり，3表・4表形式が設定された。

④ 税財源の配分・税収⇒財務書類作成の目的は，税収の税財源の配分過程を明示すべきとされ，世代間の公平性の指標ともなるのであり，税収は，従来通りの純資産変動計算書に掲記される。

⑤ 決算統計情報⇒従来の改訂モデルの基礎となる決算統計情報は，原則として使用しないこととされ，各取引の識別を基本とする。

⑥ 報告主体⇒地方公共団体・一部事務組合・広域連合・地方独立行政法人・地方三公社・第三セクター等を包含する。

⑦ すべての経済資源・資産負債アプローチ・予算規律⇒地方公会計の対象となる財務書類上の構成要素は，地方公共団体のすべての経済資源であり，資産負債アプローチをとる。

⑧ 実質優先主義・信頼性⇒財務書類の質的要件は，理解可能性から始まるが，実務上の処理においては，信頼性との関連で実質・実態を優先すべきとされる。

⑨ 純資産と変動・世代間の資源配分⇒地方公共団体に求められる財務業績は，財政状態・費用収益・資金収支と世代間の資源配分を示す純資産の変動である。

⑩ 純行政コスト⇒地方公会計で求められる財務業績は，経常費用・経常収益・臨時損失・臨時利益から算出される純行政コストが，税財源で賄われたかどうかである。

⑪ 出納整理期間⇒財政的手法である出納整理期間については，これを前提とした地方公会計であり，出納整理期間中の現金の受払い等の終了した後の計数とされた。

⑫ 固定資産等形成分・余剰分（不足分）・財源情報・支出フローの財源情報⇒従来のモデルによる詳細な財源情報は廃止し，固定資産等の変動のみを開示し，明細表でフローの財源情報を開示することとなった。

⑬ 特定の時期（昭和59年度以前）・備忘価額1円⇒有形固定資産等の評価基準は，原則，取得原価とするが，不明のものは再調達原価であり，道路等の土地は，地方債の償還期間の30年を援用して昭和59年度以前は，備忘価額1円に統一された。

⑭ 投資損失引当金・徴収不能引当金・退職手当引当金・損失補償等引当金・賞与引当金⇒各種の引当金の設定が必要とされた。

⑮ 性質別行政コスト・セグメント（行政目的別行政コスト）⇒従来の行政目的別行政コストの開示は，財務書類本表では行わず，明細表で行うこととされる。

⑯ 業務活動収支⇒資金収支計算書は，資金の獲得と利用を示すもので，業務活動・投資活動・財務活動の三区分とされた。

⑰ 連結対象団体，対象会計，特定関連会社，全部・比例連結，他団体出資分，法定決算書類の読み替え⇒連結財務書類作成のためには，これらの項目による取扱要領が規定された。

⑱ 台帳整備済・整備中⇒既に台帳が整備済又は整備中で，基準モデル等に

基づいて評価されている場合は引き続き許容されるとしている。
⑲　システム提供⇒統一的な基準による地方公会計の整備に係る標準的なソフトウェアを，平成27年度に総務省より無償で提供される予定である。
⑳　モデル変更点，基準モデル，改訂モデル⇒報告主体，財務書類の体系，貸借対照表項目等の主な変更点に注目しておく必要がある。

新地方公会計基準の実務適用の課題としては，以下のとおりとなる。
　研究会及び両部会においては，現行の現金主義会計による予算・決算制度を前提とした上で，議論を進めてきたが，公会計の理論及び実務は，今後，一層進展していくものと考えられるとし，今後，国際公会計基準の動向や，国の公会計基準の位置付け等に変更がある場合には，その時々の状況に応じて，これまでの議論も踏まえた上で，基準は絶えず充実・改善を図っていく必要があるとしている。説明責任の履行や財政の効率化・適正化につながる適切な財務書類を作成するための，さらには財務書類を分析してマネジメントに活用するための，職員等の人材育成が重要であり，継続的な教育が必要である。また，複式簿記等の知識・ノウハウを有する職員が育成されることにより，地方公営企業を含めた地方公共団体内部の会計処理体制の充実・強化を図ることが可能となる。連結等の財務書類の作成に関しては，要領等において整理する必要があるとしている。要領等で明確に示されるべき主な項目として，①開始B/Sの作成方法，②既存団体の取り扱い，③取得価額不明時の判定，④評価単位，⑤要領等の手引きとしての充分性，⑥耐用年数，⑦決算統計の利用方法，⑧売却可能資産の範囲，⑨附属明細書の様式等がある。すなわち，公会計基準の統一のための納税者・市民へのパブリックアカウンタビリティからの我が国における地方自治制度における諸課題の解決の方向を，今後においてパラダイムの変革への道程としてとらえなければならないことの識別を意味する。
　新地方公会計基準の適用のロードマップでは，平成30年3月末決算では新基準を適用して財務書類を作成することとし，同時に地方公営企業会計基準の適用もほぼ同時期に進行するものと思われる。地方公共団体のパブリックアカウンタビリティを遂行するために前述した諸課題をのりこえて，基準の統一性とこれによる比較可能性の向上そしてこれらを推進する全地方公共団体における

公会計発展の実施可能性を，要領・マニュアル・Q&A や財務書類等の活用の手引を整備しつつ，実現してゆくことが望まれている。このことは，例えば，イギリスの地方自治体の会計基準における財務諸表の目的は，①行政サービスコストの算出，②調達の財源，③資産・負債の残高とされ，我が国の求める統一的公会計基準と軌を一にしている。

このような地方公会計基準統一による利用者に有用な財務書類が開示される場合には，企業会計の財務諸表監査と同じように財務公監査の実施の要請が出てくることになろう。

2．統一的な基準による地方公会計の整備促進について

平成27年1月23日に，約4年半をかけた地方公会計基準の統一的な財務書類作成基準とそのマニュアルの公表によって，下記の総務大臣通知が発出された。

「地方公会計については，これまで，各地方公共団体において財務書類の作成・公表等に取り組まれてきたところですが，人口減少・少子高齢化が進展している中，財政のマネジメント強化のため，地方公会計を予算編成等に積極的に活用し，地方公共団体の限られた財源を「賢く使う」取組を行うことは極めて重要であると考えております。

今後の地方公会計の整備促進については，「今後の地方公会計の整備促進について」（平成26年5月23日付総務大臣通知総財務第102号）のとおり，平成26年4月30日に固定資産台帳の整備と複式簿記の導入を前提とした財務書類の作成に関する統一的な基準を示したところです。その後，「今後の新地方公会計の推進に関する実務研究会」を設置して議論を進めてきましたが，平成27年1月23日に「統一的な基準による地方公会計マニュアル」を取りまとめております。

当該マニュアルにおいては，統一的な基準による財務書類の作成手順や資産の評価方法，固定資産台帳の整備手順，連結財務書類の作成手順，事業別・施設別のセグメント分析をはじめとする財務書類の活用方法等を示しております。

つきましては，当該マニュアルも参考にして，統一的な基準による財務書

類等を原則として平成27年度から平成29年度までの3年間で全ての地方公共団体において作成し、予算編成等に積極的に活用されるよう特段のご配慮をお願いします。

　特に、公共施設等の老朽化対策にも活用可能である固定資産台帳が未整備である地方公共団体においては、早期に同台帳を整備することが望まれます。

　なお、統一的な基準による財務書類等を作成するためには、ノウハウを修得した職員の育成やICTを活用したシステムの整備が不可欠であり、平成27年度には関係機関における研修の充実・強化や標準的なソフトウェアの無償提供も行う予定です。また、固定資産台帳の整備等に要する一定の経費については、今年度から特別交付税措置を講じることとしております。

　各都道府県知事におかれては、貴都道府県内の指定都市を除く市町村長に対してこの通知について速やかにご連絡いただき、通知の趣旨について適切に助言いただくようお願いします。

　なお、地域の元気創造プラットフォームにおける調査・照会システムを通じて、各市町村に対して、この通知についての情報提供を行っていることを申し添えます。」(平成27年1月23日総務大臣通知（総財務第14号))

　これにより、全国の地方自治体はこれらの基準に準拠した統一的な財務書類を、原則、平成30年3月末までに作成することが求められることとなった。

第3章

新地方公会計統一基準における作成手順

1．地方公会計の意義

　新地方公会計の意義及び目的は，第2章1．のように〔図表Ⅰ-3-1〕として示されている。

〔図表Ⅰ-3-1〕地方公会計の意義

```
1．目的
  ①　説明責任の履行
      住民や議会，外部に対する財務情報の分かりやすい開示
  ②　財政の効率化・適正化
      財政運営や政策形成を行う上での基礎資料として，資産・債務管理や予算編成，政策評価等
      に有効に活用
2．具体的内容（財務書類の整備）
```

　　　【現金主義会計】　　　　　補完　　　　【発生主義会計】
　　◎ 現行の予算・決算制度は，現金収支を議会　　　◎ 発生主義により，ストック情報・フロー情報を総体的・
　　　の民主的統制下に置くことで，予算の適正・　　　　一覧的に把握することにより，現金主義を補完
　　　確実な執行を図るという観点から，現金主義
　　　会計を採用

　　※財政健全化法に基づく早期健全化スキームも整備

〈財務書類〉

地方公会計	企業会計
・貸借対照表 ・行政コスト計算書 ・純資産変動計算書 ・資金収支計算書	・貸借対照表 ・損益計算書 ・株主資本等変動計算書 ・キャッシュ・フロー計算書

```
3．財務書類整備の効果
  ①　発生主義による正確な行政コストの把握
      見えにくいコスト（減価償却費，退職手当引当金など各種引当金）の明示
  ②　資産・負債（ストック）の総体の一覧的把握
      資産形成に関する情報（資産・負債のストック情報）の明示
```

（出所：平成27年1月総務省資料（連結財務書類作成の手引き））

2．財務諸表の作成手順

作成手順は〔図表Ⅰ－3－2〕のように示されている。

〔図表Ⅰ－3－2〕財務諸表の作成手順

【財務書類作成の流れ】

```
資金仕訳変換表 ⇔ 参照         補助簿  固定資産台帳  流産負債内訳簿

現金取引
  一義的に特定できるもの  ── 自動仕訳 ──→ 仕訳帳(※1) ⇒ 総勘定元帳(※2) ⇒ 合計残高試算表(※3) ⇒ 精算表(※4) ⇒ 財務書類
  仕訳候補が複数あるもの  ── 個別仕訳 ──↗
現金取引以外
  減価償却費，退職手当引当金 等 ── 別途仕訳 ──↗
```

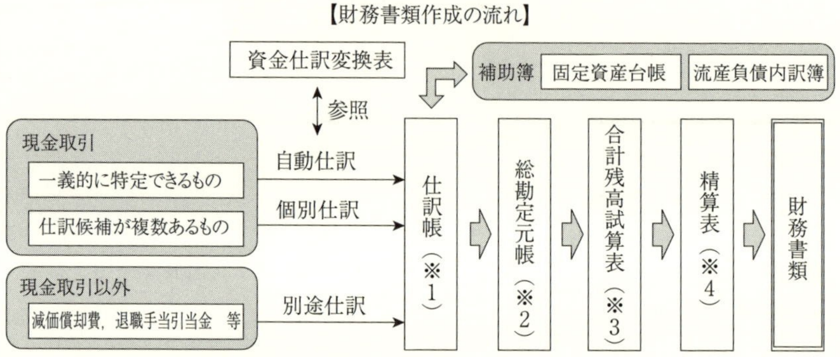

※1　仕訳帳：取引を仕訳して記録する帳簿
※2　総勘定元帳：勘定科目ごとに金額の増減を記録・計算する帳簿
※3　合計残高試算表：総勘定元帳の勘定科目ごとの残高と合計額を表示した一覧表
※4　精算表：合計残高試算表の残高について財務書類ごとに表示した一覧表

(出所：総務省HP資料「統一的な基準による地方公会計マニュアル」(平成27年1月23日)「財務書類作成にあたっての基礎知識」)

すなわち，現金取引については，示された資金仕訳変換表〔図表Ⅰ－3－14〕(40頁)によって発生主義仕訳に変換し，現金取引以外については，非資金仕訳を〔図表Ⅰ－3－19～Ⅰ－3－22〕によって仕訳を行う。

3．複式簿記の導入

(1)　地方公共団体における複式簿記の導入

新地方公会計統一基準では，①検証可能性を高める，②より正確な財務書類の作成のためにすべての地方公共団体で実施可能な方法による複式簿記の導入が不可欠とされた。

現状では，8割超の団体が決算統計活用型・総務省方式改訂モデルであり，

〔図表Ⅰ-3-3〕財務諸表の作成手順

【資金仕訳変換表～仕訳候補が複数ある工事請負費（予算科目・節）の例～】

	借方		貸方	
	財務書類	勘定科目	財務書類	勘定科目
建物工事	貸借対照表	建物	資金収支計算書	公共施設等整備費支出
維持補修支出	行政コスト計算書	維持補修費	資金収支計算書	物件費等支出

【現金主義会計（官庁会計）から発生主義会計（財務書類）の変換イメージ】

（官庁会計）　従来からの節等による執行
　→　本来の行政活動に関する収支
　→　固定資産に関する収支
　→　地方債の借入・償還等

資金収支計算書
　業務活動収支　投資活動収支　財務活動収支
　↓　　　　　　↓　　　　　　↓
　行政コスト計算書　純資産変動計算書　貸借対照表

（出所：総務省HP資料「統一的な基準による地方公会計マニュアル」（平成27年1月23日）「財務書類作成にあたっての基礎知識」）

伝票単位ごと等に仕訳を行っている団体は発生の都度行っている団体が3団体（0.2％），期末一括仕訳で行っている団体が255団体（14.9％）であった。

(2) 複式簿記を導入する意義
① 帳簿体系の維持のためには，貸借対照表と固定資産台帳を相互に照合することで検証が可能となり，より正確な財務書類の作成に寄与する。
② 事業別・施設別等より細かいフルコスト情報の作成と分析が可能となる。
(3) 複式簿記の方法（現行）
A．日々仕訳；取引の都度，伝票単位ごとに仕訳
B．期末一括仕訳；期末に一括して仕訳，伝票単位ごと
C．期末一括仕訳；簡便法，一定の予算科目単位ごと

⇒上記(2)から、A.日々仕訳が望ましいものの、事務負担や経費負担等を勘案し、(2)①が満たされ、②にも資するなら、期末に一括して仕訳を生成する方法も差支えないとされた。

(4) 複式簿記による財務書類の作成手順

財務書類の作成手順は〔図表Ⅰ-3-4〕により、手順と作成を要する帳簿は〔図表Ⅰ-3-5〕により、複式簿記の変換については、〔図表Ⅰ-3-6〕により、複式仕訳変換表を用いる場合は〔図表Ⅰ-3-7〕により、財務書類を作成する。

〔図表Ⅰ-3-4〕財務書類の作成手順

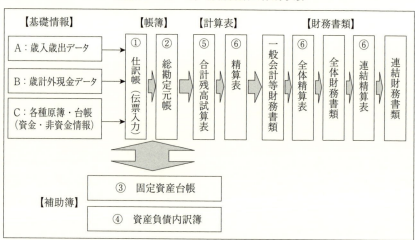

財務書類上の計数は、繰越額や計算項目等を除きすべて仕訳帳から積み上げ集計仕訳帳は、「A:歳入歳出データ、B:歳計外現金データ、C:各種原簿・台帳」の三種類の原情報から作成される。(財務書類作成要領28)

(出所:平成27年1月総務省資料(財務書類作成要領))

〔図表Ⅰ-3-5〕財務書類作成の全体手順と作成資料

作業項目	作成する帳簿等	（固定資産関係）
1　開始貸借対照表の作成	資産負債内訳簿（開始時） 開始貸借対照表 全体・連結開始貸借対照表	固定資産台帳（開始時） 建設仮勘定台帳（〃）
2　一般会計等財務書類の作成		
1．歳入歳出データによる資金仕訳	資金仕訳変換表 仕訳帳（資金仕訳）	固定資産台帳（期中） 建設仮勘定台帳（〃）
2．非資金仕訳	資産負債内訳簿（期中） 仕訳帳（非資金仕訳）	
3．一般会計等財務書類4表または3表の作成	総勘定元帳 合計残高試算表 内部取引調査票 相殺消去集計表（一般会計等内部） 精算表	

（出所：平成27年1月総務省資料（財務書類作成要領45））

〔図表Ⅰ-3-6〕歳入歳出データの複式帳簿への変換

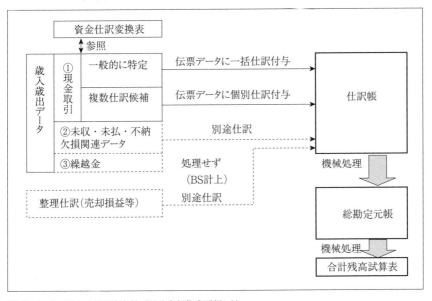

（出所：平成27年1月総務省資料（財務書類作成要領64））

〔図表Ⅰ-3-7〕歳入歳出データから，資金仕訳変換表を参照しつつ仕訳帳を作成し，総勘定元帳及び合計残高試算表を作成する作業手順

【主要な作業手順】 歳入歳出データを 　⇒①現金取引データと，②未収・未払・不納欠損にかかるデータに分ける。 　⇒③繰越金は仕訳の対象とならない。 ①のデータのうち， 　⇒一義的に仕訳が特定できる予算科目に属するデータは， 　　「資金仕訳変換表に従い伝票データごとに仕訳帳を自動的に生成」 　⇒資産・負債に関連する予算科目に属するデータは， 　　「明細データを検討し，資金仕訳変換表から仕訳候補を選択して伝票データごとに仕訳帳を生成」 ②の未収・未払・不納欠損にかかるデータ 　⇒非資金仕訳として処理することとし，この段階では処理をしない。 　⇒作成した仕訳帳データを総勘定元帳及び合計残高試算表に展開 　　　　　　　　　　　　　　　　　　　　　　　　　　　（財務書類作成要領64）

（出所：平成27年1月総務省資料（財務書類作成要領））

(5) 複式簿記の程度と課題

複式簿記の程度は〔図表Ⅰ-3-8〕により，導入の課題は〔図表Ⅰ-3-9〕に示されている。

〔図表Ⅰ-3-8〕複式簿記の程度の比較

番号	項目	(A) 日々仕訳	(B) 期末一括仕訳 （伝票単位ごと）	(C) 期末一括仕訳 （簡便作成法）
1	概要	・財務会計システムにおいて，官庁会計の伝票入力に係る同一画面で，複式情報をあらかじめ絞り込まれた選択肢（勘定科目変換プログラムを事前設定）から選び変換される仕組み	・財務会計システムに入力した官庁会計の伝票データを伝票単位ごとに出力し，公会計システムに一括して取り込み，変換される仕組み（勘定科目変換プログラムに基づき複式仕訳を実施）	・基本的には (B) と同様な仕組みであるが，原則として官庁会計の伝票データをあらかじめ一定の予算科目単位ごとに集計して組み替えることで，表計算ソフトを利用した簡便な処理を可能とした手法 ・基準モデルでは，(B) の暫定的・過渡的なものとしての位置付け
2	①検証可能性	・あり	・あり	・官庁会計の個々の伝票データの組替ではないため，(A) や (B) に比べると検証可能性が乏しい
3	②事業別等での分析	・可能	・可能	・官庁会計の個々の伝票データを直接保有しないため，事業別等での分析や応用には十分に対応できない

4	実務負担	・会計処理を行う全ての組織（職員）で伝票作成と同時に仕訳を行う必要がある ・日々の入力負荷は上がる	・会計課等の一部の組織での処理が可能 ・期末後の処理時に作業負担が集中する	・会計課等の一部の組織での処理が可能 ・期末後の処理時に作業負担が集中する
5	コスト負担	・同一システムでのオンライン処理が主となるため、一定のシステムの導入経費負担がある	・財務会計システムとはソフトウェアでの対応が可能であるが、経費負担がある	・表計算ソフトを利用した簡便な処理が可能
6	財務書類の開示時期	・出納整理期間後、より早期の作成・開示が可能	・出納整理期間後、早期の作成・開示が可能	・出納整理期間後、早期の作成・開示が可能

（出所：平成26年4月総務省資料（今後の新地方公会計の推進に関する研究会報告書参考資料））

〔図表Ⅰ-3-9〕複式簿記の導入に関する課題等

導入済団体（伝票単位ごと等にその発生の都度又は期末一括で仕訳を行っている団体）

- ○膨大な量の仕訳データの確認や決算整理仕訳等に係る職員の負担は少なくない。
- ○個別に手作業で仕訳処理を行わなければならないものも多数あり、一定の知識の習得が必要である。
- ○資本取引と経常（費用）取引の線引が困難である。
- ○地方公共団体特有の項目が多いため、複式簿記の概念だけ把握していても実情に応じた処理ができるかは、担当者の力量によるところが大きい。
- ○知見のある職員がおらず、有効な研修を行う時間的余裕もない。
- ○人員不足の中で外部委託に頼っているのが現状である。
- ○システムの導入経費や保守費用が負担となる。

未導入団体（決算統計データ等を活用している団体）

- ○具体的な活用方法が不明であり、費用対効果が明らかでなく、積極的に導入を図る必要性が乏しい。
- ○重要性は認識しているが、人的制約やコスト面での制約等があることから、具体的な取組までに至っていない。
- ○知見のある職員がおらず、研修も行う余裕もない中で導入の目処が立たない。
- ○専門的な知識が必要となるが、知識のない職員が数年で入れ替わる現在の体制で導入するのは困難である。
- ○現行のシステム改修が必要となり、多額の費用負担が発生する。
- ○平成24年度に財務会計システムを更新したところであり、複式簿記を導入するための改修を行う予定はない。

（出所：平成26年4月総務省資料（今後の新地方公会計の推進に関する研究会報告書参考資料））

(6) 複式簿記と発生主義

単式簿記と複式簿記の相違は，〔図表Ⅰ－3－10〕に，現金主義と発生主義の相違は，〔図表Ⅰ－3－11〕により示されている。

〔図表Ⅰ－3－10〕単式簿記と複式簿記

単式簿記	経済取引の記帳を現金の収入・支出として一面的に行う簿記の手法（官庁会計）
複式簿記	経済取引の記帳を借方と貸方に分けて二面的に行う簿記の手法（企業会計）

（例） 現金100万円で車を1台購入した場合
〈単式簿記〉現金支出100万円を記帳するのみ
〈複式簿記〉現金支出とともに資産増を記帳

資産の増加	資産の減少
（借方）車両100万円	（貸方）現金100万円

※仕訳の考え方についてはP6で解説します

⇒ 「単式簿記」に加えて「複式簿記」を採り入れることで，資産等のストック情報が「見える化」

（出所：総務省HP資料「統一的な基準による地方公会計マニュアル」（平成27年1月23日）「財務書類作成にあたっての基礎知識」）

〔図表Ⅰ－3－11〕現金主義会計と発生主義会計

現金主義会計	現金の収支に着目した会計処理原則（官庁会計）

○ 現金の収支という客観的な情報に基づくため，公金の適正な出納管理に資する
× 現金支出を伴わないコスト（減価償却費，退職手当引当金等）の把握ができない

発生主義会計	経済事象の発生に着目した会計処理原則（企業会計）

○ 現金支出を伴わないコスト（減価償却費，退職手当引当金等）の把握ができる
× 投資損失引当金といった主観的な見積りによる会計処理が含まれる

⇒ 「現金主義会計」に加えて「発生主義会計」を採り入れることで，減価償却費，退職手当引当金等のコスト情報が「見える化」

（出所：総務省HP資料「統一的な基準による地方公会計マニュアル」（平成27年1月23日）「財務書類作成にあたっての基礎知識」）

また発生主義の適用例である減価償却計算の意義は，〔図表Ⅰ-3-12〕で示されている。

〔図表Ⅰ-3-12〕発生主義会計における減価償却のイメージ（車100万円，耐用年数5年）

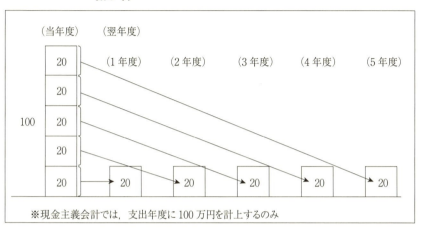

（出所：総務省HP資料「統一的な基準による地方公会計マニュアル」（平成27年1月23日）「財務書類作成にあたっての基礎知識」）

(7) 資金仕訳変換表

資金仕訳の複数項目がある場合の例示は，〔図表Ⅰ-3-13〕～〔図表Ⅰ-3-17〕で示される。

(8) 非資金仕訳

非資金仕訳の例示は，〔図表Ⅰ-3-18〕～〔図表Ⅰ-3-22〕で示される。

〔図表Ⅰ-3-13〕資金仕訳変換表～仕訳候補が複数ある工事請負費の例～

	借方		貸方	
	財務書類	勘定科目	財務書類	勘定科目
建物工事	貸借対照表	建物	資金収支計算書	公共施設等整備費支出
維持補修支出	行政コスト計算書	維持補修費	資金収支計算書	物件費等支出

〔図表Ⅰ-3-14〕資金仕訳変換表

1　本表は、現在までの検討に基づき作成したものであって、今後の実務経験・検討を通じて、拡充改善されるものである。
2　本表の対象は、歳入歳出（現金取引）に関する仕訳に限定している。未収金、未払金、徴収不能引当金、その他非資金取引等に関する仕訳は（別表7　非資金仕訳例）に記載している。
3　予算科目に「※」印を付したものについては、複数の仕訳が発生するため《別表6-3　歳入科目（仕訳複数例）》及び《別表6-4　歳出科目（仕訳複数例）》を参照されたい。
4　4表で例示

別表6-1　歳入科目（特定）

予算科目名	借方		貸方	
	財表	勘定科目名	財表	勘定科目名
1．都道府県税、市町村税	CF	税収等収入	NW	税収等
2．地方消費税精算金	CF	税収等収入	NW	税収等
3．地方譲与税	CF	税収等収入	NW	税収等
4．税交付金				
利子割交付金	CF	税収等収入	NW	税収等
配当割交付金	CF	税収等収入	NW	税収等
株式等譲渡所得割交付金	CF	税収等収入	NW	税収等
地方消費税交付金	CF	税収等収入	NW	税収等
自動車取得税交付金	CF	税収等収入	NW	税収等
市町村たばこ税	CF	税収等収入	NW	税収等
都道府県交付金	CF	税収等収入	NW	税収等
ゴルフ場利用税交付金	CF	税収等収入	NW	税収等
軽油引取税交付金	CF	税収等収入	NW	税収等
国有提供施設等所在地市町村助成交付金	CF	税収等収入	NW	税収等
5．地方特例交付金	CF	税収等収入	NW	税収等
6．地方交付金	CF	税収等収入	NW	税収等
7．交通安全対策特別交付金	CF	税収等収入	NW	税収等
8．分担金及び負担金	CF	税収等収入	NW	税収等
9．使用料及び手数料	CF	使用料及び手数料収入	PL	使用料及び手数料収入
10．国庫支出金※				
11．都道府県支出金※				
12．財産収入				
財産貸付収入	CF	その他の収入（業務収入）	PL	その他（経常収益）
利子及び配当金	CF	その他の収入（業務収入）	PL	その他（経常収益）
財産（不動産・物品）売払収入※				
生産物売払収入※				
13．寄付金	CF	税収等収入	NW	税収等
14．繰入金				
特別会計繰入金	CF	税収等収入	NW	税収等
基金繰入金※				
財産区繰入金	CF	税収等収入	NW	税収等
15．繰越金	【仕訳不要】			
16．雑収入				
延滞金、加算金及び過料等	CF	その他の収入（業務収入）	PL	その他（経常収益）
都道府県・市町村預金利子	CF	その他の収入（業務収入）	PL	その他（経常収益）
貸付金元利収入※				
受託事業収入	CF	その他の収入（業務収入）	PL	その他（経常収益）
収益事業収入	CF	その他の収入（業務収入）	PL	その他（経常収益）
利子割精算収入	CF	税収等収入	NW	税収等
借入金	CF	その他の収入（財務活動収入）	BS	その他（固定負債）
雑入	CF	その他の収入（業務収入）	PL	その他（経常収益）
17．地方債	CF	地方債発行収入	BS	地方債
（特別会計に固有の科目）				
国民健康保険料	CF	税収等収入	NW	税収等
国民健康保険税	CF	税収等収入	NW	税収等
介護保険料	CF	税収等収入	NW	税収等
療養給付費等交付金	CF	税収等収入	NW	税収等
連合会支出金	CF	税収等収入	NW	税収等
共同事業交付金	CF	税収等収入	NW	税収等
支払基金交付金	CF	税収等収入	NW	税収等
共済掛金及び交付金	CF	その他の収入（業務収入）	PL	その他（経常収益）
保険金	CF	その他の収入（業務収入）	PL	その他（経常収益）
連合会特別交付金	CF	その他の収入（業務収入）	PL	その他（経常収益）
保険金及び診療報填金	CF	その他の収入（業務収入）	PL	その他（経常収益）
診療収入	CF	その他の収入（業務収入）	PL	その他（経常収益）
賦課金	CF	その他の収入（業務収入）	PL	その他（経常収益）

〔図表Ⅰ-3-15〕歳出科目（特定）

予算科目名	借方		貸方	
	財表	勘定科目名	財表	勘定科目名
1. 報酬	PL	その他（人件費）	CF	人件費支出
2. 給料	PL	職員給与等	CF	人件費支出
3. 職員手当等※				
4. 共済費	PL	職員給与等	CF	人件費支出
5. 災害補償費	PL	職員給与等	CF	人件費支出
6. 恩給及び退職年金	PL	その他（人件費）	CF	人件費支出
7. 賃金	PL	物件費（人件費に計上されるものを除く）	CF	物件費等支出
8. 報償費	PL	物件費	CF	物件費等支出
9. 旅費	PL	物件費	CF	物件費等支出
10. 交際費	PL	物件費	CF	物件費等支出
11. 需用費				
消耗品費	PL	物件費	CF	物件費等支出
燃料費	PL	物件費	CF	物件費等支出
食糧費	PL	物件費	CF	物件費等支出
印刷製本費	PL	物件費	CF	物件費等支出
光熱水費	PL	物件費	CF	物件費等支出
修繕料	PL	物件費（家屋等の修繕で維持補修費に計上されるものを除く）	CF	物件費等支出
諸材料費	PL	物件費	CF	物件費等支出
飼料費	PL	物件費	CF	物件費等支出
医薬材料費	PL	物件費	CF	物件費等支出
12. 役務費				
通信運搬費	PL	物件費	CF	物件費等支出
保管料	PL	物件費	CF	物件費等支出
広告費	PL	物件費	CF	物件費等支出
手数料	PL	物件費	CF	物件費等支出
筆耕翻訳料	PL	物件費	CF	物件費等支出
火災保険料	PL	その他（その他の業務費用）	CF	物件費等支出
自動車損害保険料	PL	その他（物件費等）	CF	物件費等支出
13. 委託料※				
14. 使用料及び賃貸料	PL	物件費	CF	物件費等支出
15. 工事請負費※				
16. 原材料費	PL	維持補修費（物件費に計上されるものを除く）	CF	物件費等支出
17. 公有財産購入費※				
18. 備品購入費※				
19. 負担金，補助及び交付金	PL	補助金等	CF	補助金等支出
20. 扶助費	PL	社会保障給付	CF	社会保障給付支出
21. 貸付金※				
22. 補償，補填及び賠償金	PL	その他（移転費用）	CF	その他の支出（移転費用支出）
23. 償還金，利子及び割引料※				
24. 投資及び出資金※				
25. 積立金※				
26. 寄附金	PL	その他（移転費用）	CF	その他の支出（移転費用支出）
27. 公課費	PL	その他（移転費用）	CF	その他の支出（移転費用支出）
28. 繰出金※				

〔図表Ⅰ-3-16〕歳入科目（仕訳複数例）

歳入科目だけから勘定科目が特定できないときは、次の例を参考に、取引内容を検討し、科目及び金額を特定して仕訳する。

予算科目・ケース	借方		貸方	
	財表	勘定科目名	財表	勘定科目名
国庫支出金	業務活動支出の財源に充当したものか投資活動支出の財源に支出したものかを特定する。			
	CF	国県等補助金収入（業務収入）	NW	国県等補助金
	CF	国県等補助金収入（臨時収入）	NW	国県等補助金
	CF	国県等補助金収入（投資活動収入）	NW	国県等補助金
都道府県支出金	業務活動支出の財源に充当したものか投資活動支出の財源に支出したものかを特定する。			
	CF	国県等補助金収入（業務収入）	NW	国県等補助金
	CF	国県等補助金収入（臨時収入）	NW	国県等補助金
	CF	国県等補助金収入（投資活動収入）	NW	国県等補助金
財産（不動産・物品）売払収入	1．売却物が台帳記載の固定資産か否かを調査する。 2．売却物が固定資産の場合は、その科目を特定する。 3．資産売却において、簿価に対して売却損益が生じたときは、更に《別表7-1》の仕訳を行う。			
（固定資産）	CF	資産売却収入	BS	土地
	CF	資産売却収入	BS	建物
	CF	資産売却収入	BS	立木竹
	CF	資産売却収入	BS	工作物
	CF	資産売却収入	BS	船舶
	CF	資産売却収入	BS	浮標等
	CF	資産売却収入	BS	航空機
	CF	資産売却収入	BS	その他（事業用資産・インフラ資産）
	CF	資産売却収入	BS	物品
	CF	資産売却収入	BS	ソフトウェア
	CF	資産売却収入	BS	その他（無形固定資産）
（固定資産以外）	CF	資産売却収入	PL	資産売却益（臨時利益）
（有価証券売却収入）	売却において、売却損益が生じたときは、更に《別表7-1》の仕訳を行う。			
	CF	資産売却収入	BS	有価証券
生産物売払収入	1．売払物が、台帳記載の棚卸資産である場合は、以下の仕訳を行う。 2．棚卸資産の売却において、当該棚卸資産の簿価に対する売却損益が生じたときは、更に《図表7-1》の仕訳を行う。			
	CF	資産売却収入	BS	棚卸資産
基金繰入金	取崩した基金の科目を特定する。			
基金等の取崩しのとき	CF	基金取崩収入	BS	財政調整基金
	CF	基金取崩収入	BS	減債基金（流動資産・固定資産）
	CF	基金取崩収入	BS	その他（基金）
貸付金元利収入	1．長期貸付金と短期貸付金とに分け、更に元金額と利息額を分ける。 2．利息分については、PLの収益として処理。 3．償還金に元金と利息が混在している場合は、当初は総額で仕訳しておき、整理仕訳において、利息額分を収益に取り替えてもよい《別表7-1》参照）。			
（長期貸付金元本額償還）	CF	貸付金元金回収収入	BS	長期貸付金
（短期貸付金元本額償還）	CF	貸付金元金回収収入	BS	短期貸付金
（利息額）	CF	その他の収入（業務収入）	PL	その他（経常収益）
（償還金）	償還された資産の科目を特定する。			
	CF	その他の収入（投資活動収入）	BS	出資金
	CF	貸付金元金回収収入	BS	その他（投資及び出資金）
	CF	その他の収入（投資活動収入）	BS	その他（投資及び出資金）

〔図表Ⅰ-3-17〕歳出科目（仕訳複数例）

歳出科目から勘定科目を特定することができないときは、次の例を参考に、取引内容を検討のうえ、科目及び金額を特定して仕訳を行う。

予算科目・ケース	借方 財表	借方 勘定科目名	貸方 財表	貸方 勘定科目名
職員手当等	賞与等引当金を充当して支払った部分につき、《別表7-1》の仕訳を行う。			
	PL	職員給与費	CF	人件費支出
受託料	1．工事の設計委託、ソフトウェアの開発委託等、資産形成支出が混在している可能性があるので、これを抽出し、資産については、建設仮勘定、ソフトウェア等、科目を特定する。 2．自己資産の形成につながらない支出は経費とし、借方PLとする。			
（例）ソフトウェア開発支出	BS	ソフトウェア	CF	公共施設等整備費支出
（例）インフラ資産（建設仮勘定）	BS	建設仮勘定（インフラ資産）	CF	公共施設等整備費支出
（例）資産形成以外（事務委託等）	PL	物件費	CF	物件費等支出
工事請負費	1．資産形成支出と費用が混在している可能性があるので、これを分け、資産については、建物、建設仮勘定等、科目を特定する。 2．資産形成につながらない収益的支出は、PL維持補修費として処理する。			
（例）事業用建設工事	BS	建物（事業用資産）	CF	公共施設等整備費支出
（例）インフラ資産（建物）	BS	建物（インフラ資産）	CF	公共施設等整備費支出
（例）維持補修支出	PL	維持補修費	CF	物件費等支出
公有財産購入費	1．インフラ資産や事業用資産の科目を特定する。 2．なお、資産算入範囲外の経費支出が混在するときは、そのPL科目を特定する。			
（例）建物	BS	建物	CF	公共施設等整備費支出
（例）土地	BS	土地	CF	公共施設等整備費支出
資産形成に繋がらない支出	PL	科目を特定する。例えば物件費。	CF	物件費等支出
備品購入費	資産形成支出（原則として50万円以上）と、消耗品費支出が混在している可能性があるので、これを分け、資産については科目を特定する。			
（例）物品の購入（50万円以上）	BS	物品	CF	公共施設等整備費支出
50万円未満の物の購入	PL	物件費	CF	物件費等支出
貸付金	1．長期貸付金と短期貸付金とに分け、更に貸付に要する事務費用があれば、これを別途に抽出する。 2．短期貸付金については、純資産上は財源区分内部の振替とみなし、あらためて財源仕訳は行わない。 3．貸付に不随する事務費用はPLで処理する。			
長期貸付金	BS	長期貸付金	CF	貸付金支出
短期貸付金	BS	短期貸付金	CF	貸付金支出
貸付費用	PL	その他（その他の業務費用）	CF	その他の支出（業務費用支出）
償還金、利子及び割引料	償還金元本については、債務残高が減少する科目を特定し、また、利子・割引等はPLで処理する。			
1年以内償還予定地方債元本償還	BS	1年以内償還予定地方債	CF	地方債償還支出
短期借入金元本償還	BS	その他（流動負債）	CF	その他の支出（財務活動支出）
地方債元本償還	BS	地方債	CF	地方債償還支出
長期借入金元本償還	BS	その他（固定負債）	CF	その他の支出（財務活動支出）
地方債利子支払	PL	支払利息	CF	支払利息支出
借入金利子支払	PL	支払利息	CF	支払利息支出
過年度分過誤納還付	PL	その他（その他の業務費用）	CF	その他の支出（業務費用支出）
投資及び出資金	投資等の科目を特定する。			
有価証券購入	BS	有価証券	CF	投資及び出資金支出
出資	BS	出資金	CF	投資及び出資金支出
その他の投資	BS	その他（投資及び出資金）	CF	投資及び出資金支出
積立金	積立金等の科目を特定する。			
財政調整基金	BS	財政調整基金	CF	基金積立金支出
減債基金　　　　（長期）	BS	減債基金（固定資産）	CF	基金積立金支出
〃　　　　　　　（短期）	BS	減債基金（流動資産）	CF	基金積立金支出
その他の基金・積立金	BS	その他（流動資産）	CF	基金積立金支出
繰出金	繰出金が他会計への経常移転である場合と、基金の取崩である場合に分け、後者については、基金を特定する。			
他会計への経常移転支出	PL	他会計への繰出金	CF	他会計への繰出支出

〔図表 I - 3 - 18〕整理仕訳

本表において「整理仕訳」とは、複数の勘定科目が混在する取引につき、当初、1科目・金額で処理し、後日、その仕訳を正しい科目・金額に修正する振替仕訳をいう。
以下、歳入歳出仕訳において、当初、混在する仕訳を行った場合の整理仕訳例を掲載する。ただし、リース資産については、当初から資産分と費用分を分解して仕訳する例と、当初は物件費として仕訳する例を示す。

No.	ケース		借方		
			財表	勘定科目名	金額
1	固定資産売却益	元本額100、売却額120、売却益20。当初売却総額をもって処理していたところ、これを修正			
		当初仕訳	CF	資産売却収入	120
		整理仕訳	BS	土地	20
2	有価証券及び出資金売却益	元本額100、売却額120、売却益20。当初売却総額をもって処理していたところ、これを修正			
		当初仕訳	CF	資産売却収入	120
		整理仕訳	BS	有価証券	20
3	固定資産売却損	元本額100、売却額70、売却損30。当初売却総額をもって処理していたところ、これを修正			
		当初仕訳	CF	資産売却収入	70
		整理仕訳	PL	資産除売却損	30
4	有価証券及び出資金売却損	元本額100、売却額70、売却損30。当初売却総額をもって処理していたところ、これを修正			
		当初仕訳	CF	資産売却収入	70
		整理仕訳	PL	資産除売却損	30
5	短期貸付元利金混在償還	貸付金償還総額100、うち元金90、利息10。当初償還総額をもって処理していたところ、これを修正			
		当初仕訳	CF	貸付金元金回収収入	100
		整理仕訳	BS	短期貸付金	10
			CF	その他の収入（業務収入）	10
6	退職手当引当金振替	当初、全額職員給与費で処理していたところ、退職手当引当金を取崩して充当			
		当初仕訳	PL	職員給与費	100
		整理仕訳	BS	退職手当引当金	100
7	賞与等引当金振替	当初、全額職員給与費で処理していたところ、賞与等引当金を取崩して充当			
		当初仕訳	PL	退職給与費	100
		整理仕訳	BS	賞与等引当金	100
8	リース資産	購入見積額 100、5年リース、年間支払額 25（うち購入額相当額 20 利息相当額 5）			
	① 当初から資産分と費用分を分解して仕訳する場合				
	取得時		BS	科目を特定する。例えば物品。	100
	初年度リース料支払 本体分		BS	その他（固定負債）	20
	初年度リース料支払 利息分		PL	支払利息	5
	償却 （有形固定資産の場合）		PL	減価償却費	20
	（無形固定資産の場合）		PL	減価償却費	20
	② 当初は物件費として仕訳する場合	当初支払額を物件費で処理していたところ、これを修正			
	取得時		BS	科目を特定する。例えば物品。	100
	初年度リース料支払 本体分	当初仕訳	PL	物件費	25
			BS	その他（固定負債）	20
			PL	支払利息	5
	初年度リース料支払い 利息分	整理仕訳	CF	物件費等支出	20
			CF	物件費等支出	5
	償却 （有形固定資産の場合）		PL	減価償却費	20
	（無形固定資産の場合）		PL	減価償却費	20

財表	勘定科目名	金額
	貸方	
BS	土地	120
PL	資産売却益	20
BS	有価証券	120
PL	資産売却益	20
BS	土地	70
BS	土地	30
BS	有価証券	70
BS	有価証券	30
BS	短期貸付金	100
PL	その他の収入（経常収益）	10
CF	貸付金元金回収収入	10
CF	人件費支出	100
PL	職員給与費	100
CF	人件費支出	100
PL	職員給与費	100
BS	その他（固定負債）	100
CF	その他の支出（財務活動支出）	20
CF	支払利息支出	5
BS	有形固定資産の減価償却累計額を特定	20
BS	無形固定資産の科目を特定	20
BS	その他（固定負債）	100
CF	物件費等支出	25
PL	物件費	25
CF	その他の支出（財務活動支出）	20
CF	支払利息支出	5
BS	有形固定資産の減価償却累計額を特定	20
BS	無形固定資産の科目を特定	20

〔図表 I - 3 - 19〕未収・未払の仕訳

歳入歳出データのうち，未収金及び未払金に関する仕訳は，次のとおりである。

No.	ケース	借方 財表	借方 勘定科目名	借方 金額
9	前年度末に未収計上したものの本年度収納		貸方は BS 未収金として既存の未収金を消込み，借方の CF 科目を特定する。	
			CF 科目は，その未収金を計上した元の相手科目から判断して，以下のいずれかを選択する。	
		CF	科目を特定する。例えば税収等収入。	
10	前年度末に未払金計上したものの本年度支払		借方は BS 未収金として既存の未収金を消込み，貸方の CF 科目を特定する。	
		BS	未払金	
11	前年度末に未払費用計上したものの本年度支払		借方は BS 未払費用として既存の未払費用を消込み，貸方の CF 科目を特定する。	
		BS	未払費用	
12	本年度末に未収金が発生した場合の処理		1．現金取引（未済）の場合，借方が BS 未収金となる。	
			2．過年度未収計上分（再調定分）であって，本年度末においてもなお未収である場合，重複して未収計上しないこと。	
	①税金（例）	BS	未収金	
	②資産売却収入の未収金（損益が発生しない場合）			
	固定資産売却	BS	未収金	
	投資その他の資産の譲渡	BS	未収金	
	③資産売却収入の未収金（益が発生した場合）	（例）元本額100　売却額120　売却益20		
	土地売却例	BS	未収金	120
	④資産売却収入の未収金（損が発生した場合）	（例）元本額100　売却額70　売却益28		
	土地売却例	BS	未収金	70
		PL	資産除売却損	30
	⑤その他の収益の未収金	BS 科目は未収金であるが，相手科目として PL 収益科目の特定を要する。		
		BS	未収金	
13	年度末に未払金が発生した場合の処理		現金取引（未済）の場合，貸方が BS 未払金及び未払費用となる。	
	土地（例）	BS	土地	

〔図表 I - 3 - 20〕未収金に関する不納欠損の仕訳

歳入歳出データのうち，未収金について不納欠損決定した額に関する仕訳は，次のとおり行う。

No.	ケース	借方 財表	借方 勘定科目名
14	徴収不能引当金を計上している債権の場合		
	未収金の不納欠損（例）	BS	徴収不能引当金
15	徴収不能引当金を計上していない債権の場合		
	未収金の不納欠損（例）　（業務上行っている債権の場合）	PL	その他（その他の業務費用）
	（上記以外の債権の場合）	PL	その他（臨時費用）

〔図表 I - 3 - 21〕歳計外資金の仕訳

歳計外現金（例：社会保険料等の預り金）の受入，払出に関する仕訳は次のとおりである。なお，年度末に本年度増減総額をもって処理してもよい。

No.	ケース	借方 財表	借方 勘定科目名
16	歳計外現金の受入	CF	本年度歳計外現金増減額
17	歳計外現金の払出	BS	預り金

第3章 新地方公会計統一基準における作成手順

	貸方	
財表	勘定科目名	金額
BS	未収金	
CF	科目を特定する。例えば公共施設等整備費支出。	
CF	科目を特定する。例えば支払利息支出。	
NW	税収等	
BS	固定資産の科目を特定	
BS	投資その他の資産の科目を特定	
BS	土地	100
PL	資産売却益	20
BS	土地	100
PL	PLの収益科目を特定	
BS	未払金	

	貸方
財表	勘定科目名
BS	未収金
BS	未収金
BS	未収金

	貸方
財表	勘定科目名
BS	預り金
BS	本年度歳計外現金増減額

〔図表 I-3-22〕歳入歳出データに含まれない非資金仕訳

歳入歳出データに含まれない非資金取引に関する仕訳（例）は、次のとおりである。

No.	ケース	借方 財表	借方 勘定科目名
18	固定資産の無償所管換受入・寄付受入・受贈	BS	固定資産の科目を特定
19	固定資産が調査によって判明した場合	BS	固定資産の科目を特定
20	投資その他の資産の無償所管替受入・寄付受入・受贈	BS	投資その他の資産の科目を特定
21	固定資産の除却	PL	資産除売却損
22	固定資産の無償所管替払出・寄付払出	NW	無償所管換等
23	棚卸資産への振替	BS	棚卸資産
24	満期保有目的有価証券等の強制評価減	PL	その他（臨時損失）
25	満期保有目的の債券以外の有価証券及び市場価格のある出資金の評価益	BS	投資その他の資産の科目を特定
26	満期保有目的の債券以外の有価証券及び市場価格のある出資金の評価損	NW	資産評価差額
27	投資損失引当金の計上	PL	投資損失引当金繰入額
28	投資損失引当金の取崩し	BS	投資損失引当金
29	市場価格のない投資及び出資金（連結対象団体及び会計に対するもの）の回収不能		
	投資損失引当金を計上している投資その他の資産の場合	BS	投資損失引当金
	投資損失引当金を計上していない投資その他の資産の場合	PL	その他（臨時損失）
30	徴収不能引当金の計上	PL	徴収不能引当金繰入額
31	徴収不能引当金の取崩し	BS	徴収不能引当金
32	賞与等引当金の計上	PL	賞与等引当金繰入額
33	退職手当引当金の計上	PL	退職手当引当金繰入額
34	損失補償等引当金の計上	PL	損失補償等引当金繰入額
35	固定資産から流動資産への振替		
	貸付金（例）	BS	短期貸付金
36	固定負債から流動負債への振替		
	地方債（例）	BS	地方債
37	固定資産の減価償却		
	有形固定資産	PL	減価償却費
	無形固定資産	PL	減価償却費
38	建設仮勘定の本勘定への振替	BS	建物

第3章 新地方公会計統一基準における作成手順　49

貸方	
財表	勘定科目名
NW	無償所管換等
NW	無償所管換等
NW	無償所管換等
BS	固定資産の科目を特定
BS	固定資産の科目を特定
BS	有形固定資産の科目を特定
BS	投資その他の資産の科目を特定
NW	資産評価差額
BS	投資その他の資産の科目を特定
BS	投資損失引当金
PL	その他（経常収益）
BS	引当てた投資その他の資産の科目を特定
BS	投資その他の資産の科目を特定
BS	徴収不能引当金
PL	その他（経常収益）
BS	賞与等引当金
BS	退職手当引当金
BS	損失補償等引当金
BS	長期貸付金
BS	1年以内償還予定地方債
BS	有形固定資産の減価償却累計額を特定
BS	無形固定資産の科目を特定
BS	建設仮勘定

第4章

固定資産台帳の作成基準

1．固定資産台帳の整備

(1) 整備目的

　固定資産台帳には，すべての保有資産を網羅する。これは品目ごとに取得価額，償却額計算に必要な要素，償却額，同累計，償却後帳簿残高，廃棄，売却に関する記録等記入することとする。

(2) 現行の台帳

　現行法制度上，次の台帳等を備えることとなっている。

① 「公有財産台帳」

② 道路，公園等インフラ資産に係る「法定台帳」

　（道路法；道路台帳など，個別法により義務付有り）

　これは必ずしも全ての保有資産の網羅的整備が前提ではないことから，資産価値に係る情報の把握は前提ではなかった。

　上記①の公有財産台帳は公有財産【普通地方公共団体の所有に属する財産のうち次の財産（基金を除く）】の現況を記録するもので，㋑不動産，㋺船舶，浮標，浮桟橋及び浮ドック，航空機，㋩前二号に掲げる不動産及び動産の従物，㋥地上権，地役権，鉱業権その他これらに準ずる権利，㋭特許権，著作権，商標権，実用新案権など，㋬株式，社債，地方債及び国債など，㋣出資による権利，㋠財産の信託の受益権等を計上していた。

　しかし，自団体の資産状況の正しい把握，他団体との比較可能性を確保するには，正確な固定資産に係る情報が不可欠であり，固定資産台帳の整備が必要

ということになった。固定資産台帳の整備状況は，〔図表Ⅰ－4－1〕で，台帳間の主な相違点は〔図表Ⅰ－4－2〕のとおりとする。

〔図表Ⅰ－4－1〕固定資産台帳の整備状況（平成23年度決算）

（平成25年3月31日時点）

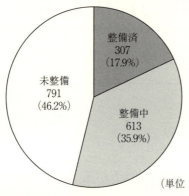

区分	団体数	割合
整備済	307	(17.9％)
整備中	613	(35.9％)
未整備	791	(46.2％)
合計	1,711	(100％)

（単位：団体，％）

※平成23年度決算に係る財務書類の作成団体（1,711団体）における整備状況
※整備中の団体には，過去に一旦は整備したが定期的な管理（更新）ができていない団体（54団体）を含む
参考：平成25年総務省
（出所：地方公共団体における固定資産台帳の整備等に関する作業部会資料）

2．台帳の記載項目

　記載項目は，必要最小限の項目とすることを基本とする。資産の1資産単位ごとに，勘定科目，名称，取得年月日，取得価額等，耐用年数，減価償却累計額，帳簿価額，数量等の情報を記載する。

　固定資産台帳の記載項目の例については〔図表Ⅰ－4－3〕のように，基本項目と固定資産台帳を公共施設マネジメント等に活用するため追加項目があり，各地方公共団体の判断により，記載する項目を追加してゆくこととなる。

3．台帳の記載対象範囲

　固定資産台帳は全ての固定資産を1単位ごとに記載する台帳であり，以後継続的に増減記録するため，記載単位については固定資産台帳の資産の次のよう

〔図表Ⅰ-4-2〕固定資産台帳と公有財産台帳の主な相違点

固定資産台帳とは

固定資産を,その取得から除売却処分に至るまで,その経緯を個々の資産ごとに管理するための帳簿。所有するすべての固定資産(道路,公園,学校,公民館等)について,取得価額,耐用年数等のデータを網羅的に記載したものであり,財務書類作成の基礎となる補助簿の役割を果たすとともに地方公共団体の保有する財産(固定資産)の適切な管理及び有効活用に役立つ。

公有財産台帳との主な相違点

各地方公共団体では,地方自治法で定められている公有財産の管理や決算の参考書類として作成される「財産に関する調書」の調製等のために,公有財産台帳を整備・管理しているところであるが,主に以下の点において固定資産台帳と相違する。

	公有財産台帳	固定資産台帳
管理の主眼	贈の保全,維持,使用,収益等を通じた現物管理	会計と連動した現物管理
対象資産の範囲	建物・土地・備品等が中心(道路,河川など同台帳上に整備されていない資産もある)	すべての固定資産
資本的支出と修繕費	明確な区分なし	区分あり
付随費用	明確な区分なし	区分あり
金額情報	なし(原則)	あり
減価償却	なし	あり

(出所:平成27年1月総務省資料(資産評価及び固定資産台帳整備の手引き))

な「1単位」の区分で記載する。
① 現物との照合が可能な単位,対応する価額の特定可能なもの
② 取替や更新を行う単位であること(減価償却の単位等)これは棟,個,台,筆,m^2,M等を基本とする。

開始時の例外として,一定の許容有り,後の整備・更新時に精緻化・1区間単位の価額算定が困難,道路の取得価額などがある。

開始貸借対照表(統一的な基準で最初に作成する会計年度の開始時現在の貸

〔図表Ⅰ-4-3〕固定資産台帳の記載項目の例

	新地方公会計モデル（基準モデル・総務省方式改訂モデル）		①基本項目（新地方公会計モデルに項目を追加）		項目の説明	②追加項目（公共施設マネジメント等に活用するための項目を追加）
1	番号		番号		資産の番号	
2	枝番		枝番		同一の資産について計上を区分したい場合等の枝番	
3			所在地		資産の所在地	
4	所属（部局等）		所属（部局等）		資産を管理している主たる管理部署	
5	勘定科目（種目・種別）		勘定科目（種目・種別）		適用する勘定科目	
6	件名（施設名）		件名（施設名）		資産の名称	
7	リース区分		リース区分		所有物かリース資産であるかの区分	
8	耐用年数分類（構造）		耐用年数分類（構造）		適用する耐用年数の種類	
9	耐用年数		耐用年数		適用する耐用年数の年数	
10	取得年月日		取得年月日		取得した年月日	
11	供用開始年月日		供用開始年月日		信用開始した年月日	
12	取得価額・取得価額相当額		取得価額等		取得価額等	
13			所有割合		当該資産について保有している所有権の割合	
14	増減異動日付		増減異動日付		前年度から資産が増減した場合の日付	
15	増減異動前簿価		増減異動前簿価		資産の増減を反映する前の簿価（期首簿価）	
16	増減異動事由		増減異動事由		増減が異動した事由	
17	今回増加額		今回増加額		異動により増額した金額（18～23の合計）	
18	今回増加内訳	有償取得額	今回増加内訳	有償取得額	有償で取得した増分の金額	
19		無償所管換増分		無償所管換増分	無償で所管換した増分の金額	
20		その他無償取得分		その他無償取得分	その他無償で取得した増分の金額	
21		調査判明増分		調査判明増分	年度内調査により新たに判明した増分の金額	
22		振替増分		振替増分	別科目から振替した増分の金額	
23		評価等増分		評価等増分	再評価等を行った増分の金額	
24	今回減少額		今回減少額		異動により減額した金額（25～31の合計）	
25		除却額		除売却額	除売却した減分の金額	
26		無償所管換減分		無償所管換減分	無償で所管換した減分の金額	
27		その他無償譲渡分		その他無償譲渡分	その他無償で譲渡した減分の金額	

第4章　固定資産台帳の作成基準

28	今回減少内訳	誤記載減少分	今回減少内訳	誤記載減少分	年度内調査により新たに判明した減分の金額
29		振替・分割減額		振替・分割減額	別科目から振替した減分の金額
30		減価償却額		減価償却額	当年度の減価償却費相当額
31		評価等減額		評価等減額	評価等減額
32	増減異動後簿価		増減異動後簿価(期末簿価)		増減異動後簿価（期末簿価）
33			会計区分		資産の会計区分
34	予算執行科目		予算執行科目		取得時の予算科目名（予算科目が複数に渡る場合もあるので，複数用意する）
35	用途		用途		資産の用途
36	事業分類		事業分類		使用されている事業分類名
37	開始時見積資産		開始時見積資産		開始時の固定資産について，取得価額・取得価額相当額，取得年度が判明せず，直接開始簿価を評価した場合のフラグ
38	各種属性情報		各種属性情報		その他で管理すべき付加情報
39	売却可能区分		売却可能区分		売却可能資産であるか否かの区分
40			時価等		売却可能資産の場合の売却可能額（その他の資産の場合，任意記録可）
41	完全除却済記号		完全除却済記号		当該資産を除却した場合のフラグ
42			数量（延べ床）面積		資産の数量，（延べ床）面積
43			階数（建物）		資産が建物の場合の階数
44			地目（土地）		資産が土地の場合の地目
45			稼働年数		資産の稼働年数
46			目的別資産区分		目的別の資産区分
47			減価償却累計額		減価償却費の累計額
48			財産区分（行政財産・普通財産）		公有財産台帳上の財産区分
49			公有財産台帳番号		公有財産台帳の番号とのリンク
50			法定台帳番号		法定台帳の番号とのリンク
51	取得財源内訳				取得財源内訳
52					耐震診断状況（建物）
53					耐震化状況（建物）
54					長寿命化履歴
55					複合化状況
56					利用者数件数
57					稼働率
58					運営方式
59					運営時間
60					職員人数
61					ランニングコスト

（出所：平成27年1月総務省資料（資産評価及び固定資産台帳整備の手引き））

借対照表）は作成時に，以下の①～③のいずれかに該当するものは原則として資産として記載しないこととされた。

① 既に耐用年数が過ぎているもの
（将来の更新費用の算定に必要がある場合は，記載することが適当である）
② 表示登記が行われていない法定外公共物（里道（赤線）や水路（青線）等）
③ 部落有，財産区有の資産

また既存の固定資産の価値を増加させない，または耐久性を増やさない修繕・補修・改修・改築・改造等は，固定資産の増加として認識しない。例えば，①漁港・港湾の浚渫工事で，水深が従前と変わらないもの，②河川の堤防の改修工事で，堤の容量や材料が従前と変わらないもの，③災害復旧において，新規に作り直す部分以外のこれらの修繕等は，当該会計年度の費用として計上する。

リース資産については，ファイナンス・リース取引と途中で解約できずに借り手が最後まで使用することが想定されているものは，当該リース取引を貸借対照表に計上する。

オペレーティング・リース取引は，ファイナンス・リース取引以外のリース取引である。

リース資産の評価は，〔図表Ⅰ－4－4〕のとおりである。

PFI等については，PFI等の手法により整備した所有権がない資産は，原則として所有権移転ファイナンス・リース取引と同様の会計処理を行う。そして契約上のリスク配分状況等を検討の上，原則として地方公共団体に帰属するリース資産・リース債務として認識し，固定資産台帳にその金額及び計算方法等を記載する。会計処理は，PFI等の事業内容に応じ，例えば利息相当額や維持管理・運営費は，原則として支払総額から控除してリース資産・リース債務の計上を行う必要がある。

また，土地と建物等を一括で購入した場合には，購入金額について土地と建物等を区分する必要がある。契約書等に土地と建物等の内訳が判明する場合には，その内訳金額を採用（消費税；土地は非課税，建物等は課税）する。

契約書等から内訳が判明しない場合，一括の契約金額から土地の適正な価額

〔図表 I - 4 - 4〕リース資産の評価方法

種類	所有権移転	所有権移転外
取得価額	・貸し手の購入価額が判明している場合 →貸し手の購入価額 ・貸し手の購入価額が不明な場合 →リース料総額の割引現在価値と貸し手の見積現金購入価額とのいずれか低い額	・貸し手の購入価額が判明している場合 →リース料総額の割引現在価値と貸し手の購入価額または見積現金購入価額とのいずれか低い額 ・貸し手の購入価額が不明な場合 →リース料総額の割引現在価値と貸し手の見積現金購入価額とのいずれか低い額
耐用年数	・経済的使用可能予測期間	・リース期間（ただし，再リース期間を含めてファイナンス・リース取引の判定を行った場合は，再リース期間も耐用年数に含める）
減価償却	定額法	

(出所：総務省HP資料「統一的な基準による地方公会計マニュアル」(平成27年1月23日)「資産評価及び固定資産台帳整備の手引き」)

を控除する等により，建物等の取得価額を算定する。

付随費用の有形固定資産の取得価額の査定については，当該資産の取得にかかる直接的な対価のほか，原則として，当該資産の引取費用等の付随費用（下記の事例）を含めて算定した金額とする。

例えば，土地には購入手数料，測量・登記費用，造成費及び造成関連費用，補償費，工作物である道路には街灯，ガードレール，標識等の附属設備の価額を含める。

その際消費税の取扱いとしては税込み方式を採用（所得価額には消費税相当額を含める）する。

4．減価償却計算

(1) 減価償却・耐用年数等

償却資産は毎会計年度減価償却を行う。この減価償却は種類の区分ごとに定額法で行う。

開始時の道路,河川及び水路に係る減価償却は,簡便的な減価償却の方法として,道路等の類似した一群の資産を一体として総合償却するような償却方法も許容する。

取替法は,今後の検討課題とし,当面は適用しないがその有用性等を検討する観点から,既に取替法を適用している地方公共団体が今後も取扱いを継続することを妨げない。

償却資産の減価償却が耐用年数省令により難い以下の①～⑥の特別の理由があり,当該固定資産の使用可能期間が次頁の耐用年数に比して著しく短いこととなった場合には,当該固定資産の使用可能期間をもって耐用年数とすることを可とする。

① 当該固定資産の材質又は製作方法がこれと種類及び構造を同じくする他の償却資産の通常の材質又は製作方法と著しく異なること
② 当該固定資産の存する地盤が隆起し,又は沈下したこと
③ 当該固定資産が陳腐化したこと
④ 当該固定資産がその使用される場所の状況に起因して著しく腐食したこと
⑤ 当該固定資産が通常の修理又は手入れをしなかったことに起因して著しく損耗したこと
⑥ その他①から⑤までに掲げる事由に準じる事由が生じたこと

(2) 主な償却資産の耐用年数

主要な償却資産の耐用年数は,〔図表Ⅰ-4-5〕〔図表Ⅰ-4-6〕〔図表Ⅰ-4-7〕のとおりである。

減価償却・償却率表は〔図表Ⅰ-4-8〕のとおりである。

中古の償却資産を取得した場合の耐用年数は,耐用年数省令等の取扱いに準じて,以下のとおり算定する。

① 見積法による耐用年数
  事業の用に供した時以降の使用可能期間として,資産の摩滅・摩耗の程度等から客観的かつ合理的に見積もられた年数
② 簡便法による耐用年数
  ①が困難なものは次の年数(その年数が2年未満の場合は2年)

〔図表Ⅰ-4-5〕耐用年数

耐用年数		耐用年数省令における耐用年数	
主な分類	耐用年数	主な資産	耐用年数
道路（林道・農道を含む）	50	道路改良	60
		舗装道路（アスファルト敷）	10
		舗装道路（コンクリート敷）	15
治水	48	河川	40
		ダム	80
		砂防	50
		流路工	40
都市公園	—	園路広場（アスファルト敷）	10
		植栽（緑化施設）	20
		管理施設	50
農業	—	道路改良	60
	—	舗装道路（アスファルト敷）	10
	—	舗装道路（コンクリート敷）	15
		ダム	80
治山	—	治山ダム	50
		流路工	40
漁業	—	岸壁，桟橋，堤防，防波堤	50
湾港	—	岸壁，桟橋，堤防，防波堤	50
		道路改良	60
		舗装道路（アスファルト敷）	10
		舗装道路（コンクリート敷）	15
航空（空港）	—	滑走路等	15
		格納庫，荷扱所，送受信所，停車場	38
海岸	—	堤防，防波堤	50

※1　開始時に限り，主な分類に係る耐用年数として上記左欄の耐用年数（「日本の社会資本2012」（平成24年11月内閣府政策統括官（経済社会システム担当））に基づいたもの）を採用することとして差し支えない。

※2　上記右欄は「減価償却資産の耐用年数等に関する省令」（昭和40年大蔵省令第15号）に規定する耐用年数の一例を示したものであり，当該資産の構成に応じて個別に判断する必要がある。

（出所：総務省 HP 資料「統一的な基準による地方公会計マニュアル」（平成27年1月23日）「資産評価及び固定資産台帳整備の手引き」）

〔図表 I - 4 - 6〕主な建物の耐用年数

番号	用途名称	A 鉄骨鉄筋コンクリート	B 鉄筋コンクリート	C 鉄骨コンクリート	D 無筋コンクリート	E コンクリートブロック	F れんが造	G プレストレスコンクリート	H プレキャストコンクリート	I 土蔵造	J 鉄骨造	K 軽量鉄骨造	L 木造
1	庁舎	50	50	38	41	41	41	50	50	22	38	30	24
2	事務所	50	50	38	41	41	41	50	50	22	38	30	24
3	倉庫・物置	38	38	31	34	34	34	38	38	14	31	24	15
4	自転車置場・置場	38	38	31	34	34	34	38	38	14	31	24	15
5	書庫	50	50	38	41	41	41	50	50	22	38	30	24
6	車庫	38	38	31	34	34	34	38	38	15	31	25	17
7	食堂・調理室	41	41	31	38	38	38	41	41	19	31	25	20
8	陳列所・展示室	50	50	38	41	41	41	50	50	22	38	30	24
9	校舎・園舎	47	47	34	38	38	38	47	47	20	34	27	22
10	講堂	47	47	34	38	38	38	47	47	20	34	27	22
11	給食室	41	41	31	38	38	38	41	41	19	31	25	20
12	体育館	47	47	34	38	38	38	47	47	20	34	27	22
13	集会所・会議室	47	47	34	38	38	38	47	47	20	34	27	22
14	公民館	50	50	38	41	41	41	50	50	22	38	30	24
15	保健室・医務室・衛生室	50	50	38	41	41	41	50	50	22	38	30	24

(出所：総務省 HP 資料「統一的な基準による地方公会計マニュアル」（平成27年1月23日）「資産評価及び固定資産台帳整備の手引き」)

法定耐用年数の全部を経過した資産

法定耐用年数×20％

法定耐用年数の一部を経過した資産

（法定耐用年数－経過年数）＋経過年数×20％

ただし，当該資産について支出した資本的支出の金額が当該資産の取得価額の50％に相当する金額を超える場合は，②簡便法によることはできず法定耐用年数で行う。

5．評価基準と評価方法

(1) 有形固定資産の評価基準・評価方法

事業用資産とインフラ資産の開始時簿価は，取得原価が判明しているものは原則として取得原価，取得原価が不明なものは，原則として再調達原価とする。

〔図表Ⅰ-4-7〕主な物品の耐用年数

備品台帳		減価償却資産の耐用年数等に関する省令（耐用年数省令）			
小分類	中分類	耐用年数	種類	構造又は用途	細目
印刷機	事務用機械器具類	5	器具及び備品	2	複写機，計算機（電子計算機を除く），金銭登録機，タイムレコーダー，その他これらに類するもの
自動認証機	事務用機械器具類	5	器具及び備品	2	その他の事務機器
製本機	事務用機械器具類	5	器具及び備品	2	その他の事務機器
複写機	事務用機械器具類	5	器具及び備品	2	複写機，計算機（電子計算機を除く），金銭登録機，タイムレコーダー，その他これらに類するもの
大気汚染自動測定装置	製図計測機器類	5	器具及び備品	3	試験又は測定機器
超音波厚み計	製図計測機器類	5	器具及び備品	3	試験又は測定機器
粉塵計	製図計測機器類	5	器具及び備品	3	試験又は測定機器
有機物汚濁測定装置	製図計測機器類	5	器具及び備品	3	試験又は測定機器
脂肪分離機	家事裁縫用具類	5	器具及び備品	3	試験又は測定機器
食缶搬送コンベアー	家事裁縫用具類	5	器具及び備品	1	食事又はちゅう房用品・その他のもの
食油ろ過器	家事裁縫用具類	6	器具及び備品	1	電気冷蔵庫，電気洗濯機その他これらに類する電気又はガス機器
冷凍庫	家事裁縫用具類	6	器具及び備品	1	電気冷蔵庫，電気洗濯機その他これらに類する電気又はガス機器

（出所：総務省HP資料「統一的な基準による地方公会計マニュアル」（平成27年1月23日）「資産評価及び固定資産台帳整備の手引き」）

　ただし，道路，河川及び水路の敷地のうち，取得原価が不明なものについては，原則として備忘価額1円とする。

　開始後は原則として取得原価とし，再評価は行わない。

　なお，安易に取得原価が不明だと判断することのないよう留意する必要がある。

　それでも取得原価が判明しない資産は，取得原価の把握のため，地方財政状況調査（決算統計）の数値を用いることも考えられる。

　不明なものは，実施可能性や比較可能性を確保する観点から，特定の時期（昭和59年度以前）に取得したものは，上記の取扱いにかかわらず，原則として取得原価不明なものとして取扱う。

〔図表Ⅰ-4-8〕償却率表（定額法）

耐用年数	償却率(定額法)	耐用年数	償却率(定額法)	耐用年数	償却率(定額法)	耐用年数	償却率(定額法)	耐用年数	償却率(定額法)
		21	0.048	41	0.025	61	0.017	81	0.013
2	0.500	22	0.046	42	0.024	62	0.017	82	0.013
3	0.334	23	0.044	43	0.024	63	0.016	83	0.013
4	0.250	24	0.042	44	0.023	64	0.016	84	0.012
5	0.200	25	0.040	45	0.023	65	0.016	85	0.012
6	0.167	26	0.039	46	0.022	66	0.016	86	0.012
7	0.143	27	0.038	47	0.022	67	0.015	87	0.012
8	0.125	28	0.036	48	0.021	68	0.015	88	0.012
9	0.112	29	0.035	49	0.021	69	0.015	89	0.012
10	0.100	30	0.034	50	0.020	70	0.015	90	0.012
11	0.091	31	0.033	51	0.020	71	0.015	91	0.011
12	0.084	32	0.032	52	0.020	72	0.014	92	0.011
13	0.077	33	0.031	53	0.019	73	0.014	93	0.011
14	0.072	34	0.030	54	0.019	74	0.014	94	0.011
15	0.067	35	0.029	55	0.019	75	0.014	95	0.011
16	0.063	36	0.028	56	0.018	76	0.014	96	0.011
17	0.059	37	0.028	57	0.018	77	0.013	97	0.011
18	0.056	38	0.027	58	0.018	78	0.013	98	0.011
19	0.053	39	0.026	59	0.017	79	0.013	99	0.011
20	0.050	40	0.025	60	0.017	80	0.013	100	0.010

（出所：総務省HP資料「統一的な基準による地方公会計マニュアル」（平成27年1月23日）「資産評価及び固定資産台帳整備の手引き」）

　なお，既に固定資産台帳を整備済または整備中の地方公共団体は，資産評価に係る二重負担を回避する観点等から，一定の経過措置がある。
　有形固定資産の評価基準は〔**図表Ⅰ-4-9**〕のとおりである。
　開始時に取得時期や建設時期が不明の償却資産の耐用年数等の取扱いは，以下の方法が考えられる。

〔図表Ⅰ-4-9〕有形固定資産等の評価基準

[ ]内は取得原価が不明な場合

	開始時		開始後	再評価
	昭和59年度以前取得分	昭和60年度以後取得分		
非償却資産 ※棚卸資産を除く	再調達原価	取得原価 [再調達原価]	取得原価	立木竹のみ6年に1回程度
道路,河川及び水路の敷地	備忘価額1円	取得原価 [備忘価額1円]	取得原価	―
償却資産 ※棚卸資産を除く	再調達原価	取得原価 [再調達原価]	取得原価	―
棚卸資産	低価法	低価法	低価法	原則として毎年度

備考1　適正な対価を支払わずに取得したものは原則として再調達原価（ただし、無償で移管を受けた道路、河川及び水路の敷地は原則として備忘価額1円）
備考2　既に固定資産台帳が整備済または整備中であって、基準モデル等に基づいて評価されている資産について、合理的かつ客観的な基準によって評価されたものであれば、引き続き、当該評価額によることを許容（その場合、道路、河川及び水路の敷地については、上表による評価額を注記）
備考3　売却可能資産については、売却可能価額を注記し、当該価額は原則として毎年度再評価
（出所：平成27年1月総務省資料（資産評価及び固定資産台帳整備の手引き））

① 取得時期が不明で建設時期が判明している場合は、当該建物等の建設時期から開始時までの経過年数に基づき減価償却を行う。
② 建設時期が不明で取得価額及び取得時期が判明している場合は、見積法を採用し、開始時以降の使用可能期間の年数を見積もる。なお開始時簿価の算定にあたっては、建物等の老朽化の程度から合理的に経過年数を推定し、これに基づいて減価償却累計額を判定することも可とする。経過年数は、利用履歴や改修等の履歴から出来る限り実際の経過年数に近い年数を見積もることが望まれるが、困難な場合は、建物等の老朽化の程度に応じた一定の基準を定め経過年数を定めることとした。
③ 取得時期・建設時期ともに不明な場合は、見積法により開始時以降の使用可能期間の年数を見積もる。

〔図表Ⅰ-4-10〕固定資産税評価額を基礎とした評価方法の精度等

評価方法			評価の精度	必要となる土地情報
個別評価	課税地と同様の評価		高い	多い
平均（評価額）単価による評価	宅地等	路線単位	↑	↑
		状況類似地域（地区）単位		
		用途地区単位		
	町丁目単位			
	概要調書（地目毎の市町村内平均（評価額）単位）			少ない

(2) 土地の評価方法

土地の評価方法には複数の方法があるが、その精度については〔図表Ⅰ-4-10〕のとおりである。

開始時の取得価額は、次のように行う。

「固定資産評価基準（自治省告示）」に基づく固定資産税評価額を基礎とした評価を行う。具体的な評価方法については、以下の方法が考えられる（適用にあたって、各団体の価格事情及び評価対象地の特性（評価対象数、所在状況等）の考慮・選択が必要）。

① 個別評価

固定資産評価基準及び各市町村において定められた固定資産評価要領（実務マニュアル等）に基づき課税地と同様に各土地について地目別に個別評価を行う方法

② 平均単価による評価

　(ア) 町丁目単位

　(イ) 固定資産税概要調書における地目単位

　(ウ) 宅地及び宅地比準土地の場合の平均単価

④ 路線単位（市街地宅地評価法を適用している地域において有効な評価方法）

付設された路線毎に沿接する宅地の固定資産税評価額の平均価額を採用する評価方法

ロ　状況類似地域（地区）単位

　固定資産評価基準における地域単位である状況類似地域（地区）毎の固定資産税評価額の平均単価を採用する方法

ハ　用途地区単位

　固定資産評価基準における用途地区毎の固定資産評価額の平均単価を採用する方法

　土地の評価方法は，総務省HP資料「地方公会計の整備促進に関するワーキンググループ（平成20年12月）「新地方公会計モデルにおける資産評価実務手引」から，抜すい・要約すると〔図表Ⅰ－4－11〕～〔図表Ⅰ－4－23〕のとおりである。

〔図表Ⅰ－4－11〕平均単価による評価①固定資産税概要調書における地目単位

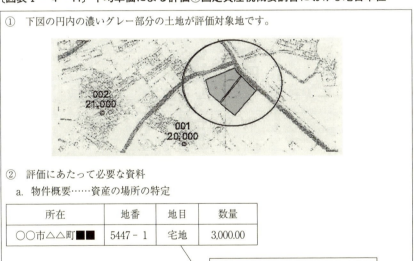

〔図表Ⅰ-4-12〕 平均単価による評価①固定資産税概要調書における地目単位

③ 評価　評価対象地の評価額は，下記「第2表　総括表（つづき）」の拡大部分「宅地の平均価格」×数量となります。

　　　　平均単価　　　　数量　　　評価額
　　　33,043円／m² × 3,000m² ＝ 99,129,000円

区分 地目		行番号			筆　数				単位当たり価格	
					非課税地筆数	評価総筆数	法定免税点未満のもの(ヲ)-(カ)	法定免税点以上のもの	平均価格	最高価格
		2			12 (筆)(ル)	27 (筆)(ヲ)	42 (筆)(ワ)	57 (筆)(カ)	(ホ)(ロ)(円/m²)(ヨ)	80 (円/m²)(タ)
田	一　般　田	0	1	3		13,000	1,200	11,800	89	158
	介 在 田・市街化区域田	0	2	3		500	0	500	13,043	22,000
畑	一　般　畑	0	3	3		30,000	3,000	27,000	72	100
	介 在 田・市街化区域田	0	4	3		4,000	100	3,900	20,000	70,000
宅地	小 規 模住宅用地	0	5	3		60,000	1,000	59,000	36,667	115,000
	一般住宅用地	0	6	3		30,000	1,000	29,000	26,667	115,000
	住 宅 用 地以外の宅地	0	7	3		20,000	0	20,000	33,750	120,000
	計	0	8	3	1,000	110,000	2,000	108,000	33,043	120,000
	塩　田	0	9	3	0					
	鉱泉地	1	0	3	0	0	0	0	0	0
	池沼	1	1	3	100	150	10	140	36	680
山林	一 般 山 林	1	2	3	700	7,000	500	6,500	50	70
	介 在 山 林	1	3	3	50	900	0	300	18,333	48,000
	牧場	1	4	3			0		0	
	原野	1	5	3			50	350	54	65
雑種地	ゴルフ場の用　　　地	1	6	3		33,043	100	2,900	3,000	4,000
	遊 園 地 等 の用　　　地	1	7	3			100	0	10,000	40,000
	鉄軌道用地	1	8	3	5	500	0	500	13,333	15,000
	そ の 他 の雑　種　地	1	9	3	7,000	15,000	1,000	14,000	14,286	100,000
	計	2	0	3	7,205	18,600	1,200	17,400	9,677	100,000
	その他	2	1	3	55,152					
	合計	2	2	3	64,307	184,550	8,060	176,490	11,574	

（挿入欄：33,750／33,043）

〔図表Ⅰ-4-13〕 平均単価による評価①固定資産税概要調書における地目単位

④ 留意点
　概要調書の平均単価は，行政区域内のすべての土地を地目毎に単純集計するので，評価対象地の所在状況等によっては，実態を反映せず価格水準と大きく乖離する場合がある。
　特に宅地の評価においては，市街地宅地評価法適用地区とその他の宅地評価法適用地区をまとめて集計することとなるのでその傾向が強くなることに留意する必要がある。

〔図表Ⅰ-4-14〕平均単価による評価②町丁目単位

「(3) 各評価方法の適用例2　平均単価による評価①　～固定資産税概要調書における地目単位～」のサンプルを用いて，町丁目（字）単位で平均単価による評価を行ってみます。
○評価にあたって必要な資料
① 物件概要……資産の場所の特定

所在	地番	地目	数量
○○市△△町■■	5447-1	宅地	3,000.00

必須となります

② 集計用の固定資産税評価用データ例……平均単価の査定に必要なデータ
一筆単位で，町丁目コード，課税地積，固定資産税評価額，地目が必要です。

	A	B	C	D
1	町丁目コード	課税地積	固定資産税評価額	現況地目
2	901032	26.31	470.685	宅地
3	901032	122.57	2,192.777	宅地
4	901032	210.87		宅地

必須となります

〔図表Ⅰ-4-15〕平均単価による評価②町丁目単位

○　評価（地目別集計表の活用）
まず町丁目コード「901032」に所在する筆で地目「宅地」について，課税地積の合計と固定資産税評価額の合計を求めると，以下のような集計表となります。

町丁目コード	課税地積の合計	固定資産税評価額の合計	現況地目	平均単価
901032	13,196.45	237,091.843	宅地	17,966

この集計表について，固定資産税評価額の合計を課税地積の合計で除して町丁目単位の平均単価を求めます。

　　固定資産税評価額の合計　課税地積の合計　町丁目単位の宅地の平均単価
　　　　237,091,843円　　　÷　13,196.45m^2　＝　　17,966円／m^2
評価対象地の評価額は，平均単価×数量となります。
　　　平均単価　　　　数量　　　　評価額
　　17,966円／m^2×3,000m^2＝53,898,000円
なお，固定資産税評価額の取扱いには，十分な注意が必要です。

〔図表Ⅰ－4－16〕平均単価による評価③宅地及び宅地比準土地の場合の平均単価

「①固定資産税概要調書における地目単位」のサンプルを用いて,宅地及び宅地比準土地の場合の平均単価による評価を行ってみる。

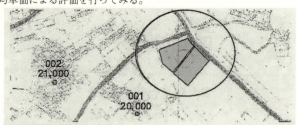

この方法は,固定資産税評価を行うために整備されているデータを集計することで各種の平均単価を求めることとなる。価格を求める必要がある資産の地方公共団体内での分布状況,資料の整備状況により,適用可能な評価方法を適用することとなる。

○作業のながれ

物件の特定 ⇒ 平均単価の査定 ⇒ 評　価

〔図表Ⅰ－4－17〕平均単価による評価③宅地及び宅地比準土地の場合の平均単価

①用途地区単位：評価に必要な資料；物件概要⇒資産場所の特定

所在	地番	地目	数量	用途地区
○○市△△町■■	5447－1	宅地	3,000.00	村落地区

所在地から用途地区を判定します

固定資産税評価の用途調査に必要なため必須です

集計用の固定資産税評価用データ例……平均単価の査定に必要なデータ
一筆単位で,用途地区,課税地積,固定資産税評価額,地目が必要

	A	B	C	D
1	用途地区	課税地積	固定資産税評価額	現況地目
2	村落地区	127.44	2,106,838	宅地
3	村落地区	138.00	892,170	雑種地
4	村落地区	124.96		
5	村落地区	111.08		

必須となります

〔図表Ⅰ-4-18〕平均単価による評価③宅地及び宅地比準土地の場合の平均単価①
用途地区単位

○ 評価(地目別集計表の活用)
まず地目が同一で,かつ用途地区(例;村落地区)が同一の筆について課税地積の合計と固定資産税評価額の合計を求める。

用途地区	課税地積の合計	固定資産税評価額の合計	現況地目	平均単価
普通商業地区	111,691.04	8,017,759,972	宅地	71,779
併用住宅地区	1,580,989.93	83,749,245,130	宅地	52,974
普通住宅地区	10,638,660.11	430,145,284,620	宅地	40,432
中小工場地区	1,419,223.12	51,460,688,805	宅地	36,230
大工場地区	823,284.63	25,275,124,247	宅地	30,700
村落地区	6,671,522.58	108,736,493,179	宅地	16,298

集計表について,用途地区単位の宅地の平均単価を求める。
　　固定資産税評価額の合計　課税地積の合計　村落地区の宅地の平均単価
　　　108,736,493,179円　÷6,671,522.58m^2　=　　16,298円／m^2
評価対象地の評価額は,平均単価　　数量　　　評価額
　　　　　　　　　　16,298円／m^2×3,000m^2=48,894,000円
＊なお,固定資産税評価額の取扱いには,十分な注意が必要です。

〔図表Ⅰ-4-19〕平均単価による評価③宅地及び宅地比準土地の場合の平均単価

② 状況類似地域(地区)単位
　○評価にあたって必要な資料
　　物件概要……資産の場所の特定　　　　　　　　　必須となります

所在	地番	地目	数量	状況類似地区番号
○○市△△町■■	5447-1	宅地	3,000.00	001

集計用の固定資産税評価用データ例……平均単価の査定に必要なデータ筆単位で,状況類似地域(地区)番号,課税地積,固定資産税評価額,地目が必要。

	A	B	C	D
1	状況類似地域(地区)	課税地積	固定資産税評価額	現況地目
2	001	127.44	2,106,838	宅地
3	001	138.00	892,170	雑種地
4	001	124.96	必須となります	

〔図表Ⅰ-4-20〕平均単価による評価③宅地及び宅地比準土地の場合の平均単価②
状況類似地域（地区）単位

○評価（地目別集計表の活用）
まず地目が同一で，かつ状況類似地域（地区）が同一の筆について，課税地積の合計と固定資産税評価額の合計を求める。

現況類似地域（地区）	課税地積の合計	固定資産税評価額の合計	現況地目	平均単価
001	26,939.10	503,566,628	宅地	18,692.00
002	44,871.21	894,772,393	宅地	19,940.00
003	22,714.75	268,511,055	宅地	11,820.00

この集計表について，固定資産税評価額の合計を課税地積の合計で除して状況類似地域（地区）町丁目単位（例；「001」に所在の宅地の平均単価を求める。

　　固定資産税評価額の合計　　課税地積の合計　「001」の宅地の平均単価
　　　　503,566,628円　　÷　　26,939.10m²　＝　　18,692円／m²
　評価対象地の評価額は，　　平均単価　　　数量　　　評価額
　　　　　　　　　　　　　18,692円／m²×3,000m²＝56,076,000円
＊なお，固定資産税評価額の取扱いには，十分な注意が必要

〔図表Ⅰ-4-21〕平均単価による評価③宅地・宅地比準土地の場合の平均単価

③路線単価　（斜線部分）

○評価にあたって必要な資料
　物件概要……評価に当たって必要なデータ　　　　　　　必須となります

所在	地番	地目	数量	正面路線番号
○○市▲▲町◇丁目	256-1	宅地	1,700.00	100001

＊路線の特定ができれば，路線価も必要ありません

〔図表Ⅰ-4-22〕平均単価による評価③宅地・宅地比準土地の場合の平均単価

集計用の固定資産税評価用データ例……平均単価の査定に必要なデータ
一筆単位で、路線番号、課税地積、固定資産税評価額、地目が必要

	A	B	C	D
1	路線番号	課税地積	固定資産税評価額	現況地目
2	100001	219.11	7,427,829	宅地
3	100001	165.28	5,793,229	宅地
4	100001	26.22	必須となります	

○評価（地目別集計表の活用）

まず地目が同一で、かつ路線番号が同一の筆について、課税地積の合計と固定資産税評価額の合計を求めると、以下のような集計表となります。

路線番号	課税地積の合計	固定資産税評価額の合計	現況地目	平均単価
100001	3,863.32	171,476,182	宅地	44,385
100001	3,587.00	126,690,221	雑種地	35,319

〔図表Ⅰ-4-23〕平均単価による評価③宅地・宅地比準土地の場合の平均単価

上記（図表Ⅰ-4-22）の集計表について、固定資産税評価額の合計を課税地積の合計で除して路線単位の宅地の平均単価を求めます。対象となる土地は路線番号「100001」に沿接する宅地となりますので、以下の式となります。

固定資産税評価額の合計　課税地積の合計　　路線番号「100001」に
　　　　　　　　　　　　　　　　　　　　　　沿接する宅地の平均単価
　　171,476,182円　　÷　　3,863.32m^2　＝　　44,385円／m^2

評価対象地の評価額は、平均単価×数量となります。
　　平均単価　　　　　数量　　　　　評価額
　44,385円／m^2　×　1,700.00m^2　≒　75,454,500円

なお、固定資産税評価額の取扱いには、十分な注意が必要です。

土地地目の変換の例示は，〔図表Ⅰ-4-24〕のとおりである。

〔図表Ⅰ-4-24〕**地目変換表の例**

土地台帳地目		固定資産税地目への変換	
番号	地目名称	評価地目コード	評価地目名称
1	田	1	宅地※
2	畑	1	宅地※
3	宅地	1	宅地
4	池沼	2	池沼
5	山林	3	山林
6	原野	4	原野
7	ゴルフ場等	5	雑種地
8	公園	5	雑種地
9	鉄軌道用地	5	雑種地
10	雑種地	5	雑種地
11	公衆用道路	6	市平均
12	溜池	2	池沼
13	保安林	3	山林
14	河川敷	5	雑種地
15	海没地	5	雑種地
16	学校用地	1	宅地
17	墓地	5	雑種地
18	堤	6	市平均
19	用悪水路	6	市平均
20	井溝	6	市平均
21	水道用地	5	雑種地
22	砂置場	5	雑種地
23	貯水池	2	池沼
24	緑地	5	雑種地
25	その他	5	雑種地

※「田」・「畑」について，宅地並み評価（市街化区域農地）に該当する場合

(3) 建物の評価方法

建物の評価方法は,同資産評価実務手引から抜すい・要約すると〔**図表Ⅰ-4-25**〕~〔**図表Ⅰ-4-28**〕のとおりである。

〔**図表Ⅰ-4-25**〕**取得価額が判明する場合**

【建物】①取得価額が判明する場合(建物本体と附属設備の区分が判明		
【取得価額】		

項目		③取得金額(千円)
建物本体		367,200
附属設備	電気設備	64,800
	冷暖房設備(22kw超)	54,000
	給排水衛生設備	27,000
	ガス設備	5,400
	エレベーター	13,500
合計		531,900

〔図表Ⅰ-4-26〕取得価額が判明する場合

【建物】①取得価額が判明する場合（建物本体と附属設備の区分が判明）
（イ）開始時簿価　再調達価額から減価償却累計額を控除して求める。
A．減価償却費を算定

項目		④耐用年数	⑤償却率（定額法）	⑥減価償却費（円）③×⑤	⑦経過年数	⑧減価償却累計額（円）⑥×⑦	⑨開始時簿価（円）③－⑧
建物本体		50	0.020	7,417,440	13	96,426,720	274,445,280
附属設備	電気設備	15	0.066	4,319,568	13	56,154,384	9,293,616
	冷暖房設備（22kw超）	15	0.066	3,599,640	13	46,795,320	7,744,680
	給排水衛生設備	15	0.066	17,997,820	13	23,397,660	3,872,340
	ガス設備	15	0.066	359,964	13	4,679,532	774,468
	エレベーター	17	0.058	790,830	13	10,280,790	3,354,210
合計						237,734,406	299,484,594

・別表B3建物の耐用年数表により、耐用年数を取得。
・このケースでは附属設備の内訳が判明⇒原則どおり耐用年数が異なる附属設備はそれぞれ耐用年数とする。
・取得した耐用年数に対応した償却率を算定又は償却率表から取得⇒再調達価額にこの償却率を乗じて減価償却費を算定
B．減価償却累計額を算定　減価償却費に決算時点までの経過年数を乗じ減価償却累計額を算定

〔図表Ⅰ-4-27〕取得価額が判明する場合

【建物】②取得価額が判明する場合（建物本体と附属設備の区分が不明）
取得価額：建物（附属設備含む）531,900,000円×デフレーター1.01＝537,219,000③
（イ）開始時簿価

　これも①と同様、再調達価額から減価償却累計額を控除して求めます。ただし、減価償却費の算定に当たっては、附属設備の区分が判明しないので、実務研究会報告書153段の規定により、建物本体の耐用年数を適用して求めます。

項目	④耐用年数	⑤償却率（定額法）	⑥減価償却費（円）③×⑤	⑦経過年数	⑧減価償却累計額（円）⑥×⑦	⑨開始時簿価（円）③－⑧
建物（附属設備含む）	50	0.020	10,744,380	13	139,676,940	397,542,060

〔図表Ⅰ-4-28〕取得価額が不明の場合

【建物】③取得価額が不明な場合
(ア) 再調達価額
　別表B9建物構造別・用途別の単価表を採用して求めます。なお，この単価には附属設備も含みますので，附属設備は別途計上しません。

項目	① 保険単価 (円／m²)	② 延床面積 (m²)	③ 再調達価額（円） ①×②
建物（附属設備含む）	180,000	2,700	486,000,000

↑
用途「庁舎」，構造「鉄筋コンクリート」を適用

(イ) 開始時簿価
　取得価額が判明する場合と同様，再調達価額から減価償却累計額を控除して求めます。ただし，減価償却費の算定に当たっては，附属設備を含んだ再調達価額を算定していますので，前記②と同様，建物本体の耐用年数を適用して求めます。

項目	④ 耐用 年数	⑤ 償却率 (定額法)	⑥ 減価償却費 (円) ③×⑤	⑦ 経過 年数	⑧ 減価償却累計額 (円) ⑥×⑦	⑨ 開始時簿価 (円) ③－⑧
建物（附属設備含む）	50	0.020	9,720,000	13	126,360,000	359,640,000

建物の評価方法は，〔図表Ⅰ-4-29〕のとおりである。

〔図表Ⅰ-4-29〕建物の場合

原則として再調達価額から減価償却累計額を控除した金額を計上。具体的な算定方法は，
○再調達価額　＝　延べ床面積　×　構造・用途別単価（円／m²）
○開始時簿価　＝　再調達価額　－　減価償却累計額
構造・用途別単価は，当該建物に係る保険金額を用いる。

(出所：資産評価及び固定資産台帳整備の手引き)

工作物の評価方法は，〔**図表Ⅰ-4-30**〕のとおりである。

〔図表Ⅰ-4-30〕 工作物の場合

道路の取得価額の判明状況による算定方法			
取得価額の判明状況		固定資産台帳の記載単位	取得価額の算定方法
路線（区間）単位に判明		A：路線単位	路線単位の事業費を取得価額とする
路線（区間）単位では不明	年度単位の事業費が判明	B：年度単位の整備総延長キロ	年度単位の事業費総額（Aと併用する場合，Aの事業費を控除した額）をもって取得価額とする
	年度単位の事業費も不明	C：年度単位の幅員別整備延長キロ	幅員別現在単価表を用い，再調達価額を求める
道路路面整備費が不明の場合，（C）の価額算定方法 〇再調達価額　＝　幅員別道路延長　×　道路幅員別単価（円／M） 〇開始時簿価　＝　再調達価額　－　減価償却累計額 ＊市場価額で評価する場合，既製品は類似製品の製品パンフレット，ホームページ等　美術品・骨董品等は美術年鑑等に掲載された価額など簡易評価を採用。			

（出所：資産評価及び固定資産台帳整備の手引き）

船舶・浮標等の評価方法は，〔**図表Ⅰ-4-31**〕のとおりである。

〔図表Ⅰ-4-31〕 船舶・美術品等の場合

開始時の取得価額【船舶，浮標等】（留意事項） 　船舶，浮標等 ⇒船舶，浮標（浮標・浮桟橋・浮ドック），航空機，物品の再調達価額の算定方法（手引き90） 　〇再調達価額　＝　同性能の当該資産の市場価額＊ 　〇開始時簿価　＝　再調達価額　－　減価償却累計額 　＊上記の市場価額で評価する場合 　⇒類似製品が販売されている既製品は，同種または類似製品の販売を行っている業者の製品パンフレットやホームページ等の活用可 　⇒美術品・骨董品等は，美術年鑑等に掲載された価額を用いるなどの簡易評価の採用可

（出所：総務省HP資料「統一的な基準による地方公会計マニュアル」（平成27年1月23日）「資産評価及び固定資産台帳整備の手引き」）

(4) 有価証券・出資金の評価方法

有価証券の評価は「手引き」をまとめるとつぎのようになる。

資産の評価基準・評価方法（有価証券・出資金）について

① 満期保有目的以外の有価証券のうち，市場価格のあるものについては，基準日時点における市場価格をもって貸借対照表価額とし，この市場価格での評価替えに係る評価差額については，洗替方式により，純資産変動計算書の資産評価差額として計上する。

　また，市場価格が著しく下落した場合にも，回復する見込みがあると認められる場合を除き，市場価格をもって貸借対照表価額とし，この強制評価減に係る評価差額については，行政コスト計算書の臨時損失（その他）として計上する。

　有価証券の市場価格の下落率が30％以上である場合には，「著しく下落した場合」に該当するものとする。回復する見込みがあると認められ，市場価格によって評価しない場合には，その旨，その理由及び市場価格との差額を注記する。

② 満期保有目的以外の有価証券のうち，市場価格のないものについては，取得原価または償却原価をもって貸借対照表価額とする。

　ただし，満期保有目的以外の有価証券のうち，市場価格のない株式について，発行会社の財政状態の悪化により実質価額が著しく低下した場合には，相当の減額を行う。

　なお，実質価額の低下割合が30％以上である場合には，「著しく低下した場合」に該当するものとする。

　連結対象団体及び会計に対するもの以外のこの強制評価減に係る評価差額については，行政コスト計算書の臨時損失（その他）として計上する。

③ 出資金のうち，市場価格がないものについては，出資金額をもって貸借対照表価額とする。ただし，市場価格のないものは出資先の財政状態の悪化により出資金の価値が「著しく低下した場合(1)」には，相当の減額を行う。＜(1)価値の低下割合が30％以上＞

　連結対象団体及び会計に対するもの以外のこの強制評価減に係る評価差額は，行政コスト計算書の臨時損失（その他）として計上する。

④ 市場価格のない投資及び出資金のうち，連結対象団体及び会計に対するものについて，「実質価額が著しく低下した場合（2）」は，実質価額と取得価額との差額を両者の差額が生じた会計年度に臨時損失（投資損失引当金繰入額）として計上し，両者の差額を貸借対照表の投資損失引当金に計上する。＜(2)実質価額が30％以上低下した場合＞

(5) 徴収不能引当金

徴収不能引当金は，債権全体または同種・同類の債権ごとに，債権の状況に応じて求めた過去の徴収不能実績率など合理的な基準により算定する。

具体的には以下の不納欠損率を用いて算定（他の方法がより適当であると認められる場合には，当該方法により算定することができる。）する。

不納欠損率の算定方法

	不納欠損決定前年度末債券残高	不納欠損決定額	不納欠損率
4年前	A4	B4	(B4＋B3…＋B0)
3年前	A3	B3	
⋮	⋮	⋮	
当年度	A0	B0	(A4＋A3…＋A0)

(6) 売却可能資産

売却可能資産は，資産科目別の金額，その範囲や評価方法を注記する。売却可能資産は，次の①②のいずれかに該当する資産のうち地方公共団体が特定した資産をいう（売却を目的として保有している棚卸資産は売却可能資産に含めない）。

① 現に公用もしくは公共用に供されていない公有財産（一時的に賃貸している場合を含む）

② 売却が既に決定している，または，近い将来売却が予定されていると判断される資産

売却可能資産の特定範囲として考えられるもの

① N＋1年度予算において，財産収入として措置されている公共資産

② 公共資産活用検討委員会といった庁内組織において売却予定とされている公共資産

③ 普通財産のうち活用が図られていない公共資産

④ すべての普通財産
⑤ すべての普通財産及び用途廃止が予定されている行政財産

売却可能資産は，原則；基準日時点の売却可能価額をもって注記する。

ただし，地価の変動率が小さい場合など，売却可能価額に重要な変動が生じていない場合は現行の価額を変更しないことも可能。

売却可能価額は，①鑑定評価額，②路線価や公示地価に基づく評価など，各地方公共団体及び売却可能資産の実情に応じて最も合理的な方法を用いる。

「地方公共団体の財政の健全化に関する法律」における評価方法の採用も可能である。ただし，資産の実態把握の趣旨から，開始時に行う売却可能資産の評価には低価法を採用しない。

減価償却は行わないこととするが，固定資産税評価額等を評価の基礎としており，時点修正を毎会計年度行っていない場合は，時点修正を行わない会計年度は，建物の減価償却相当分のみを評価額から控除することができることとする。

(7) ソフトウェアの評価基準・評価方法

財務会計システム，税務システム，住民基本台帳システム等のうち，当該地方公共団体が所有等するものについて，固定資産として取得価額から減価償却累計額を控除した価額を計上する。

① 研究開発費（試験研究費）に該当する場合⇒資産計上しない
② 研究開発費に該当しないソフトウェアの取得・制作費で，当該ソフトウェアの利用により将来の費用削減が確実であると認められるのは，次のイ，ロの場合である。
  イ 当該ソフトウェアの取得に要した費用（購入の場合：購入の対価＋購入に要した費用＋事業の用に供するために直接要した費用（必要とされる設定作業及び付随的な修正作業等の費用を含む））
  ロ 自団体製作の場合：製作等に要した原材料費・労務費・経費＋事業用に供する直接要した費用

　これらは，当初意図した使途で継続して利用することによりソフトウェア利用前と比較し業務を効率的または効果的に遂行することができると明確に認められる場合や市場販売しているソフトウェアを購入し，かつ，予

定した使途で継続して利用することにより、業務を効率的または効果的に遂行することができると認められる場合等であり、将来の費用削減とは無関係な映像ソフト等は当該会計年度に費用処理。

③　物品等（機械装置や備品等）を稼働させるためのソフトウェア

当該物品等とソフトウェアが一体とならなければ機能しない場合は、原則として当該物品等に含め計上する。

(8)　固定資産台帳の既整備団体の取扱い

既に固定資産台帳が整備済または整備中であって、基準モデル等に基づいて評価されている資産について、合理的かつ客観的な基準によって評価されたものであれば、引き続き、当該評価額によることを許容する。ただし、その場合でも、道路、河川及び水路の敷地については、評価額を注記することとする。

6．整備手順等

(1)　整備手順・整備期間

固定資産台帳の整備手順は、①計画・準備、②様式の作成、③資産の棚卸、④データ作成、⑤データ統合、⑥開始時簿価の算定、⑦固定資産台帳の作成のプロセスにより行われる。

固定資産台帳の整備期間は、1～2年間以内を目安とする。

資産の棚卸からデータ作成・統合を経て固定資産台帳を作成するまでの過程であり、1年間以内（年度内）が適当とされた。

(2)　整備後の管理手順

固定資産台帳の整備後（資産の取得・異動）の管理手順は、①資産の棚卸（現物確認）、②登録データの作成、③公有財産台帳登録、④執行データとの照合、寄附・寄贈の調査等、⑤固定資産台帳登録、⑥固定資産台帳に反映のプロセスにより行われる。

日々仕訳の場合は、仕訳発生の都度、固定資産台帳に登録する。

期末一括仕訳の場合は、日々の執行データを既存の財務会計システム等に蓄積し期末に一括仕訳を行った後に固定資産台帳に登録する。ただし、年度末の状況把握（台帳・貸借対照表の残高一致確認）が必須である。

以上を図示すると、〔図表Ⅰ-4-32〕～〔図表Ⅰ-4-34〕のとおりとなる。

第4章 固定資産台帳の作成基準 81

〔図表Ⅰ-4-32〕庁内の体制整備の例

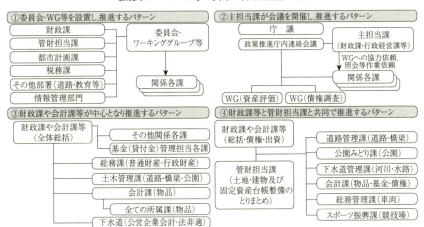

(出所：平成26年4月総務省資料（今後の新地方公会計の推進に関する研究会報告書参考資料）)

〔図表Ⅰ-4-33〕固定資産台帳管理（毎年）の流れの例

※公有財産台帳の整備が前提

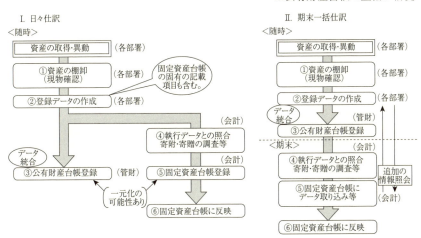

※1 新規に取得又は異動した資産以外についても，年1回を基本として固定資産台帳整備・管理担当課が各部署に照会をかけ，年度末の状況を把握する。
※2 期末に，固定資産台帳と貸借対照表の資産残高が一致しているか確認する。

[図表Ⅰ-4-34] 固定資産台帳整備の流れの例

庁内の体制整備

① 計画, 準備
〈全庁的な推進体制の確立が重要〉
庁内の体制整備は、各部署で採用する台帳(固定資産台帳)形式にて一元的にまとめる必要があること、各部署の管理の状態を把握したうえで、現実的な方法を定める必要があることから、庁内の体制整備の方法を定めるにあたっては、まず作業の事前段階として、データの管理・評価を担当する管財課等の管理のとりまとめを担当する各部署及び実際に施設を管理する部署等が参画することが重要であり、意見交換を行うことが重要である。庁内に委員会、財産整備担当、ワーキンググループ(WG)等を設置することにより、より有効に各部署間の連携を図ることができる。

整備期間の例：3ヶ月～6ヶ月

② 様式の作成
整備推進担当課(またはWG等)及び資産を保有している関連部署合同で、打ち合わせを実施し、現在の資産管理状況等を把握し、台帳整備の方針、スケジュール等を策定します。

整備期間の例：3ヶ月～6ヶ月

③ 資産の棚卸
現在の台帳整備状況を踏まえ、固定資産台帳(公会計管理台帳)に記載すべき事項(シート)を作成します。この際、あわせて、各部署にて調査を実施するための調査様式を決定し、固定資産台帳(公会計管理台帳)を作成するのではなく、現在保有している公有財産台帳など既存データを基礎として必要なデータを追加することが近道です。ただし、各台帳部門で個別に反映している状況を正しく反映しているとは限らないので、台帳の統合を行う際には、台帳同士の照合を行うことが必要です。

④ データ作成
各主管部署において、公有財産台帳を基礎として、その他庁内各部門で独自に管理している台帳等と照合します。この際、固定資産の実地調査を行うことで、現物の棚卸との整合性を図ることが望まれます。

⑤ データ統合
各主管部署において、作成した調査様式に基づき資産データを作成(入力)します。

⑥ 開始時簿価の算定
各主管部署で作成した調査様式を回収し、資産区分毎に1つの台帳データに統合します。

統合した台帳データを基に開始時簿価を算定します。

整備期間の例：6ヶ月～1年

⑦ 固定資産台帳の作成
固定資産台帳の実地調査・異動があった資産を固定資産台帳(公会計管理台帳)に反映させ固定資産台帳を完成させます。

整備期間：1～2年間

整備期間が1年以内(1年度内)に行うことが適当。1年間を超える場合であっても ③～⑦ の流れは同様。

※固定資産台帳の管理の手順としては、新規取得・異動があった資産について、③～⑦の流れを行うことが基本となる。

固定資産台帳作成上の課題は，〔図表Ⅰ－4－35〕のとおりである。

〔図表Ⅰ－4－35〕固定資産台帳の整備に関する課題等

──整備済団体──
- ○ 取得価額や財源が不明である事例も多く，数多くの資産の洗い出しや照合，資産の評価に時間を要した。
- ○ 資産の評価に専門的かつ広範囲な知識が求められた。
- ○ 従来の財産管理システムでは管理対象外であった道路等のインフラ資産について，膨大な作業量が発生するとともに，関係課への調査に時間を要した。
- ○ 資本的支出・修繕費の区分，事業用資産・インフラ資産の区分，耐用年数の設定に苦慮した。
- ○ 毎年度の管理（更新）の作業量が膨大である。
- ○ 担当者の人事異動により管理（更新）に苦慮している。
- ○ 外部委託しているが，毎年度の管理経費を要するため，財政的な負担がある。
- ○ 整備後に台帳の登載漏れが判明し，再調査を実施した。

──整備中又は未整備団体──
- ○ 資産の洗い出しや照合，資産の評価に時間を要する。
- ○ 特に道路等のインフラ資産については，取得価額が不明なものも多く，評価額の算定に膨大な作業を要する。
- ○ 整備に係る人的・財政的負担が大きいため，整備の目処が立っていない。
- ○ 具体的な活用方法が見えない中，費用対効果の面で固定資産台帳の整備にとりかかるのを躊躇している。
- ○ 庁内関係課に対して，固定資産台帳の整備の意義や利用価値を理解してもらうことが困難で，連携に苦慮している。
- ○ 必要性は理解しているが，担当が他業務と兼務していることもあり，人員不足で取りかかることができない。
- ○ 専門的な知識を持った職員が不足している。
- ○ 合併前団体ごとに台帳の整備状況が相違しており，その集約作業に膨大な時間と労力を要する。

（出所：平成26年4月総務省資料（今後の新地方公会計の推進に関する研究会報告書参考資料））

7．固定資産台帳に関するQ＆A

台帳作成実務上のQ＆Aを要約すると〔図表Ⅰ－4－36〕のとおりである。

〔図表Ⅰ－4－36〕Q＆A（抜粋・要約）

3　資産評価及び固定資産台帳整備の手引き

(1) 評価基準

① 有形固定資産等は，どのように評価するのか。

　原則として，取得原価が判明しているものは取得原価，取得原価が不明なものは再調達原価（道路等の敷地は備忘価額1円）としているが，実施可能性や比較可能性を確保する観点から，昭和59年度以前に取得した事業用資産とインフラ資産は，原則として取得原価不明なものとして取り扱う。

　なお，既に固定資産台帳を整備済又は整備中の地方公共団体は，二重負担を回避する観点等から一定の経過措置（既存の評価額の許容）を設けている。

② 有形固定資産等は，再評価する必要はあるか。

　有形固定資産等は再評価しないことが原則であるが，立木竹（6年に1回程度が適当）や棚卸資産（毎年度（低価法）），投資及び出資金が例外。

③ 有形固定資産の取得原価の把握のために決算統計の数値を用いることができる具体例は。

　取得原価が不明な有形固定資産等は，原則として再調達原価としているが，安易に不明と判断せず残存する証拠書類の確認が必要である。それでも不明の場合，決算統計の数値を用いることも考えられる旨が示されている。なお，決算統計の数値は【用地費は主に土地購入費と補償費であるが造成費等が加味されていない・同種資産をまとめた一つの項目に計上しているなど】の点に留意する必要があるため，決算統計の数値を用いるには，「昭和60年度以降であること，特定の固定資産が決算統計に係る該当項目（表行列）に計上されていることが把握できる」といった条件を満たす必要がある。

④ 売却可能資産や棚卸資産の評価，物品の計上基準で「重要な変動」や「重要性がないと判断される場合」といった文言が出てくるが，これらの重要性の判断は。

　基本的に各団体の実情に応じ判断。例）不動産鑑定評価による売却可能資産で，公示地価等他の評価方法の変動率が小さい時現行の価額を変更しない。

⑤ 個別の資産ごとに異なる評価方法を採用しても問題ないか。また，同一資産に対して，評価方法を変更しても問題ないか。

　資産の重要性等を踏まえ，個別に異なる評価方法を採用することも差し支えないが，採用した評価方法の注記が必要である。また，評価方法の変更は禁止ではなく，より個々の実態を反映した評価への変更は合理性が認められるが，経年比較の観点から安易な評価方法の変更は適当でない。

⑥ 実際に保険契約の目的物とはなっていない立木竹や建物についても，その再調達価額の算定に保険金額を用いて構わないのか。

　所有する立木竹や建物には，実際に保険契約の目的物でないものも存在するが，その再調達価額の算定に保険金額の単価を用いることは差し支えない。

⑦ 満期保有目的以外の市場価格のない有価証券について，実質価額が著しく低下した場合には相当の減額を行うこととされているが，実質価額の計算は。

　実質価額は，「金融商品会計に関する実務指針」第92項の規定を参考に算定することが望まれるが，作業負担を踏まえ，当該会計・法人の純資産額（資産合計額から負債合計額を控除した額）に，当該団体の出資割合を乗じたものとすることもできることとする（純資産がマイナスの場合はゼロ）。

⑧ 徴収不能引当金について不納欠損率を用いて具体的にどのように算定するのか。

　未収金に係る徴収不能引当金は合理的な基準により算定する。

　不納欠損率を用いた算定方法としては債権全体又は同種・同類の債権ごとに，債権の状況に応じて求めた過去の徴収不能実績率（過去5年間の不納欠損決定額／過去5年間の不納欠損決定前年度末債権残高）を乗じることが考えられる（なお，より適当と認められる他の方法で算定可。）。

⑨ 売却可能資産の範囲はなぜ地方公共団体が任意に特定するのか。

　売却可能資産は，資産・債務改革の観点から注記するが，各地方公共団体で同改革の取組状況等は異なるので，売却可能資産の範囲を一律に特定することはせずに，実情に応じて任意に特定することとしている。

⑩ 基準モデル等を採用している地方公共団体は，今後も引き続き基準モデル等により資産を評価しても差し支えないか。

　既に固定資産台帳が整備済又は整備中であって，基準モデル等に基づいて評価されている資産について，合理的かつ客観的な基準によって評価されたものであれば，引き続き，当該評価額によることを許容することとしている。

　ただし，その場合でも道路等の敷地は「台帳手引き」による評価額を注記すること，開始後に取得した資産は既存の基準モデル等による評価は認められて

⑪ 物品について50万円以上の場合に計上することとされていますが，無形固定資産のソフトウェアに関してはどのように考えるのか。
物品に準じて取り扱うこととして差し支えない。

(2) その他

① 固定資産台帳を整備する意義は何か。
固定資産台帳は，所有する全ての固定資産について，取得価額や耐用年数等のデータを網羅的に記載したものであり，地方公会計の基礎資料となるだけでなく，公共施設等の維持管理・修繕・更新等に係る中長期的な経費の見込みを算出することや，公共施設等総合管理計画を充実・精緻化することに活用することも可能となる。さらに，台帳を公開することで，民間企業からPPP／PFIに関する積極的な提案がなされることも期待される。

② 固定資産台帳は公表を前提とすることとされているが，個人情報など法令により公表できない情報があった場合，どのように対処すればよいか。
個人情報保護法等の観点から公表できない情報は，当該法令等の趣旨を踏まえた対応が必要となる。例えば，「不開示」といった記載が考えられる。

③ 固定資産台帳の記載項目が例示されているが，同項目のとおりに固定資産台帳を整備しなければならないのか。
同例示（「台帳手引き」別紙2）の「①基本項目」は，原則として記載する必要がある。「②追加項目」は，各団体の判断による任意の記載だが，活用の幅を広げるためにも記載することが適当である。

④ 固定資産台帳の追加記載項目における長寿命化履歴の具体的記載内容は。
施設の実態に即した情報を管理するため，「長寿命化履歴」は，長寿命化工事の有無，実施時期，関連する台帳番号等を記載することが考えられる。

⑤ 管理者と所有者が異なる指定区間外の国道（3桁国道）や指定区間の一級河川等は，資産として計上しないものの，注記する場合の評価基準と記載は。
所有する固定資産に準じて固定資産台帳に記載・管理し，勘定科目別に取得価額等と減価償却累計額を記載する。

⑥ 重要性の乏しい所有権移転ファイナンス・リース取引の対象について，「重要性の乏しい」とは，どのような場合が該当するのか。
基本的には各団体の実情に応じて判断するが，①購入時に費用処理するもの，②リース期間が1年以内であるもの，③1契約あたりのリース料総額が300万円以下のもの，等の基準等により判断する。

⑦ PFI事業に関して，所有権がない資産は，どのように処理するのか。
　PFI事業に係る資産は，所有権がない資産であっても契約上のリスク配分状況の検討を行い，リース会計基準に準じた会計処理を行う。（例）PFI事業費の内容に応じ，利息相当額や維持管理・運営費は，原則として支払総額から控除しリース資産・リース債務の計上を行う必要がある。同資産金額は注記。
⑧ 耐震工事で耐久性が増す場合は固定資産に計上するが，減価償却計算は。
　当工事は基本的に資本的支出に該当し，原則，当該資本的支出の金額を固有の取得価額としてその資本的支出を行った減価償却資産本体と種類及び耐用年数を同じくする新たな減価償却資産を取得したものとして，その種類と耐用年数に応じて償却を行うこととなる。なお，現に採用の償却方法を継続。
⑨ 別途規定するものは「減価償却資産の耐用年数等に関する省令」よりも長い期間の耐用年数を設定することもできるが，どのような資産が該当するのか。
　耐用年数を長くすることは，単年度の減価償却費の低減につながるため，保守主義の観点から，厳密に取り扱う必要がある。合理性・客観性があるものとしては，法適用の地方公営企業で使用されている法令年数が該当する。
⑩ 固定資産台帳の整備の流れは，どのようなものになるのか。
　「資産評価及び固定資産台帳整備の手引き」別紙4「固定資産台帳整備の流れの例」を参照。
⑪ 固定資産の棚卸（現物確認）は，どのような点に注意すべきか。
　計上されている固定資産が確かに存在して当該地方公共団体の所有であることや，関連台帳との整合を確認することが重要。
　また，新規に取得又は異動した資産以外についても，年1回を基本として現物確認とともに，期末に固定資産台帳と貸借対照表の資産残高が一致しているか確認することとしていることに留意が必要。
⑫ 基金や有価証券，徴収不能引当金等も固定資産台帳での管理は必要か。
　固定資産台帳での管理を妨げるものではないが，その性質や地方公共団体の実情に応じて別途管理することもできることとする。
⑬ 固定資産台帳の「目的別資産区分」の項目に何を記載したらよいか。
　行政目的の区分を記入することが想定される。

8. 固定資産台帳作成基準の抜すい

固定資産台帳の作成基準を抜すいすると，下記のとおりである。

2 建設仮勘定

22. 建設仮勘定は，有形固定資産に区分される勘定科目で，その工期が一会計年度を超える建設中の建物など，完成前の有形固定資産への支出等を仮に計上しておくための勘定科目であり，当該有形固定資産が完成した時点で本勘定に振り替えられます。

23. 建設仮勘定については，目的とする完成物を単位として建設仮勘定番号を付し，「固定資産台帳の記載項目の例」(「別紙2」参照)に準じて作成した建設仮勘定台帳にその履歴を記載します。なお，一部が完成した場合，原則として完成部分を本勘定へ振り替えることとなり，事業量に応じた工事金額の特定など，振替部分を独立して算定できる場合は，その金額を計上しますが，振替部分の金額を独立して算定することが困難な場合には，その振替額を次の計算式によって算定することができます。この場合，必要に応じて全事業完了後に精算を行うことができます。なお，建設仮勘定について，減価償却は行いません。
    ○ 本勘定への振替額 ＝ 計画総事業費 × 完成分事業量 ÷ 総事業量
    ⋮

3 資本的支出と修繕費の区分

40. 有形固定資産のうち，償却資産に対して修繕等を行った場合は，修繕等に係る支出が当該償却資産の資産価値を高め，またはその耐久性を増すこととなると認められるかどうかを判断し，認められる部分に対応する金額を資本的支出(有形固定資産の取得時及び取得後の支出のうち，当該資産の取得価額に加えるべき支出)として資産に計上します。なお，上記の判断は，実務上困難な場合もあると考えられることから，「区分基準(修繕費支弁基準)」を内部で策定して事務処理を行うのが適当と考えられます。「区分基準」については，「法人税基本通達」第7章第8節の例示が参考になり，これをまとめると以下のとおりとなりますが，区分が不明な場合は，同通達に，①金額が60万円未満の場合，または②固定資産の取得価額等のおおむね10％相当額以下である場合には，修繕費として取り扱うことができるという規定がありますので，これに従うことが考えられます。なお，地方公共団体の実情により，「60万円未満」を別途の金額に設定することもできることとしますが，その際は，その旨を注記します。

41. また，既存の償却資産に対して行った資本的支出については，その支出金額を固有の取得価額として，既存の償却資産と種類及び耐用年数を同じくする別個の資産を新規に取得したものとして，その種類と耐用年数に応じて減価償却を行っていくこととします。
    ⋮

2 有形固定資産

63. 事業用資産とインフラ資産の開始時簿価については，取得原価が判明しているものは，原則として取得原価とし，取得原価が不明なものは，原則として再調達原価とします（償却資産は，当該価額から減価償却累計額を控除した価額を計上。以下同様）。ただし，道路，河川及び水路の敷地のうち，取得原価が不明なものについては，原則として備忘価額1円とします。また，開始後については，原則として取得原価とし，再評価は行わないこととします。なお，取得原価については，事実関係をよく調査する必要があり，安易に取得原価が不明だと判断することのないよう留意する必要があります。具体的には，地方債発行に関連する資料など，残存する証拠書類を確認することが考えられますが，それでも取得原価が判明しない資産については，取得原価の把握のために，地方財政状況調査（決算統計）の数値を用いることも考えられます。

64. また，取得原価の判明状況は各地方公共団体において異なることや地方債の償還年限が取得原価の判断状況に影響すること等を踏まえ，実施可能性や比較可能性を確保する観点から，特定の時期（昭和59年度以前）に取得したものは，63段落の取扱いにかかわらず，原則として取得原価不明なものとして取扱うこととします。なお，後述の109段落のとおり，既に固定資産台帳を整備済または整備中の地方公共団体においては，資産評価に係る二重負担を回避する観点等から，一定の経過措置を設けています。

65. 物品は，地方自治法第239条第1項に規定するもので，原則として取得価額または見積価格が50万円（美術品は300万円）以上の場合に，その取得価額を資産として計上し，再評価は行わないこととします。ただし，各地方公共団体の規程等において重要な物品等の基準を有している場合で，かつ，総資産に占める物品の割合に重要性がないと判断される場合においては，各地方公共団体の判断に基づき，継続的な処理を前提に当該規程等に準じた資産計上基準を設けることを妨げないこととします。なお，取得原価が不明な資産については，原則として再調達原価とします。

66. 有形固定資産（事業用資産，インフラ資産及び物品）のうち，適正な対価を支払わずに取得したものについては，原則として再調達原価とします。ただし，無償で移管を受けた道路，河川及び水路の敷地については，原則として備忘価額1円とします。

3 無形固定資産

67. 無形固定資産の開始時簿価については，原則として取得原価とし，再評価は行わないこととしますが，適正な対価を支払わずに取得したもの及び開始時において取得原価が不明なものについては，原則として再調達原価とします。

68. 特許権，著作権，商標権，営業権，実用新案権，意匠権，回路配置利用権，育成者権，商号，出版権等の無体財産権は，耐用年数省令に定める償却資産として，定額法により減価償却を行い，取得価額から減価償却累計額を控除した価額を計上します（56段落のとおり備忘価額なし）。なお，計上にあたっては，重要性の観点から金額が少額

のもの等については，計上しないことも合理的な処理と考えられます。例えば「相続税財産評価に関する基本通達」においては，課税時期後において取得すると見込まれる補償金額が50万円に満たないと認められる特許権，実用新案権，意匠権や商標権は評価しないこととされています。

69. 地上権，地役権，借地権，鉱業権等の用益物権（他人の土地等をある目的で使用するための権利）は，非償却資産であり，減価償却は行いません。また，用益物権の存否確認は一般的に困難であり，加えて，民有地を地方公共団体が公園として管理している場合や国有地を地方道として管理している場合など一般的な権利関係と異なる場合があり，より権利の認定が困難と考えられますが，一般的に以下のいずれかに該当する場合は，用益物権が存すると考えられるため，金額等による重要性の観点に照らして計上します。
①契約書が残っており，契約上「建物所有を目的とする賃貸借」と明記されている
②地代の支払いを行っている
③権利の設定時，権利金等の一時金を支払った
④借地権等の権利自体を他人から有償で取得した
⋮

(2) 土地

74. ③　より実態を反映した評価方法の採用
　　原則として固定資産税評価額を基礎とした評価方法によることとしますが，より実態を反映した評価方法の適用も可能です。したがって，不動産鑑定評価による方法，地価公示・地価調査基準地価格から求める方法及び相続税評価額を基礎とした方法等を採用することで，固定資産税評価を基礎とする方法に比べ，より適切な評価が算定できると認められる場合には，これらの評価方法を採用することも考えられます。
75. 上記の評価方法の選択にあたっては，以下を参考に精度の高い評価方法を採用することが望まれますが，時間的制約等があることから，評価精度を維持しつつ，簡便な評価方法を採用することも現実的な対応と考えられるなかで，①資産の量・分布状況等，

固定資産税評価額を基礎とした評価方法の精度等

評価方法			評価の精度	必要となる土地情報
個別評価	課税地と同様の評価		高い	多い
平均（評価額）単価による評価	宅地等	路線単位		
		状況類似地域（地区）単位		
		用途地区単位		
	町丁目単位			
	概要調書（地目毎の市町村内平均（評価額）単位）			少ない

②資産の重要性，③現在の台帳整備状況と処理体制，のバランスを考慮することが重要です。なお，73段落のとおり，評価方法の変更を禁止しているわけではなく，より個々の実態を反映した評価への変更については合理性が認められますが，経年比較の観点からは安易に評価方法を変更することは適当ではありません。

⋮

(2) 棚卸資産

100. 棚卸資産は，商品・製品・半製品・原材料・仕掛品等をいい，販売用として所有する土地等も含まれ，原則として固定資産台帳とは別途管理することとしますが，固定資産台帳での管理を妨げるものではありません。

101. 棚卸資産については，取得価額をもって貸借対照表価額としますが，会計年度末の帳簿価額と正味実現可能価額のいずれか低い額で測定することとします（低価法）。正味実現可能価額は，通常の事業の過程における予想売価から，完成までに要する見積原価及び販売に要する見積費用を控除した額とします。また，棚卸資産のうち販売を目的として所有する土地等の評価額については，「地方公共団体の財政の健全化に関する法律施行規則」（平成20年総務省令第8号）第4条第2項各号に掲げる方法により算定することができ，当該土地等であって売買契約の申し込みの勧誘を行っているものについても，同様に算定することができることとします。なお，重要性の乏しいものは対象外とします。

⋮

(1) 庁内の体制整備の意義

112. 庁内の体制整備は，固定資産台帳整備から資産評価に至る一連の作業において，以下の理由により欠かせないものです。
    ① 各部署で管理している資産データを一元的にとりまとめる必要があること
    ② その際，固定資産を管理する各所管部署における管理の状態を把握した上で，現実的な一元管理の方法を定める必要があること
    ③ また，統一的な基準導入作業のとりまとめを担当する部署，公有地評価に関連する各部署，情報管理部署及びその他の部署が連携することで，実務上・実態上有用な固定資産計上基準・評価要領等の作成が可能となること

113. このように，庁内の体制整備では，まず作業の事前段階に，全体のとりまとめを担当する部署をはじめ，データの管理・評価を担当する部署，公有地評価に関連する部署及び実際に施設を管理する部署等が参画し，役割を分担した上で，台帳整備の状況・資産評価の現状を確認するとともに意見交換を行うことが重要です。また，庁内に委員会・ワーキンググループ等を設置することにより，より有効に各部署間の連携を図ることができます。

114. なお，役割分担の例としては，以下が考えられます。
    →管財課：各部署へ調査シートを配布・回収，固定資産の現物調査，土地の評価等
    →福祉課，教育委員会，都市整備課等：固定資産の現物調査，土地の評価等

→会計課：備品の現物調査（計上基準以上の物品の抽出），備品の分類（耐用年数等）
　　　　：

IX 固定資産台帳の整備後の管理手順

123. 固定資産台帳の整備後の管理手順の実務については，公有財産台帳の整備を前提とすると，基本的には，資産の取得・異動があった場合，①資産の棚卸（現物確認），②登録データの作成，③公有財産台帳登録，④執行データとの照合，寄附・寄贈の調査等，⑤固定資産台帳登録（固定資産台帳にデータ取り込み等），⑥固定資産台帳に反映，といった手順になるものと想定されます。なお，日々仕訳の場合は，仕訳の発生の都度，固定資産台帳に登録することが想定され，期末一括仕訳の場合は，日々の執行データは既存の財務会計システム等に蓄積し，そのうち資産に係る必要な情報が公有財産台帳に蓄積され，期末に一括仕訳を行った後に固定資産台帳に登録をすることが想定されます。具体的には，「固定資産台帳管理（毎年）の流れの例」（「別紙10」参照）に示していますが，各地方公共団体がそれぞれの実情に応じた手順により作業を行うことが重要です。

124. なお，新規に取得または異動した資産以外についても，年1回を基本として固定資産台帳整備・管理担当課が各部署に照会をかけ，会計年度末の状況を把握することが適当です。

125. また，整合を図る観点から，期末に固定資産台帳と貸借対照表の資産残高が一致しているかの確認が必要です。

126. 固定資産台帳の整備とその管理について，固定資産の増減その他の異動が発生した場合は，固定資産台帳に，異動日付，異動事由，取得価額，異動後の簿価，その他必要事項を記載するとともに，仕訳を起こさなければなりません。

127. 固定資産の主な増加理由としては，次の場合が考えられます。
    ① 新規有償取得
    ② 一部増加有償取得（改良，改造，付加等）
    ③ 建設仮勘定から本勘定への振替受
    ④ 無償所管換受
    ⑤ 交換受
    ⑥ 寄付受
    ⑦ 調査判明
    ⑧ 再評価による増額

128. 固定資産の主な減少理由としては，次の場合が考えられます。
    ① 売却
    ② 破損・滅失・取替等による除却（全部除却，一部除却）
    ③ 無償所管換出
    ④ 交換出
    ⑤ 寄付出

⑥ 調査判明
⑦ 減価償却
⑧ 再評価による減額

129. 以上のほか，地方公共団体内部での管理換，用途変更，移設等が考えられます。このうち，事業用資産とインフラ資産の間の用途変更は，勘定科目の振替処理が必要となります。

第5章

財務書類作成基準

第1節　貸借対照表

1　基　礎

　貸借対照表は，財政状態（資産・負債・純資産の残高及び内訳）を表示する。
　有形固定資産は，行政目的別の分類に係る附属明細書を作成することとする。
　総額表示を原則とし，固定性配列法により，流動・固定分類は1年基準により区分する。
　現金預金勘定は，会計年度末資金残高に会計年度末歳計外現金残高を加えたものと連動する。

2　資産の測定と評価

　資産の貸借対照表価額の測定は，資産の性質及び所有目的に応じた評価基準及び評価方法による。
　資産は，固定資産及び流動資産に分類表示，繰延資産は原則として計上しない。

3　有形固定資産の評価基準

　有形固定資産の評価基準は〔図表Ⅰ-5-1〕のとおりである。特定の時期（昭和59年度以前）取得分は取得原価不明なものと取り扱うことになった。

〔図表Ⅰ-5-1〕有形固定資産の評価基準について

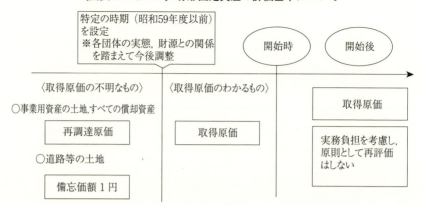

※適正な対価を支払わずに取得したものについては，原則として再調達原価。ただし無償で移管を受けた道路等の土地については，原則として道路等の土地の評価の基準を適用する。
※なお，団体によって，「特定時期」以降においても，取得原価が不明な資産を有している場合には，原則として取得原価不明なものと同様の取扱いとする。
※売却可能資産については，開始時に実現可能価額で評価するとともに，開始後においても，原則として再評価を行う（注記対応）。
（出所：平成26年4月総務省資料（今後の新地方公会計の推進に関する研究会報告書：参考資料））

4 固定資産の会計処理

固定資産は，有形固定資産，無形固定資産，投資その他の資産に分類する。

リース資産は，ファイナンス・リース取引については，通常の売買取引に係る方法に準じて会計処理を行い，オペレーティング・リース取引は，通常の賃貸借取引に係る方法に準じて会計処理を行う。

所有権移転外ファイナンス・リース取引及び重要性の乏しい所有権移転ファイナンス・リース取引については，通常の賃貸借取引に係る方法に準じた会計処理を行う。

PFI等の手法は，所有権移転ファイナンス・リース資産と同様に会計処理を行う。

売却可能資産は，資産科目別の金額・その範囲を注記する。

売却可能資産とは，①現に公用・公共用に供されていない公有財産，②売却が既に決定され，近い将来売却が予定されていると判断される資産であり，具

体的な取扱いは，要領等で規定された。

　売却可能資産は，基準日時点の売却可能価額を注記する。

　償却資産は，毎会計年度減価償却を行う（定額法）。

　インフラ資産は，簡便的に総合償却も認める。

　取替法の取扱いは，今後の検討課題とする（既に取替法を選択している団体は今後の継続を妨げない）。

　減価償却額は，「減価償却資産の耐用年数等に関する省令」に従うこととするが，具体的な取扱いは要領等で規定された。

　上記耐用年数により難い特別の理由に該当するときは，当該資産の使用可能期間を耐用年数とすることが可能とされる。

　年度中途に取得した資産の減価償却は，使用の当月または翌月から月数に応じて行うことを妨げない。

　減価償却累計額は，当該各資産に対する控除項目とする（控除項目；一括表示・当該資産金額から直接控除可）。

　耐用年数経過後に存する資産は，備忘価額1円（残存価額なし）を計上する。

　有形（及び無形）固定資産に係る減損処理の適用は，有用性と費用対効果を見極めた上で今後の検討課題とされた。

① 有形固定資産

　有形固定資産は，事業用資産，インフラ資産，物品に分類表示する。

　資産の取得価額は取得に係る直接的な対価のほか，原則として当該資産の取引費用等の付随費用を含めて算定する。

　償却資産に対する修繕費等は，資産価値・耐久性が増すかを判断し資産計上を検討する。

　事業用資産はその種類ごとに表示科目を設けて計上する。

　事業用資産の開始貸借対照表の価額の測定は，取得原価が判明しているものは，原則として取得原価とし，取得原価が不明なものは，原則として再調達原価とする。また，開始後は，原則として取得原価とし，再評価はしない。

　取得原価の判明／不明の判断については，特定の時期（昭和59年度）を設定し，それ以前のものを，原則として取得原価不明なものとして取扱う（要領等

において規定)。

　事業用資産のうち，適正な対価を支払わずに取得したものは，原則として再調達原価とする。

　インフラ資産は，例えば道路ネットワーク，下水処理システム，水道等が該当する。

　インフラ資産は，土地，建物，工作物，その他，建設仮勘定の科目を用いる。また，減価償却の方法を注記する。

　インフラ資産の開始貸借対照表の価額の測定は，取得原価が判明しているものは，原則として取得原価とし，取得原価が不明なものは，原則として再調達原価とする。

　道路等の土地のうち，取得原価が不明なものは，原則として備忘価額1円とする（開始後は，原則として取得原価とし，再評価はしない。）。

　インフラ資産のうち，適正な対価を支払わずに取得したものは，原則として再調達原価とする。ただし，無償で移管を受けた道路等の土地は，原則として備忘価額1円とする。

　物品は，原則として取得価額または見積価格が50万円（美術品は300万円）以上の場合に資産として計上する。

　但し総資産に占める物品の割合に重要性がないと判断される場合は，継続的な処理を前提に当該規程等に準じた資産計上基準を設けることを妨げない。

　物品のうち，適正な対価を支払わずに取得したもの及び開始時に取得原価が不明のものは，原則として再調達原価とする。

② 無形固定資産

無形固定資産は「ソフトウェア」，「その他」の表示科目とする。

減価償却の方法を注記する。

無形固定資産は，原則として取得原価で評価する。

ソフトウェアは，定額法による減価償却を行う。

ソフトウェアの範囲は，実態の把握を行い，要領等で設定された。

その他は，ソフトウェア以外の無形固定資産をいう。

③ 投資その他の資産

投資その他の資産の分類表示は以下のとおりとする。

㋑ 投資及び出資金

　有価証券（満期保有目的有価証券及び満期保有目的以外の有価証券）注記；評価基準・評価方法

　出資金（公有財産として管理の出資等，出捐金含む）等

㋺ 投資損失引当金

㋩ 長期延滞債権；滞納繰越調定収入未済の収益，財源（債権の内訳に係る附属明細書を作成）

㋥ 長期貸付金；地方自治法240条1項規定の債権である貸付金

㋭ 基金

　・減債基金（注記；積立不足の有無及び不足額）

　・その他

繰替運用は，基金残高と借入金残高を相殺する。

基金の評価基準は，基金を構成する資産の種類に応じ適用（基金の内訳に係る附属明細書を作成）する。

㋬ その他

㋣ 徴収不能引当金

投資その他の資産のうち，債権全体または同種・同類の債権ごとに，合理的な基準により算定

　満期保有目的有価証券の貸借対照表価額の測定は〔図表Ⅰ－5－2〕のとおり，償却原価法で行い，市場価格が著しく下落した場合（下落率が30％以上），回復する見込みがあると認められるときを除き，市場価格をもって貸借対照表価額とする。この強制評価減に係る評価差額は，行政コスト計算書の臨時損失（その他）として計上する。

　出資金の評価は〔図表Ⅰ－5－3〕のとおりである。

　その他（上記以外の投資及び出資金）については，実質価額が著しく低下した場合（低下割合30％以上）は，実質価額と取得原価の差額を臨時損失（投資損失引当金繰入額）として計上する。

〔図表Ⅰ-5-2〕満期保有目的以外の有価証券の評価

	市場価格のあるもの	市場価格のないもの
貸借対照表価額	市場価格	取得原価または償却原価
評価差額	洗替方式で純資産変動計算書・資産評価差額	
市場価格（実質価額）が著しく下落した場合（下落率が30％以上）	回復する見込みがあると認められるときを除き，市場価格	相当の減額
⇒この強制評価減に係る評価差額	行政コスト計算書の臨時損失（その他）	

〔図表Ⅰ-5-3〕出資金の評価

	市場価格のあるもの	市場価格のないもの
貸借対照表価額	市場価格	出資金額
評価差額	洗替方式で純資産変動計算書・資産評価差額	
市場価格（実質価額）が著しく下落した場合（下落率が30％以上）	回復する見込みがあると認められるときを除き，市場価格	相当の減額
⇒この強制評価減に係る評価差額	行政コスト計算書の臨時損失（その他）	

5．流動資産の会計処理

流動資産は下記のとおり分類処理する。
① 現金預金；現金（手許現金及び要求払預金）及び現金同等物（3ヶ月以内の短期投資等）から構成する。
② 未収金；現年調定現年収入未済の収益及び財源
　（未収金の内訳に係る附属明細書を作成）
③ 短期貸付金；貸付金のうち翌年度に償還期限が到来
④ 基金；「財政調整基金」及び「減債基金」の表示科目
⑤ 棚卸資産；測定【会計年度末の帳簿価額・正味実現可能価額のいずれか

低い額で測定（低価法）】
⑥ その他；上記及び徴収不能引当金以外の流動資産
⑦ 徴収不能引当金；債権全体または同種・同類の債権ごとに，過去の徴収不能実績率など合理的な基準により算定する。

6．負債の会計処理

負債の分類表示は，固定負債，流動負債とする。
固定負債は下記のとおり分類処理する。
① 地方債；償還予定が1年超のもの
② 長期未払金；債務負担行為で確定債務と見なされるもの及びその他の確定債務（流動負債以外）
③ 退職手当引当金；既に行われている労働提供部分（引当金の計上基準及び算定方法を注記）
　（イ）　基本額　勤務年数ごとの（職員数×平均給与月額×自己都合退職支給率）を合計したもの
　（ロ）　調整額
④ 損失補償等引当金
　㋑　履行すべき額が確定していない損失補償債務等のうち，地方公共団体の財政の健全化に関する法律上，将来負担比率の算定に含めた将来負担額を計上するとともに，同額を臨時損失（損失補償等引当金繰入額）に計上する。【前年度末計上額がある場合；差額のみ臨時損失に計上】
　㋺　議決された債務負担行為額との関係を明確にするため，その総額もあわせて注記する。
⑤ 損失補償契約に基づき履行すべき額が確定したもの
　負債（未払金等）及び臨時損失（その他）に計上する。
流動負債の分類表示は，以下のとおりとする。
① 1年内償還予定地方債
② 未払金
③ 未払費用
④ 前受金

⑤　前受収益
⑥　賞与等引当金（注記；計上基準及び算定方法）
　　＊賞与等引当金の貸借対照表計上額は，在籍者に対する6月支給予定の期末・勤勉手当総額Aとそれらに係る法定福利費相当額Bを加算した額のうち，前年度支給対象期間X（対象期間開始日から3月31日まで）／全支給対象期間Y（6ヶ月）の割合を乗じた額を計上。

$$賞与等引当金計上額 = (A + B) \times X / Y$$

⑦　預り金；第三者から寄託された資産に係る見返負債
⑧　その他

7．純資産の表示

純資産の区分表示は，下記のとおりとする。
純資産源泉（ないし運用先）との対応により区分する。
①　固定資産等形成分
　　資産形成に充当した資源が蓄積されたもので，原則として金銭以外の形態（固定資産等）で保有（減価償却累計額の控除後を意味する）している。
②　余剰分（不足分）
　　費消可能な資源の蓄積，原則として金銭の形態で保有している。

8．貸借対照表の様式

貸借対照表の様式は，〔図表Ⅰ-5-4〕のとおりである。

〔図表Ⅰ-5-4〕貸借対照表

（平成　年　月　日現在）
（単位：　）

科目	金額	科目	金額
【資産の部】		【負債の部】	
固定資産		固定負債	
有形固定資産		地方債	
事業用資産		長期未払金	
土地		退職手当引当金	
立木竹		損失補償等引当金	
建物		その他	
建物減価償却累計額		流動負債	

工作物		１年内償還予定地方債	
工作物減価償却累計額		未払金	
船舶		未払費用	
船舶減価償却累計額		前受金	
浮標等		前受収益	
浮標等減価償却累計額		賞与等引当金	
航空機		預り金	
航空機減価償却累計額		その他	
その他		負債合計	
その他減価償却累計額		【純資産の部】	
建設仮勘定		固定資産等形成分	
インフラ資産		余剰分（不足分）	
土地			
建物			
建物減価償却累計額			
工作物			
工作物減価償却累計額			
その他			
その他減価償却累計額			
建設仮勘定			
物品			
物品減価償却累計額			
無形固定資産			
ソフトウェア			
その他			
投資その他の資産			
投資及び出資金			
有価証券			
出資金			
その他			
投資損失引当金			
長期延滞債権			
長期貸付金			
基金			
減債基金			
その他			
その他			
徴収不能引当金			
流動資産			
現金預金			
未収金			
短期貸付金			
基金			
財政調整基金			
減債基金			
棚卸資産			
その他			
徴収不能引当金			
資産合計		純資産合計	
		負債及び純資産合計	

9. 貸借対照表の附属明細書

主な附属明細書は〔図表Ⅰ-5-5〕,〔図表Ⅰ-5-6〕のとおりである。

〔図表Ⅰ-5-5〕附属明細書（資産項目の明細）

①有形固定資産の明細　　　　　　　　　　　　　　　　　　　　　　　（単位：　）

区分	前年度末残高(A)	本年度増加額(B)	本年度減少額(C)	本年度末残高(A)+(B)-(C)(D)	本年度末減価償却累計額(E)	本年度償却額(F)	差引本年度末残高(D)-(E)(G)
事業用資産							
土地							
立木竹							
建物							
工作物							
船舶							
浮標等							
航空機							
その他							
建物仮勘定							
インフラ資産							
土地							
建物							
工作物							
その他							
建設仮勘定							
物品							
合計							

②有形固定資産の行政目的別明細　　　　　　　　　　　　　　　　　　（単位：　）

区分	生活インフラ・国土保全	教育	福祉	環境衛生	産業振興	消防	総務	合計
事業用資産								
土地								
立木竹								
建物								
工作物								
船舶								
浮標等								
航空機								
その他								
建物仮勘定								
インフラ資産								
土地								
建物								
工作物								
その他								
建設仮勘定								
物品								
合計								

（出所：平成26年4月総務省資料（今後の新地方公会計の推進に関する研究会報告書）

〔図表Ⅰ-5-6〕附属明細書（負債項目の明細）

①地方債（借入先別）の明細　　　　　　　　　　　　　　　　　　　　（単位：　　）

種類	地方債残高	うち1年内償還予定	政府資金	地方公共団体金融機構	市中銀行	その他の金融機関	市場公募債		その他
							うち共同発行債	うち住民公募債	
【通常分】									
一般公共事業									
公営住宅建設									
災害復旧									
教育・福祉施設									
一般単独事業									
その他									
【特別分】									
臨時財政対策債									
減税補てん債									
退職手当金									
その他									
合計									

（出所：平成26年4月総務省資料（今後の新地方公会計の推進に関する研究会報告書））

10. 事業用資産とインフラ資産の区分表

　事業用資産とインフラ資産の区分表は，〔図表Ⅰ-5-7〕のとおりである。

〔図表Ⅰ-5-7〕事業用資産とインフラ資産の区分表

分類				例示	注	資産の区分	
						事業用資産	インフラ資産
行政財産							
	公用財産						
		庁舎		本庁, 支所		○	
		その他公用施設		職員宿舎		○	
	公共用財産						
		福祉施設					
			社会福祉施設	老人ホーム, 母子福祉センター		○	
			児童福祉施設	保育所, 児童館, 児童自立施設		○	
		公衆衛生施設					
			公衆衛生施設	診療所, 保健所		○	
			清掃施設	じん芥処理施設, し尿処理施設		○	
		農林水産業施設					
			農業関係施設	農業試験場, ポンプ施設	農道を除く	○	
			林業関係施設		林道を除く	○	
			水産業関係施設		漁港を除く	○	
		商工観光施設					
			商工施設			○	
			観光施設			○	
		道路		地方道, 農道, 林道, 橋りょう			○
		河川		河川, 池沼			○
		港湾		港湾, 漁港			○
		公園		都市公園, 児童公園			○
		住宅		公営住宅		○	
		防災		護岸, 治山	消防施設を除く		○
		教育施設					
			学校	小学校, 中学校, 高校, 幼稚園		○	
			社会教育施設	図書館, 市民会館		○	
			給食施設			○	
		公営事業					
			上水道施設	簡易水道, 飲料水供給施設			○
			下水道施設	公共下水道, 集落排水施設			○
			病院			○	
			その他公営事業関係施設	公営競技施設, 観光施設	電気・ガスは除く	○	
普通財産							
	土地					○	
	その他普通財産					○	

(出所:平成27年1月総務省資料(財務書類作成要領))

11. 貸借対照表の勘定科目表

別表において〔図表Ⅰ-5-8〕のとおり示されている。

〔図表Ⅰ-5-8〕別表1　勘定科目表

（貸借対照表科目）

連番	財務書類	階層	勘定科目名	概要	連番	財務書類	階層	勘定科目名	概要
1	BS	1	資産合計		39	BS	4	投資損失引当金	
2	BS	2	固定資産		40	BS	4	長期延滞債権	
3	BS	3	有形固定資産		41	BS	4	長期貸付金	
4	BS	4	事業用資産		42	BS	4	基金	
5	BS	5	土地		43	BS	5	減債基金	
6	BS	5	立木竹		44	BS	5	その他	
7	BS	5	建物		45	BS	4	その他	
8	BS	5	建物減価償却累計額		46	BS	4	徴収不能引当金	
9	BS	5	工作物		47	BS	2	流動資産	
10	BS	5	工作物減価償却累計額		48	BS	3	現金預金	
11	BS	5	船舶		49	BS	3	未収金	
12	BS	5	船舶減価償却累計額		50	BS	3	短期貸付金	
13	BS	5	浮標等		51	BS	3	基金	
14	BS	5	浮標等減価償却累計額		52	BS	4	財政調整基金	
15	BS	5	航空機		53	BS	4	減債基金	
16	BS	5	航空機減価償却累計額		54	BS	3	棚卸資産	
17	BS	5	その他		55	BS	3	その他	
18	BS	5	その他減価償却累計額		56	BS	3	徴収不能引当金	
19	BS	5	建設仮勘定		57	BS	1	負債・純資産合計	
20	BS	4	インフラ資産		58	BS	2	負債合計	
21	BS	5	土地		59	BS	3	固定負債	
22	BS	5	建物		60	BS	4	地方債	
23	BS	5	建物減価償却累計額		61	BS	4	長期未払金	
24	BS	5	工作物		62	BS	4	退職手当引当金	
25	BS	5	工作物減価償却累計額		63	BS	4	損失補償等引当金	
26	BS	5	その他		64	BS	4	その他	
27	BS	5	その他減価償却累計額		65	BS	3	流動負債	
28	BS	5	建物仮勘定		66	BS	4	1年内償還予定地方債	
29	BS	4	物品		67	BS	4	未払金	
30	BS	4	物品減価償却累計額		68	BS	4	未払費用	
31	BS	3	無形固定資産		69	BS	4	前受金	
32	BS	4	ソフトウェア		70	BS	4	前受収益	
33	BS	4	その他		71	BS	4	賞与等引当金	
34	BS	3	投資その他の資産		72	BS	4	預り金	
35	BS	4	投資及び出資金		73	BS	4	その他	
36	BS	5	有価証券		74	BS	2	純資産合計	
37	BS	5	出資金		75	BS	3	固定資産等形成分	
38	BS	5	その他		76	BS	3	余剰分（不足分）	

第2節　行政コスト計算書作成基準

1．基　礎

　行政コスト計算書は，会計期間中の地方公共団体の費用・収益の取引高を明らかにすることを目的として作成する。あわせて行政目的別の行政コスト計算書を附属明細書等で作成することが望ましい。

　費用及び収益は総額表示を原則とする。

　行政コスト計算書の区分表示は，経常費用，経常収益，臨時損失，臨時利益とする。

　純行政コスト（行政コスト計算書の収支尻）は，純資産変動計算書に振替えられる（連動する）。

2．経常費用

　経常費用は，業務費用及び移転費用に分類表示する。

　業務費用は，下記のとおりである。

① 人件費；職員給与費，賞与等引当金繰入額，退職手当引当金繰入額，その他

② 物件費等；物件費（消費的性質の経費），維持補修費，減価償却費，その他

　※物件費は，職員旅費，委託料，消耗品や備品購入費といった消費的性質の経費であって資産計上されないものをいう。

　※維持補修費は，資産の機能維持のために必要な修繕費等をいう。

　※減価償却費は，一定の耐用年数に基づき計算された当該会計期間中の負担となる資産価値減少金額をいう。

③ その他の業務費用；支払利息，徴収不能引当金繰入額，その他

　移転費用は，下記のとおりである。

① 補助金等；政策目的による補助金等

② 社会保障給付；社会保障給付としての扶助費等

③ 他会計への繰出金；地方公営事業会計に対する繰出金
④ その他

3．経常収益

経常収益は下記のとおりである。

経常収益；収益の定義に該当するもののうち，毎会計年度，経常的に発生するもの

① 使用料及び手数料
　一定の財・サービスを提供する場合に当該財・サービスの対価として使用料・手数料の形態で徴収する金銭
② その他

4．臨時損失と臨時利益

臨時損失及び臨時利益は，下記のとおりである。

① 臨時損失；費用の定義に該当するもののうち，臨時に発生するもの
　㋑災害復旧事業費，㋺資産除売却損，㋩投資損失引当金繰入額，㋥損失補償等引当金繰入額，㋭その他
② 臨時利益；収益の定義に該当するもののうち，臨時に発生するもの
　㋑ 資産売却益
　㋺ その他

5．行政コスト計算書の様式

行政コスト計算書の様式は〔図表Ⅰ－5－9〕，〔図表Ⅰ－5－10〕のとおりである。

〔図表Ⅰ-5-9〕（4表形式）行政コスト計算書

自　平成　年　月　日
至　平成　年　月　日

（単位：　）

科目	金額
経常費用	
業務費用	
人件費	
職員給与費	
賞与等引当金繰入額	
退職手当引当金繰入額	
その他	
物件費等	
物件費	
維持補修費	
減価償却費	
その他	
その他の業務費用	
支払利息	
徴収不能引当金繰入額	
その他	
移転費用	
補助金等	
社会保障給付	
他会計への繰出金	
その他	
経常収益	
使用料及び手数料	
その他	
純経常行政コスト	
臨時損失	
災害復旧事業費	
資産除売却損	
投資損失引当金繰入額	
損失補償等引当金繰入額	
その他	
臨時利益	
資産売却益	
その他	
純行政コスト	

〔図表Ⅰ-5-10〕（3表形式）行政コスト及び純資産変動計算書

自 平成　年　月　日
至 平成　年　月　日

（単位：　）

科目	金額
経常費用	
業務費用	
人件費	
職員給与費	
賞与等引当金繰入額	
退職手当引当金繰入額	
その他	
物件費等	
物件費	
維持補修費	
減価償却費	
その他	
その他の業務費用	
支払利息	
徴収不能引当金繰入額	
その他	
移転費用	
補助金等	
社会保障給付	
他会計への繰出金	
その他	
経常収益	
使用料及び手数料	
その他	
純経常行政コスト	
臨時損失	
災害復旧事業費	
資産除売却損	
投資損失引当金繰入額	
損失補償等引当金繰入額	
その他	
臨時利益	
資産売却益	
その他	

科目	金額	
	固定資産等形成分	余剰分（不足分）
純行政コスト		
財源		
税収等		
国県等補助金		
本年度差額		
固定資産等の変動(内部変動)		
有形固定資産等の増加		
有形固定資産等の減少		
貸付金・基金等の増加		
貸付金・基金等の減少		
資産評価差額		
無償所管換等		
その他		
本年度純資産変動額		
前年度末純資産残高		
本年度末純資産残高		

6．行政コスト計算書の附属明細書

〔図表Ⅰ-5-11〕のとおりである。

〔図表Ⅰ-5-11〕

＜作成例＞
行政コスト計算書に係る行政目的別の明細　　　　　　　　　　　　　　　　（単位：　）

区分	生活インフラ・国土保全	教育	福祉	環境衛生	産業振興	消防	総務	会計
経常費用								
業務費用								
人件費								
職員給与費								
賞与等引当金繰入額								
退職手当引当金繰入額								
その他								
物件費等								
物件費								
維持補修費								
減価償却費								
その他								
その他の業務費用								
支払利息								
徴収不能引当金繰入額								
その他								
移転費用								
補助金等								
社会保障給付								
他会計への繰出金								
その他								
経常収益								
使用料及び手数料								
その他								
純経常行政コスト								
臨時損失								
災害復旧事業費								
資産除売却損								
投資損失引当金繰入額								
損失補償等引当金繰入額								
その他								
臨時利益								
資産売却益								
その他								
純行政コスト								

（出所：平成27年1月総務省資料（財務書類作成要領））

7．行政コスト計算書の勘定科目表

〔図表Ⅰ-5-12〕のとおりである。

〔図表Ⅰ-5-12〕（行政コスト計算書科目）

（連番）	財務書類	階層			勘定科目名		摘要	（連番）	財務書類	階層			勘定科目名		摘要
77	PL	1			純経常行政コスト			95	PL	4				補助金等	
78	PL	2			経常費用			96	PL	4				社会保障給付	
79	PL	3			業務費用			97	PL	4				他会計への繰出金	
80	PL	4			人件費			98	PL	4				その他	
81	PL	5				職員給与費		99	PL	2			経常収益		
82	PL	5				賞与等引当金繰入額		100	PL	3				使用料及び手数料	
83	PL	5				退職手当引当金繰入額		101	PL	3				その他	
84	PL	5				その他		102	PL	1			純行政コスト		
85	PL	4			物件費等			103	PL	2			臨時損失		
86	PL	5				物件費		104	PL	3				災害復旧事業費	
87	PL	5				維持補修費		105	PL	3				資産除売却損	
88	PL	5				減価償却費		106	PL	3				投資損失引当金繰入額	
89	PL	5				その他		107	PL	3				損失補償等引当金繰入額	
90	PL	4			その他の業務費用			108	PL	3				その他	
91	PL	5				支払利息		109	PL	2			臨時利益		
92	PL	5				徴収不能引当金繰入額		110	PL	3				資産売却益	
93	PL	5				その他		111	PL	3				その他	
94	PL	3			移転費用										

第3節　純資産変動計算書

1．基　礎

　純資産の変動, すなわち政策形成上の意思決定又はその他の事象による純資産及び, その内部構成の変動（その他の純資産減少原因・財源及びその他の純資産増加原因の取引高）を示すものとする。

　なお, 経常的事業及び投資的事業の内訳は, 附属明細書を作成するものとする。

分類表示は, ①純行政コスト, ②財源, ③固定資産等の変動（内部変動）, ④資産評価差額, ⑤無償所管換等, ⑥その他とすることとなった。

2．純行政コストの算定

（1）純行政コスト

　純資産変動計算書, 行政コスト計算書, 貸借対照表との関係は次のようになる。

```
純資産変動計算書：純行政コスト
        ↑連動↓
行政コスト計算書の収支尻である純行政コスト
```

```
純資産変動計算書の各表示区分（固定資産等形成分及び余剰分（不足分））の収支尻
        ↑連動↓
貸借対照表の純資産の部の各表示区分（固定資産等形成分及び余剰分（不足分））
```

（2）財源

財源は, 次のように示す。

　㋑　税収等；地方税, 地方交付税及び地方譲与税等
　㋺　国県等補助金；国庫支出金及び都道府県支出金等
　　固定資産等の変動（内部変動）は, 有形固定資産等, 貸付金・基金等の増

加／減少として示す財源の明細は，税収等及び国県等補助金の内訳を記載する。

一般・特別会計の金額の合計は，純資産変動計算書において財源の金額と一致する。財源情報の明細は，純行政コスト，有形固定資産等の増加，貸付金・基金等の増加及びその他における財源の内訳を記載する。

国県等補助金の合計は，純資産変動計算書における国県等補助金と一致する。

税収等の合計は，純資産変動計算書における税収等とは，地方債の元本償還の計上の有無等により一致しない。

3．財源情報

財源情報の論点整理の方向性は〔図表Ⅰ－5－13〕のとおりであった。

〔図表Ⅰ－5－13〕財源情報に係る論点整理の方向性

財源情報については，①当該年度の固定資産の形成等にあたってどのような財源を用いて整備したのかといったフロー情報及び②当該地方公共団体における資産（純資産）がどのような財源によって構成されているのかといったストック情報の両者がある。

①については，当該年度の決算情報等から把握することができるものの，②については，情報の把握に係る実務的負担が多大となる。

こうしたことから，ストックに係る財源内訳の把握と減価償却に係る財源内訳の算定については，有用性と実務負担の軽減から見合わせることとし，フローに係る財源情報を別表のとおり作成することとする。

（出所：平成26年4月総務省資料（今後の地方公会計の推進に関する研究会参考資料））

4．純資産変動計算書の様式

純資産変動計算書の様式は〔図表Ⅰ－5－14〕のとおりである。

〔図表Ⅰ-5-14〕純資産変動計算書

自　平成　年　月　日
至　平成　年　月　日

(単位：　)

科目	合計	固定資産等形成分	余剰分（不足分）
前年度末純資産残高			
純行政コスト（△）			
財源			
税収等			
国県等補助金			
本年度差額			
固定資産等の変動（内部変動）			
有形固定資産等の増加			
有形固定資産等の減少			
貸付金・基金等の増加			
貸付金・基金等の減少			
資産評価差額			
無償所管換等			
その他			
本年度純資産変動額			
本年度末純資産残高			

5．純資産変動計算書の附属明細書

　純資産変動計算書の附属明細書は〔**図表Ⅰ-5-15**〕，〔**図表Ⅰ-5-16**〕のとおりである。

〔図表Ⅰ-5-15〕純資産変動計算書の内容に関する明細

(1) 財源の明細　　　　　　　　　　　　　　　　　　　　　　　　　　　　（単位：　　）

会計	区分	財源の内容		金額
一般会計	税収等	地方税		
		地方交付税		
		地方譲与税		
		‥‥		
		小計		
	国県等補助金	資本的補助金	国庫支出金	
			都道府県等支出金	
			‥‥	
			計	
		経常的補助金	国庫支出金	
			都道府県等支出金	
			‥‥	
			計	
		小計		
	合計			
特別会計				
‥‥				

(出所：平成27年1月総務省資料（財務書類作成要領））

〔図表Ⅰ-5-16〕純資産変動計算書に係る附属明細書

財源情報の明細
【本年度の支出フローのみの財源情報の表示】　　　　　　減価償却費等　　（単位：百万円）

区分	金額	内訳			
		国県等補助金	地方債	税収等	その他
純行政コスト	3,821	355	275	2,294	897
有形固定資産等の増加	756	401	335	20	
貸付金・基金等の増加	519	23		496	
その他					
合計	5,096	779	610	2,810	897

(出所：平成26年4月総務省資料（今後の地方公会計の推進に関する研究会参考資料））

6. 純資産変動計算書の勘定科目表

純資産変動計算書の勘定科目表は，〔図表Ⅰ－5－17〕のとおりである。

〔図表Ⅰ－5－17〕純資産変動計算書科目

（連番）	財務書類	階層	勘定科目名	摘要
112	NW	1	前年度末純資産残高	
113	NW	2	純行政コスト（△）	
114	NW	2	財源	
115	NW	3	税収等	
116	NW	3	国県等補助金	
117	NW	2	本年度差額	
118	NW	2	固定資産の変動（内部変動）	
119	NW	3	有形固定資産等の増加	
120	NW	3	有形固定資産等の減少	
121	NW	3	貸付金・基金等の増加	
122	NW	3	貸付金・基金等の減少	
123	NW	2	資産評価差額	
124	NW	2	無償所管換等	
125	NW	2	その他	
126	NW	2	本年度純資産変動額	
127	NW	1	本年度末純資産残高	

第4節　資金収支計算書

1. 基　　礎

　資金収支計算書は，団体の内部者（首長，議会，補助機関等）の活動に伴う資金利用状況及び資金獲得能力を明らかにする。

　分類表示は，①業務活動収支，②投資活動収支，③財務活動収支の3区分と

する。

歳計外現金は，資金収支計算書の資金の範囲には含めない。

欄外注記で前年度末歳計外現金残高，本年度歳計外現金増減額，本年度末歳計外現金残高，本年度末現金預金残高を示す。

内容は以下のとおりである。

```
資金収支計算書の収支尻＋本年度末歳計外現金残高
（本年度末現金預金残高）
         ↑連動↓
貸借対照表　資産の部　現金預金勘定
```

2．業務活動収支

①　業務支出；
　・業務費用支出；人件費支出，物件費等支出，支払利息支出，その他の支出
　・移転費用支出；補助金等支出，社会保障給付支出，他会計への繰出支出，その他の支出
②　業務収入；税収等収入・国県等補助金収入（業務支出の財源に充当）・使用料及び手数料収入・その他の収入
③　臨時支出；災害復旧事業費支出，その他の支出
④　臨時収入

3．投資活動収支

①　投資活動支出；公共施設等整備費支出，基金積立金支出，投資及び出資金支出，貸付金支出，その他の支出
②　投資活動収入；国県等補助金収入(投資活動支出の財源に充当)，基金取崩収入，貸付金元金回収収入，資産売却収入，その他の収入

4．財務活動収支

①　財務活動支出；地方債償還支出，その他の支出
②　財務活動収入；地方債発行収入，その他の収入

5．資金収支計算書の様式

資金収支計算書の様式は次のとおりである。

〔図表Ⅰ－5－18〕資金収支計算書

自　平成　年　月　日
至　平成　年　月　日

（単位：　）

科目	金額
【業務活動収支】	
業務支出	
業務費用支出	
人件費支出	
物件費等支出	
支払利息支出	
その他の支出	
移転費用支出	
補助金等支出	
社会保障給付支出	
他会計への繰出支出	
その他の支出	
業務収入	
税収等収入	
国県等補助金収入	
使用料及び手数料収入	
その他の収入	
臨時支出	
災害復旧事業費支出	
その他の支出	
臨時収入	
業務活動収支	
【投資活動収支】	
投資活動支出	
公共施設等整備費支出	
基金積立金支出	
投資及び出資金支出	
貸付金支出	
その他の支出	
投資活動収入	
国県等補助金収入	
基金取崩収入	
貸付金元金回収収入	
資産売却収入	
その他の収入	
投資活動収支	
【財務活動収支】	
財務活動支出	
地方債償還支出	
その他の支出	
財務活動収入	
地方債発行収入	
その他の収入	
財務活動収支	
本年度資金収支額	
前年度末資金残高	
本年度末資金残高	

前年度末歳計外現金残高	
本年度歳計外現金増減額	
本年度末歳計外現金残高	
本年度末現金預金残高	

6．資金収支計算書の附属明細書

　資金収支計算書の附属明細書は〔**図表Ⅰ－5－19**〕のとおりである。

〔**図表Ⅰ－5－19**〕資金の明細

(単位：　)

種　　類	本年度末残高
現金	
要求払預金	
短期投資	
…．	
…．	
合計	

7．資金収支計算書の勘定科目表

　資金収支計算書の勘定科目表は〔**図表Ⅰ－5－20**〕のとおりである。

〔図表Ⅰ-5-20〕（資金収支計算書科目）

(連番)	財務書類	階層	勘定科目名	摘要
128	CF	1	業務活動収支	
129	CF	2	業務支出	
130	CF	3	業務費用支出	
131	CF	4	人件費支出	
132	CF	4	物件費等支出	
133	CF	4	支払利息支出	
134	CF	4	その他の支出	
135	CF	3	移転費用支出	
136	CF	4	補助金等支出	
137	CF	4	社会保障給付支出	
138	CF	4	他会計への繰出支出	
139	CF	4	その他の支出	
140	CF	2	業務収入	
141	CF	3	税収等収入	
142	CF	3	国県等補助金収入	
143	CF	3	使用料及び手数料収入	
144	CF	3	その他の収入	
145	CF	2	臨時支出	
146	CF	3	災害復旧事業費支出	
147	CF	3	その他の支出	
148	CF	2	臨時収入	
149	CF	1	投資活動収支	
150	CF	2	投資活動支出	
151	CF	3	公共施設等整備費支出	
152	CF	3	基金積立金支出	
153	CF	3	投資及び出資金支出	
154	CF	3	貸付金支出	
155	CF	3	その他の支出	
156	CF	2	投資活動収入	
157	CF	3	国県等補助金収入	
158	CF	3	基金取崩収入	
159	CF	3	貸付金元金回収収入	
160	CF	3	資産売却収入	
161	CF	3	その他の収入	
162	CF	1	財務活動収支	
163	CF	2	財務活動支出	
164	CF	3	地方債償還支出	
165	CF	3	その他の支出	
166	CF	2	財務活動収入	
167	CF	3	地方債発行収入	
168	CF	3	その他の収入	
169	CF	1	本年度資金収支額	
170	CF	1	前年度末資金残高	
171	CF	1	本年度末資金残高	
172	CF	1	前年度末歳計外現金残高	
173	CF	1	本年度歳計外現金増減額	
174	CF	1	本年度末歳計外現金残高	
175	CF	1	本年度末現金預金残高	

第5節　注記と附属明細書

1．注　記

(1) 重要な会計方針

財務書類作成のために採用している会計処理の原則及び手続並びに表示方法その他財務書類作成のための基本となる事項〔図表Ⅰ-5-21〕のとおりである。

〔図表Ⅰ-5-21〕重要な会計方針

①　有形固定資産等の評価基準及び評価方法
②　有価証券等の評価基準及び評価方法
③　有形固定資産等の減価償却の方法
④　引当金の計上基準及び算定方法
⑤　リース取引の処理方法
⑥　資金収支計算書における資金の範囲
⑦　その他財務書類作成のための基本となる重要な事項

(出所：平成27年1月総務省資料（財務書類作成要領））

(2) 重要な会計方針の変更等
(3) 重要な後発事象

主要な業務の改廃，組織・機構の大幅変更，地方財政制度の大幅改正，重大な災害等の発生，その他

(4) 偶発債務

①保証債務及び損失補償債務負担の状況，②係争中の訴訟等で損害賠償等の請求を受けているもの，③その他

(5) 追加情報（財務書類の内容を理解するために必要と認められている次の事項である。

①対象範囲，②一般会計等と普通会計の対象範囲等の差異，③出納整理期間（出納整理期間については，出納整理期間が設けられている旨（根拠条文を含む。）及び出納整理期間における現金の受払い等を終了した後の計

数をもって会計年度末の計数としている旨を記載する),④表示単位未満の金額,⑤健全化判断比率の状況,⑥債務負担行為の翌年度以降の支出予定額,⑦繰越事業に係る将来の支出予定額,⑧その他,⑨売却可能資産（売却可能資産に係る資産科目別の金額及びその範囲を記載する),⑩減価償却,⑪減債基金,⑫基金借入金（繰替運用),⑬地方交付税措置のある地方債,⑭将来負担に関する情報（健全化法),⑮リース債務金額,⑯純資産における固定資産等形成分及び余剰分（不足分）の内容,⑰基礎的財政収支,⑱既存の決算情報との関連性,⑲資金収支計算書の業務活動収支と純資産変動計算書の本年度差額との差額の内訳,⑳一時借入金の増減額が含まれていない旨並びに一時借入金の限度額,実績額及び利子の金額,㉑重要な非資金取引,㉒基準変更による影響額の内訳（開始貸借対照表を作成しない場合。ただし,既に財務書類を作成しているが,開始貸借対照表を作成する場合であっても注記することが望まれる。）

2　附属明細書

貸借対照表の内容に関する明細は,下記以外の資産及び負債のうち,その額が資産総額の100分の5を超える科目についても作成することとされた。

代表的なものは第1節の貸借対照表でも記載したが,〔図表Ⅰ-5-22〕として再掲しておきたい。

〔図表Ⅰ-5-22〕有形固定資産の明細

①有形固定資産の明細 (単位：)

区分	前年度末残高(A)	本年度増加額(B)	本年度減少額(C)	本年度末残高(A)＋(B)−(C)(D)	本年度末減価償却累計額(E)	本年度償却額(F)	差引本年度末残高(D)−(E)(G)
事業用資産							
土地							
立木竹							
建物							
工作物							
船舶							
浮標等							
航空機							
その他							
建設仮勘定							
インフラ資産							
土地							
建物							
工作物							
その他							
建設仮勘定							
物品							
合計							

②有形固定資産の行政目的別明細 (単位：)

区分	生活インフラ・国土保全	教育	福祉	環境衛生	産業振興	消防	総務	合計
事業用資産								
土地								
立木竹								
建物								
工作物								
船舶								
浮標等								
航空機								
その他								
建設仮勘定								
インフラ資産								
土地								
建物								
工作物								
その他								
建設仮勘定								
物品								
合計								

第6節　財務書類作成基準に関するＱ＆Ａ

Ｑ＆Ａは〔図表Ⅰ－5-23〕のとおりである。

〔図表Ⅰ－5-23〕Ｑ＆Ａ（抜粋・要約）

1　全体

1　統一的な基準とは，どのような会計基準なのでしょうか。
- 発生主義・複式簿記の導入及び固定資産台帳の整備を前提としている
- 比較可能性の確保の観点から全ての地方公共団体を対象とした統一的な財務書類の作成基準であることといった特徴があり，現行の官庁会計（現金主義会計）の補完として整備

2　地方公共団体では，これからも現金主義の予算・決算を行うことになるのでしょうか。
- 現金収支を議会の民主的統制下に置くことで，予算の適正・確実な執行を図るという観点から，確定性，客観性，透明性に優れた現金主義会計を採用している。これを補完するものとして統一的な基準による地方公会計の整備を行うものであり，現行の予算・決算制度は引き続き現金主義に基づいてなされる。

3　統一的な基準による地方公会計の整備は，どのようなスケジュールとなっているのでしょうか。
- 平成27年1月23日付総務大臣通知のとおり，原則として27年度から29年度までの3年間で全ての地方公共団体で統一的な基準による財務書類等を作成。
- 特に，固定資産台帳が未整備である地方公共団体においては，平成27年度までに同台帳を整備することが望まれる。
- システム改修等に一定の期間を要する場合でも，遅くとも平成29年度決算に係る財務書類等を作成・公表する必要がある。

4　作成期間について，「統一的な基準による地方公会計の整備促進について」（平成27年1月23日付総務大臣通知）では，原則として平成27年度から平成29年度までの3年間とされていますが，何が例外か。
　　大規模な災害等の発生など，財務書類等の作成が困難な場合を想定。
　　また，地方公営企業法の財務規定等が非適用の地方公営事業会計のうち，適用に向けた作業に着手しているもの（平成29年度までに着手かつ集中取組期間内に法適用するものに限る）は，集中取組期間を移行期間とする。
　　その際には報告書に定められた必要事項（その旨）を注記する。

5　統一的な基準による地方公会計は，これまでの基準モデルや総務省方式改訂モデル

とはどう異なるのか。
「基準モデルからの変更点」及び「総務省方式改訂モデルからの変更点」のページを参照。
6 統一的な基準による地方公会計の整備に関する支援はあるのか。
「統一的な基準による地方公会計の整備に係る支援」のページを参照
7 作成した財務書類等は、監査委員の審議対象や議会への報告事項となるのか。
財務書類等は、監査委員による審査や議会への報告が義務付けられていない。しかし、いずれも有意義な取組（前者は財務書類等の正確性・信頼性の確保に資する、後者は地方議会の監視機能の向上に資する）である。

2 財務書類作成要領

1 統一的な基準による地方公会計の報告主体の範囲はどこまでか。
報告主体は都道府県、市町村並びに一部事務組合及び広域連合
また、一般会計等に地方公営事業会計を加えた全体財務書類、全体財務書類に都道府県と市町村の関連団体を加えた連結財務書類をあわせて作成
2 地方公営企業法を適用している一部事務組合等についても、報告主体として統一的な基準による財務書類等を作成する必要はあるか。
既に発生主義・複式簿記による財務書類を作成しているため、当該会計における統一的な基準による財務書類は、公営企業会計で作成された法定決算書類を読み替えたもので対応する
3 作成することになる財務書類の体系は。
貸借対照表、行政コスト計算書、純資産変動計算書、資金収支計算書の4表としているが、行政コスト計算書と純資産変動計算書は各団体の実情も踏まえ、別々の計算書でも、2つを結合した計算書でも差し支えない。
4 財務書類の表示単位は円単位としても差し支えないか。
原則として百万円単位（例外；千円単位、円単位での表示を妨げない）。
5 勘定科目の改廃や内訳科目の追加は可能か。
原則として、比較可能性の観点から「研究会報告書」等の勘定科目とする。
財務上の管理の必要に応じ勘定科目を追加等することを妨げない。
（例；「その他」⇒重要性の高い項目を特定の勘定科目で表示）
6 示されている資金仕訳変換表のとおりに変換処理しなければならないか。
予算科目体系では若干の相違があるため、示されている資金仕訳変換表を参考として各地方公共団体固有の資金仕訳変換表を作成する必要がある。
7 資産項目と負債項目の流動・固定分類は原則として1年基準だが例外は。
企業会計の正常営業循環基準の考え方に準じ、例えば棚卸資産（販売用土地等）については、1年基準の例外として流動資産としている。
8 無形固定資産における仮勘定（取得が一会計年度を超えるもの）の計上は。

ソフトウェアの仮勘定であれば「ソフトウェア」，それ以外であれば無形固定資産の「その他」に含めて計上
9 退職手当組合に加入している場合，退職手当引当金の計上は。
　計上すべき退職手当引当金の額は，当該地方公共団体の退職手当債務から，組合への加入時からの負担金の累計額から既に職員に対し退職手当として支給された額の総額を控除した額に組合における積立金額の運用益のうち当該地方公共団体へ按分される額を加算した額を控除した額とする。
　なお，組合への負担金は，移転費用・補助金等として計上し，退職手当引当金繰入額に計上しない（退職手当引当金としては計上しない）。
10 貸借対照表における純資産の内訳（余剰分（不足分））について，不足分とはどのような状況であり，どのように記載するのか。
　余剰分（不足分）とは，当該地方公共団体が費消可能な資源の蓄積（原則として金銭）をいう。貸借対照表における余剰分（不足分）には，流動資産（短期貸付金及び基金等を除く）から将来現金等支出が見込まれる負債を控除した額を計上する。
　貸借対照表における余剰分（不足分）はマイナスとなることが多く，この場合，基準日時点における将来の金銭必要額を示している。
11 行政コスト計算書について，議員報酬はどの勘定科目で処理するのか。
　【行政コスト計算書】その他（人件費）／【資金収支計算書】人件費支出
12 純資産変動計算書の「その他」には，どのような項目を計上するのか。
　他科目で対象とならない項目，純資産変動計算書に係る過年度の修正等。
13 基準モデル等からの基準変更による影響額等の注記の記載の仕方。
　どのモデル等からの変更か及び経過措置適用の有無を記載した上で，基準変更により金額等を変更している勘定科目ごとに，「前会計年度の貸借対照表において，「有形固定資産」に表示していた「土地」○○円は有形固定資産の評価基準の変更により××円減少し，「事業用資産」の「土地」△△円，「インフラ資産」の「土地」□□円として組み替えている」と記載する。
14 附属明細書「3(2)　財源情報の明細」は，どのように作成するのか。
　① 当該明細の「金額」に「純資産変動計算書」の該当金額を計上
　② それぞれの区分にあてた「国県等補助金」（「附属明細書3(1)　財源の明細」を参考）及び「地方債」（当年度発行した地方債の区分）を計上
　③ 「その他」に減価償却費等の非資金分を計上
　④ ①～③を踏まえ，税収等に国県等補助金，地方債，その他を合算した額を控除した金額を計上
15 仕訳候補が複数ある予算科目は，どのように仕訳処理するのか。
　工事請負費の例；その支出内容が資産形成（資産（土地・建物等））にあたるか，修繕（費用）にあたるかを，工事等ごとに個別に判断し仕訳処理する。
16 貸借対照表に計上するリース資産やリース債務の具体的な勘定科目は。

リース資産は，固定資産の性質に応じた勘定科目（建物，工作物等）に計上。
リース債務は，1年以内に支払期限の到来するものは流動負債の「その他」，1年を超えて支払期限の到来するものは固定負債の「その他」に計上。

17 過年度の修正や固定資産が新たに判明した場合は，どこに計上するのか。
・行政コスト計算書に係る過年度の修正（各種費用や使用料等）
　→行政コスト計算書（臨時損失・臨時利益（その他））に計上
・純資産変動計算書に係る過年度の修正（税収等や国県等補助金等）
　→純資産変動計算書（その他）に計上
・固定資産が新たに判明した場合→純資産変動計算書（無償所管換等）に計上
　各々当該内容と金額を注記

18 発生主義・複式簿記を導入する意義は何か。
　発生主義では，現金主義では見えにくいコスト（減価償却費や退職手当引当金等）の把握が可能となる。
　また，複式簿記では，取引を原因と結果という2つの側面から処理することにより，ストック情報とフロー情報の両面の把握が可能となる。

19 日々仕訳と期末一括仕訳はどちらを導入すべきか。
　仕訳の検証精度が高くなり内部統制に寄与すること，より早期に財務書類の作成・開示が可能となること等から，「研究会報告書」では日々仕訳が望ましいとされている。しかし，職員への事務負担や，システム等に係る経費負担等を考慮する必要があるため，統一的な基準では，①（帳簿体系を維持し，貸借対照表と固定資産台帳を相互に照合することで検証が可能となり，より正確な財務書類の作成に寄与すること）が満たされ，②（事業別・施設別等のより細かい単位でフルコスト情報での分析が可能となること）にも資するものであれば，期末一括仕訳によることも差し支えないとしている。
　なお，年次のほか月次や四半期など一定の期間で仕訳処理を行い，財務書類等を作成することも可能です。

20 市場公募債を発行した場合で，券面額と差額がある場合の処理は。
　企業会計では，「金融商品に関する会計基準」（企業会計基準第10号）等により，原則として償却原価法を適用することとされているが，事務負担等を踏まえ，発行年度に一括費用処理することも妨げないこととする。

21 地方公営企業法を適用している一部事務組合等も統一的基準によるのか。
　統一的な基準による財務書類については作成しないことも許容しているが，連結時には，法定計算書類の読替えを要します。

22 負債（地方債）について，臨時財政対策債を控除して計上することができないでしょうか。
　地方交付税の基準財政需要額に算入されますか？　控除できません。ただし，臨時対策債の趣旨や現在高を注記することは非常に重要です。

（出所：平成27年12月総務省資料（Q&A集））

第6章

連結財務書類の作成基準

1．連結の基礎

　連結財務書類の対象範囲・体系を基準化している。
　連結対象団体の決算日・会計処理基準の相違の取扱いを示している。
連結処理手順，地方公営企業法適用範囲拡大の対応や集計方法等・SNA活用も含め，要領等で規定された。
　実務の円滑な実施に向けた全体的なロードマップを提示している。
　本基準の導入にあたっては，①地方公営企業法の財務規定等の適用範囲拡大，②スケジュール等を踏まえ，地方公共団体に対して全体的なロードマップを示し，円滑に実務が実施できるよう配慮すべきであるとされた。

2．対象団体

(1) 一部事務組合・広域連合等の個別財務書類作成にかかる作業体制の選択肢

　対象団体の取扱いは〔**図表Ⅰ－6－1**〕のとおりである。

(2) 地方独立行政法人

　中期計画の認可等を通じて設立団体の長の関与が及ぶとともに，設立団体から運営費交付金が交付されること等も踏まえ，自らが出資したすべての地方独立行政法人を全部連結の対象とする。また当該法人が連結の範囲に含めた特定関連会社も連結対象となる。

(3) 地方三公社（①土地開発公社，②地方道路公社，③地方住宅供給公社）

〔図表Ⅰ-6-1〕

	作業主体	概　　　要
1	一部事務組合・広域連合	連結対象の一部事務組合・広域連合が「個別財務書類の準備または作成」「比例連結割合の算定」を行い，構成団体に通知する。
2	主要な構成団体	主要な構成団体もしくは構成団体間の協議により決定した構成団体が，「個別財務書類の準備または作成」「比例連結割合の算定」を行い，他の構成団体に通知する。
3	都道府県	都道府県内ほぼすべての市町村が加入するような一部事務組合・広域連合の場合，都道府県が「個別財務書類の準備または作成」「比例連結割合の算定」を代わりに行い，構成団体に通知する。

(出所：平成27年1月総務省資料（連結財務書類作成の手引き））

　①②③；いずれも特別の法律に基づき地方公共団体が全額出資して設立する法人であり，公共性の高い業務を行っているので，特別法により長の関与が及び補助金の交付がなされる。

　①②；法人の債務に対して地方公共団体が債務保証をすることができ，債務は設立団体である地方公共団体が最終的には負う。

　③；資金調達に対し地方公共団体が広く損失補償を行うなどの財政措置が行われ，その経営には実質的に地方公共団体が責任を負っている。

　すなわち①②③；全部連結の対象とする。

(4) 第三セクター等

　出資割合が50％超の第三セクター等は，全部連結の対象とする。

　出資者，出えん者の立場から地方公共団体の関与が及ぶ，地方公共団体の関与及び財政支援の下で実質的に主導的な立場を確保している。25％以上を出資している場合は，監査委員監査の対象となり，50％以上を出資している場合は，予算の執行に関する長の調査権等＋議会に対する経営状況の提出義務がある。

　企業会計では親会社が支配従属関係にある子会社を含めた連結財務書類を作成しており，子会社の判断基準として支配力基準が採用されている。第三セクター等もそれに準じた取扱いになる。

　また出資割合が50％以下の場合でも（役員の派遣・財政支援等の実態や・出資及び損失補償等の財政支援の状況を総合的に勘案し）第三セクター等の業務

運営に実質的に主導的な立場の確保が認められる場合は，全部連結の対象とする。

全部連結の対象とならない第三セクター等は（出資割合や活動実態等に応じ）比例連結の対象（出資割合が25％未満であって，損失補償を付している等の重要性がない場合は，比例連結の対象としないことができる。）とする。
全部連結のケースは〔図表Ⅰ－6－2〕のとおりである。

〔図表Ⅰ－6－2〕全部連結の対象に含めるべき第三セクター等にあたるケースの例

1	第三セクター等の資金調達額の総額の過半（50％超）を設立団体からの貸付額が占めている場合（資金調達額は設立団体及び金融機関等からの借入など貸借対照表の負債の部に計上されているものとする。設立団体からの貸付額には損失補償等を含むこととするが，補助金，委託料等は含まないものとする。）
2	第三セクター等の意思決定機関（取締役会，理事会等）の構成員の過半数を行政からの派遣職員が占める場合，あるいは構成員の決定に重要な影響力を有している場合
3	第三セクター等への補助金等が，当該第三セクター等の収益の大部分を占める場合（人件費の相当程度を補助するなど重要な補助金を交付している場合）
4	第三セクター等との間に重要な委託契約（当該第三セクター等の業務の大部分を占める場合など）が存在する場合
5	業務運営に関与しない出資者や出えん者の存在により，実質的には当該地方公共団体の意思決定にしたがって業務運営が行われている場合

第三セクター等の経営に実質的に主導的な立場を確保しているかどうかは財務諸表等規則など企業会計における支配力基準を参考に，個々の第三セクター等の実態に即して各地方公共団体において判断することとする。
(出所：平成27年1月総務省資料（連結財務書類作成の手引き23））

(5) 財団法人等の出資割合
監査委員監査の対象，調査対象を判断する際の出資割合を用いることとされた。
(6) 社会福祉法人
第三セクター等に含めることとされた。
(7) 第三セクター等が出資している会社

第三セクター等の取扱いに準じることとするが，地方公共団体及び連結対象団体（会計）の資本金，出えん金等をあわせて判断する必要があることとされた。

(8) 共同設立等の地方独立行政法人・地方三公社

原則として，出資割合や財政支出の状況等から業務運営に実質的に主導的な立場を確保している地方公共団体が全部連結を行うこととされた。ただし，業務運営に実質的に主導的な立場を確保している地方公共団体を特定できない場合は，出資割合，活動実態等に応じて比例連結を行うこととする。地方道路公社は，財政健全化法施行規則第12条第1号で定める「出資割合又は設立団体間で協議の上定めた割合」により比例連結を行う。土地開発公社は，構成団体が特定される項目は，それぞれの団体に帰属する金額をもって連結を行い，それ以外の項目は上記法施行規則に応じてあん分することとされた。

(9) 財産区

市町村等に財産を帰属させられない経緯から設けられた制度であることから，連結の対象としない。

(10) 地方共同法人（地方競馬全国協会・地方公務員災害補償基金・日本下水道事業団・地方公共団体金融機構及び地方公共団体情報システム機構など）

地方公共団体が出資金や負担金を支払っているが，個々の団体の出資割合等は概して低いため，連結の対象とはしない。

3．連結決算日

連結決算日は3月31日とする。なお，連結対象団体（会計）の決算日が3月31日と異なる場合は，3月31日における仮決算を行うことを原則とするが，決算日の差異が3か月を超えない場合には，連結対象団体（会計）の決算を基礎として連結手続を行うことができることとする。

4．連結財務書類の体系と表示

(1) 連結財務書類の体系は以下のとおりである。
① 連結貸借対照表

② 連結行政コスト計算書
　③ 連結純資産変動計算書
　④ 連結資金収支計算書
　⑤ 連結附属明細書
　連結行政コスト計算書及び連結純資産変動計算書は，別々の計算書としても，その二つを結合した計算書としても差し支えないこととする。
(2) 連結資金収支計算書は，事務負担等に配慮し当分の間は作成しない〔図表Ⅰ－6－3（次頁）〕。
　連結精算表でも業務活動収支，投資活動収支及び財務活動収支といった本年度資金収支額の内訳は，記載を省略することを許容する。その場合でも，全体資金収支計算書については作成する。
(3) 事務負担等に配慮し，連結純資産変動計算書の内訳を記載しないことも許容された。
　連結貸借対照表は，固定資産の額に流動資産における短期貸付金及び基金等を加えた額を固定資産等形成分に記載し，他団体出資等分を連結純資産変動計算書から転記したうえで，純資産額からこれらをあわせた額を差し引いた額を余剰分（不足分）に記載する。連結純資産変動計算書では，連結貸借対照表における固定資産等形成分及び余剰分（不足分）の額を転記し，本年度純資産変動額には，転記されたそれぞれの額から前年度末の残高を差し引いた額を記載する。
(4) 連結財務書類は連結附属明細書もあわせて作成することが望ましいが，連結附属明細書のうち，有形固定資産の明細及び連結精算表以外についてはその事務負担等に配慮して，作成しないことも許容された。
(5) 新たに連結対象団体（会計）となった団体（会計）がある場合に，連結対象団体（会計）に対する地方公共団体の出資額と連結対象団体（会計）の純資産額との差額は，連結貸借対照表にのれんまたは負ののれん（連結調整勘定）として計上せず，①連結対象団体（会計）に対する地方公共団体の出資額が連結対象団体（会計）の純資産額より大きい場合は，連結行政コスト計算書「臨時損失」の「その他」に，その差額を計上する。
(6) 全部連結した連結対象団体（会計）の当該地方公共団体以外の出資分は

[図表 I-6-3] 連結資金収支計算書の内訳

科目	一般会計等財務書類					全体財務書類					連結財務書類				
	一般会計	○○特別会計	…	総計(単純合算)	相殺消去	純計	地方公営事業会計			連結修正等	純計	一部事務組合・広域連合	地方独立行政法人	地方三公社	第三セクター等	…	総計(単純合算)	連結修正等	相殺消去	純計
							公営企業会計	…											
業務活動収支																			
業務支出																			
業務収入																			
臨時支出																			
臨時収入																			
投資活動収支																			
投資活動支出																			
投資活動収入																			
財務活動収支																			
財務活動支出																			
財務活動収入																			
本年度資金収支額																			
前年度末資金残高																			
本年度末資金残高																			
前年度末歳計外現金残高																			
本年度歳計外現金増減高																			
本年度末歳計外現金残高																			
本年度末現金預金残高																			

※連結財務書類部分は「省略可能」

(出所：平成27年1月総務省資料（連結財務書類作成の手引き35〜38))

連結貸借対照表に他団体出資等分として計上する。
(7) 連結貸借対照表では間接法により有形固定資産を表示することができる。株式会社等の連結対象団体（会計）で減損処理を適用している場合には，固定資産ごとに「減損損失累計額」として勘定科目を追加する。

5．注　記

(1) 重要な会計方針（連結財務書類作成のために採用している会計処理の原則及び手続並びに表示方法その他連結財務書類作成のための基本事項）は，次のものを記載する。
① 有形固定資産等の評価基準及び評価方法
② 有価証券等の評価基準及び評価方法
③ 有形固定資産等の減価償却の方法
④ 引当金の計上基準及び算定方法
⑤ リース取引の処理方法
⑥ 連結資金収支計算書における資金の範囲
⑦ 採用した消費税等の会計処理
⑧ 連結対象団体（会計）の決算日が一般会計等と異なる場合は，当該決算日及び連結のため当該連結対象団体（会計）について特に行った処理の概要
⑨ その他連結財務書類作成のための基本となる重要な事項
(2) 重要な会計方針を変更した場合は，「重要な会計方針」の次に記載しなければならない。
① 会計処理の原則又は手続を変更した場合は，その旨，変更の理由及び当該変更が連結財務書類に与えている影響の内容
② 表示方法を変更した場合は，その旨
③ 連結資金収支計算書における資金の範囲を変更した場合は，その旨，変更の理由及び当該変更が連結資金収支計算書に与えている影響の内容
(3) 重要な後発事象（会計年度終了後，連結財務書類を作成する日までに発生した事象で，翌年度以降の地方公共団体の財務状況等に影響を及ぼす事象）は，次のものを記載する。

① 主要な業務の改廃
② 組織・機構の大幅な変更
③ 地方財政制度の大幅な改正
④ 重大な災害等の発生
⑤ その他重要な後発事象
(4) 偶発債務（会計年度末においては現実の債務ではないが，将来，一定の条件を満たすような事態が生じた場合に債務となるもの）は，次のものを記載する。
① 保証債務及び損失補償債務負担の状況（総額，確定債務額及び履行すべき額が確定していないものの内訳（連結貸借対照表計上額及び未計上額））
② 係争中の訴訟等で損害賠償等の請求を受けているもの
③ その他主要な偶発債務
(5) 追加情報は，財務書類の内容を理解するために必要と認められる次に掲げる事項を記載する
① 連結対象団体（会計）の一覧，連結の方法（比例連結の場合は比例連結割合を含む）及び連結対象と判断した理由
② 出納整理期間について，出納整理期間が設けられている旨（根拠条文を含む）及び出納整理期間における現金の受払い等を終了した後の計数をもって会計年度末の計数としている旨，出納整理期間が異なる連結対象団体（会計）がある場合は当該団体（会計）の一覧と修正の仕方
③ 表示単位未満の金額は四捨五入することとしているが，四捨五入により合計金額に齟齬が生じる場合は，その旨
④ その他連結財務書類の内容を理解するために必要と認められる事項
⑤ 連結貸借対照表に係るものとして，減価償却について直接法を採用した場合，当該各有形固定資産の科目別又は一括による減価償却累計額を記載する。
⑥ 連結資金収支計算書の欄外に，前年度末歳計外現金残高，本年度歳計外現金増減額，本年度末歳計外現金残高及び本年度末現金預金残高について記載する。

6．連結財務書類の作成手順

(1) 作成手順は〔図表Ⅰ－6－4〕のとおりである。

〔図表Ⅰ－6－4〕作成手順

	連結作業項目	作　業　概　要
1	連結対象団体（会計）の決定	① 地方公営事業会計：すべて全部連結 ② 一部事務組合・広域連合：すべて比例連結 ③ 地方独立行政法人及び地方三公社：すべて全部連結または比例連結 ④ 第三セクター等：出資割合等に応じて連結対象（全部連結又は比例連結）かを判断。出資割合25％未満で損失補償等を付している等の重要性がない場合は比例連結の対象としないことも可能。
2	法定決算書類の取寄せ又は個別財務書類の作成	① 法定決算書類として貸借対照表等を作成している連結対象団体（会計）分を取り寄せ（法適用公営企業会計，地方独立行政法人，地方三公社，第三セクター等など） ② 法定決算書類として貸借対照表等を作成していない連結対象団体（会計）は一般会計等の作成要領に準拠して新たに個別財務書類を作成（法非適用の地方公営事業会計，一般会計型及び法非適用の公営事業型の一部事務組合・広域連合）
3	法定決算書類の読替え	① 法定決算書類ごとに異なる表示科目を統一的な基準の連結財務書類の科目に揃えるため，本手引きに示されている「連結科目対応表」などに基づき読替え
4	法定決算書類の連結修正等	① 各法定決算書類を一般会計等財務書類の作成基準に揃えるため，有形固定資産等の再評価等の会計処理方法を修正（任意） ② 出納整理期間中の取引は，現金の受払いが年度末までに完了したものとして調整
5	純計処理（単純合算と内部取引の相殺消去等）	① 内部取引調査票により，連結対象団体（会計）内での取引の計上科目と金額の確定 ② 連結内部の取引高及び残高の相殺消去（連結対象内の取引を消す作業） ③ 各連結対象団体（会計）の額を単純合算し，連結修正等及び相殺消去分を差し引いたのち，純計を算出

(出所：総務省HP資料「統一的な基準による地方公会計マニュアル」（平成27年1月23日）「連結財務書類作成の手引き」）

(2) 法定決算書類の読替え

　連結対象団体（会計）ごとに適用される会計基準，表示科目も異なるので，財務書類の科目に揃えるため，連結対象団体（会計）ごとに作成された連結科目対応表〔図表Ⅰ－6－5〕を参考に，表示科目の「読替え」を行う。

〔図表Ⅰ－6－5〕連結科目対応表

【例】連結科目対応表の例（抜粋）（土地開発公社の場合）

土地開発公社の貸借対照表における勘定科目		読替え	統一的な基準の連結貸借対照表における勘定科目	
流動資産	現金及び預金	連結科目対応表 ⇒	流動資産	現金預金：A
	事業未収金		流動資産	未収金：B
	公有用地・代行用地等		流動資産	棚卸資産：C
有形固定資産	土地		有形固定資産	土地（事業用資産）：D
投資その他の資産	賃貸事業の用に供する土地		有形固定資産	土地（事業用資産）：E

連結貸借対照表精算表

	一般会計等財務書類	…	連結財務書類	
			地方三公社	
	一般会計	…	土地開発公社	…
【資産の部】				
固定資産				
有形固定資産				
事業用資産				
土地			D, E	
流動資産				
現金預金			A	
未収金			B	
棚卸資産			C	

(3) 法定決算書類の連結修正等
① 連結修正（資産・負債等の修正）
　連結対象団体（会計）の法定決算書類の表示科目の読替えを行う。
　可能な限り統一された会計処理を行うため各法定決算書類の数値を修正するといった連結修正を行うことが望ましい（事務負担等も配慮して行わないことも許容）。なお，次の㋑から㋭までの項目が連結対象団体（会計）において計上されている場合であっても，計上基準が統一的な基準と異なる場合は，統一的な基準で求められている基準や算定した金額に修正することが望ましい。
　㋑　有形固定資産等の評価
　　一般会計等の「資産評価及び固定資産台帳整備の手引き」に基づき評価する。
　㋺　売却可能資産の表示と評価
　　一般会計等に準拠して売却可能資産の資産科目別の金額及びその範囲を注記。評価額は一般会計等と同様に売却可能価額とする。
　　販売用不動産は棚卸資産に計上（未使用・未利用の売却可能資産とは明確に区別）する。
　㋩　投資及び出資金の評価
　　統一的な基準では，投資及び出資金はその種類ごとに償却原価や市場価格等により評価する。連結対象団体（会計）においてこのような評価が行われていない場合には，一般会計等に準じた評価を行う。
　㋥　徴収不能引当金の計上
　　統一的な基準では，貸付金や未収金等の債権は回収可能性に基づいて徴収不能引当金として計上⇒連結対象団体（会計）においてこのような処理が行われていない場合には，一般会計等に準拠して計上する。
　㋭　退職手当引当金，賞与等引当金の計上
　　統一的な基準では，退職手当引当金，賞与等引当金を計上⇒連結対象団体（会計）においてこれらの引当金が計上されていない場合には，一般会計等に準拠して計上する。
また，公営企業会計や第三セクター等の法定決算書類が税抜処理で作成され

ている場合は，原則として一般会計等と同様の税込処理とすることが望ましいが税込処理に修正しないことも許容（採用した消費税等の会計処理は注記する）される。

② 連結修正（出納整理期間中の現金の受払い等の調整）

統一的な基準において「出納整理期間の定めがある連結対象団体（会計）」と「定めのない連結対象団体（会計）」との間で取引があり，出納整理期間中にN年度に帰属する資金の授受がある場合には，N年度末に現金の受払い等が終了したものとして調整する。

　㋑　資産の振替（出納整理期間における調整）

「未収金」の減額（財団法人：貸借対照表）

「現金預金」の増額（財団法人：貸借対照表）

出納整理期間に一般会計からの入金があったものとするため，上記連結修正を行い，連結精算表の該当科目の連結修正等の欄に増額する。

　㋺　資金収支の追加計上（出納整理期間における調整）

「国県等補助金収入」の増額（財団法人：資金収支計算書）

上記連結修正により増額した「国県等補助金収入」は後に相殺消去される。

(4) 法定決算書類の有無による作業の違い

違いは，〔図表Ⅰ－6－6〕のとおりである。

〔図表Ⅰ－6－6〕法定決算書類の有無による作業の違い

```
（法定決算書類が作成されていない連結対象団体（会計））
個別財務書類の作成　→　一般会計等に準拠して新たに作成した個別財務書類の数値を
　　　　　　　　　　　　「連結精算表」にそのまま記載
（法定決算書類が存在する団体）
法定決算書類の取寄せ
　　　↓
法定決算書類の科目読替え　→　この段階の数値を「連結精算表」の各団体の欄に記載
　　　↓
法定決算書類の連結修正　→　①資産・負債等の修正（任意），②出納整理期間中の現金
　　　　　　　　　　　　　　の受払い等の調整による連結修正の額を「連結修正等」の欄
　　　　　　　　　　　　　　にまとめて記載
```

(5) 他団体出資等分の算定

純資産のうち,地方公共団体の持分以外の部分は,他団体出資等分を認識する。

具体的には,連結対象団体(会計)の純資産に当該地方公共団体以外が行っている出資等の割合を乗じた額を「他団体出資等分」として計上し,その分を余剰分(不足分)から差し引くこととなる。

また,全部連結している団体の株式等を追加取得したこと等による「他団体出資等分」の変動額は,連結純資産変動計算書における「他団体出資等分の増加」または「他団体出資等分の減少」に記載する。

(6) 連結精算表

連結精算表は〔figurevert I-6-7〕のとおりである

144　第Ⅰ部　新地方公会計統一基準

〔図表Ⅰ-6-7〕連結

連結貸借対照表内訳表

科目	一般会計等財務書類					全体財務書類							
	一般会計	○○特別会計	総計（単純合算）	相殺消去	純計	地方公営事業会計					総計（単純合算）	連結修正等	相殺消去
						公営企業会計			その他				
						水道事業	病院事業	…	収益事業	国民健康保険事業			
資産合計													
固定資産													
有形固定資産													
事業用資産													
土地													
立木竹													
建物													
建物減価償却累計額													
工作物													
工作物減価償却累計額													
船舶													
船舶減価償却累計額													
浮標等													
浮標等減価償却累計額													
航空機													
航空機減価償却累計額													
その他													
その他減価償却累計額													
建設仮勘定													
インフラ資産													
土地													
建物													
建物減価償却累計額													
工作物													
工作物減価償却累計額													
その他													
その他減価償却累計額													
建設仮勘定													
物品													
物品減価償却累計額													
無形固定資産													
ソフトウェア													
その他													
投資その他の資産													
投資及び出資金													
有価証券													
出資金													
その他													
投資損失引当金													
長期延滞債権													
長期貸付金													
基金													
減債基金													
その他													
その他													
徴収不能引当金													
流動資産													
現金預金													
未収金													
短期貸付金													
基金													
財政調整基金													
減債基金													
棚卸資産													
その他													
徴収不能引当金													
繰延資産													
負債・純資産合計													
負債合計													
固定負債													
地方債等													
長期未払金													
退職手当引当金													
損失補償等引当金													
その他													
流動負債													
１年内償還予定地方債等													
未払金													
未払費用													
前受金													
前受収益													
賞与等引当金													
預り金													
その他													
純資産合計													
固定資産等形成分													
余剰分（不足分）													
他団体出資等分													

（出所：平成27年１月総務省資料（連結財務書類作成の手引き））

第6章 連結財務書類の作成基準

精算表

純計	連結財務書類													総計（単純合算）	連結修正等	相殺消去	純計
	一部事務組合・広域連合			地方独立行政法人			地方三公社			第三セクター等							
	○○衛生施設組合	…	小計	○○大学	…	小計	○○土地開発公社	…	小計	(財)○○事業団	(株)○○清掃サービス	…	小計				

〔図表Ⅰ-6-7〕連結

連結行政コスト計算書内訳表

科目	一般会計等財務書類					全体財務書類							総計（単純合算）	連結修正等	相殺消去
	一般会計	○○特別会計	総計（単純合算）	相殺消去	純計	地方公営事業会計								
						公営企業会計			その他					
						水道事業	病院事業	…	収益事業	国民健康保険事業	…			
純経常行政コスト														
経常費用														
業務費用														
人件費														
職員給与費														
賞与等引当金繰入額														
退職手当引当金繰入額														
その他														
物件費等														
物件費														
維持補修費														
減価償却費														
その他														
その他の業務費用														
支払利息														
徴収不能引当金繰入額														
その他														
移転費用														
補助金等														
社会保障給付														
他会計への繰出金														
その他														
経常収益														
使用料及び手数料														
その他														
純行政コスト														
臨時損失														
災害復旧事業費														
資産除売却損														
投資損失引当金繰入額														
損失補償等引当金繰入額														
その他														
臨時利益														
資産売却益														
その他														

連結純資産変動計算書内訳表

科目	一般会計等財務書類					全体財務書類							総計（単純合算）	連結修正等	相殺消去
	一般会計	○○特別会計	総計（単純合算）	相殺消去	純計	地方公営事業会計								
						公営企業会計			その他					
						水道事業	病院事業	…	収益事業	国民健康保険事業	…			
前年度末純資産残高														
純行政コスト（△）														
財源														
税収等														
国県等補助金														
本年度差額														
固定資産の変動（内部変動）														
有形固定資産等の増加														
有形固定資産等の減少														
貸付金・基金等の増加														
貸付金・基金等の減少														
資産評価差額														
無償所管換等														
他団体出資等分の増加														
他団体出資等分の減少														
その他														
本年度純資産変動額														
本年度末純資産残高														

第6章 連結財務書類の作成基準　147

精算表（つづき）

純計	連結財務書類													総計（単純合算）	連結修正等	相殺消去	純計
	一部事務組合・広域連合			地方独立行政法人			地方三公社			第三セクター等							
	○○衛生施設組合	…	小計	○○大学	…	小計	○○土地開発公社	…	小計	(財)○○事業団	(株)○○清掃サービス	…	小計				

純計	連結財務書類													総計（単純合算）	連結修正等	相殺消去	純計
	一部事務組合・広域連合			地方独立行政法人			地方三公社			第三セクター等							
	○○衛生施設組合	…	小計	○○大学	…	小計	○○土地開発公社	…	小計	(財)○○事業団	(株)○○清掃サービス	…	小計				

(7) 連結財務書類の対象範囲

〔図表Ⅰ-6-8〕のとおりである。

〔図表Ⅰ-6-8〕連結財務書類の対象範囲

	都道府県・市区町村	一部事務組合・広域連合	地方独立行政法人	地方三公社	第三セクター等
全部連結	○（全部連結）	―	○（業務運営に実質的に主導的な立場を確保している地方公共団体が全部連結）	○（業務運営に実質的に主導的な立場を確保している地方公共団体が全部連結）	○（出資割合50％超又は出資割合50％以下で業務運営に実質的に主導的な立場を確保している地方公共団体が全部連結）
比例連結	―	○（経費負担割合等に応じて比例連結）	△（業務運営に実質的に主導的な立場を確保している地方公共団体を特定できない場合は，出資割合，活動実態等に応じて比例連結）	△（業務運営に実質的に主導的な立場を確保している地方公共団体を特定できない場合は，出資割合，活動実態等に応じて比例連結）	△（業務運営に実質的に主導的な立場を確保している地方公共団体を特定できない場合は，出資割合，活動実態等に応じて比例連結）

注1 全部連結とは，連結対象団体（会計）の財務書類のすべてを合算することをいいます。
注2 比例連結とは，連結対象団体（会計）の財務書類を出資割合等に応じて合算することをいいます。
（出所：平成27年1月総務省資料（連結財務書類作成の手引き））

(8) 相殺消去の典型的な類型

〔図表Ⅰ-6-9〕のとおりである。

〔図表Ⅰ-6-9〕相殺消去の典型的な類型

取引のパターン	必要となる相殺消去	
ア 投資と資本の相殺消去	（出資した側） ・貸借対照表の「投資及び出資金」の「出資金」または「その他」を減額 ・資金収支計算書の資金移動額を消去	（出資を受けた側） ・貸借対照表の「純資産の部」を減額 ・資金収支計算書の資金移動額を消去
イ 貸付金・借入金等の債権債務の相殺消去	（貸し付けた側） ・貸借対照表の「長期貸付金」または／及び「短期貸付金」を減額 ・資金収支計算書の資金移動額を消去	（借り入れた側） ・貸借対照表の「地方債等」または／及び「1年内償還予定地方債等」を減額 ・資金収支計算書の資金移動額を消去
ウ 補助金支出と補助金収入 （取引高の相殺消去）	（補助した側） ・行政コスト計算書の「補助金等」を減額 ・資金収支計算書の資金移動額を消去	（補助を受けた側） ・純資産変動計算書の「国県等補助金」を減額 ・資金収支計算書の資金移動額を消去
エ 会計間の繰入れ・繰出し （取引高の相殺消去）	（繰出した側） ・行政コスト計算書の「他会計への繰出金」を減額 ・資金収支計算書の資金移動額を消去	（繰入れた側） ・純資産変動計算書の「税収等」を減額 ・資金収支計算書の資金移動額を消去
オ 資産購入と売却の相殺消去 （取引高の相殺消去）	（売却した側） ・行政コスト計算書 ・売却損が生じた場合 「資産除売却損」（資産売却損相当額）を減額 ・売却益が生じた場合 「資産売却益」（資産売却益相当額）を減額 ・資金収支計算書 売買取引相当額を「資産売却収入」から減額	（購入した側） ・貸借対照表 ・売却損が生じた場合 資産売却損相当額を「有形固定資産」に加算 ・売却益が生じた場合 資産売却益相当額を「有形固定資産」から減額 ・資金収支計算書 売買取引相当額を「公共施設等整備費支出」から減額
カ 委託料の支払と受取 （取引高の相殺消去）	（委託した側） ・行政コスト計算書の「物件費」を減額 ・資金収支計算書の「物件費等支出」を減額	（受託した側） ・行政コスト計算書の「経常収益」の「その他」を減額 ・資金収支計算書の「業務収入」の「その他の収入」を減額
キ 利息の支払と受取 （取引高の相殺消去）	（利息を受け取った側） ・行政コスト計算書の「経常収益」の「その他」を減額 ・資金収支計算書の「業務収入」の「その他の収入」を減額	（利息を支払った側） ・行政コスト計算書の「支払利息」を減額 ・資金収支計算書の「支払利息支出」を減額

（出所：平成27年1月総務省資料（連結財務書類作成の手引き））

7．連結財務書類の様式

様式は〔図表Ⅰ-6-10〕～〔図表Ⅰ-6-13〕のとおりである。

〔図表Ⅰ-6-10〕連結貸借対照表

(平成　年　月　日現在)

(単位：　)

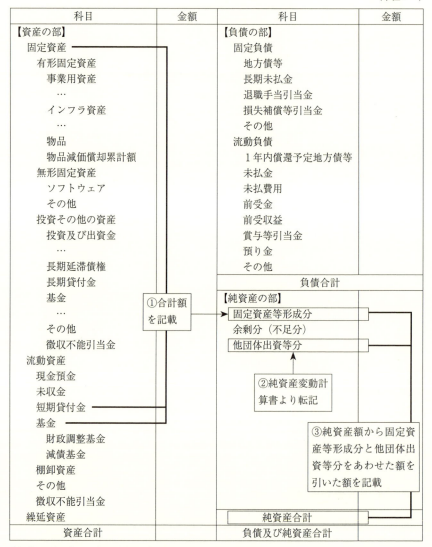

(出所：平成27年1月総務省資料（連結財務書類作成の手引き))

〔図表Ⅰ-6-11〕連結純資産変動計算書

自　平成　年　月　日　　至　平成　年　月　日

(単位：　)

科目	合計	固定資産等形成分	余剰分（不足分）	他団体出資等分
前年度末純資産残高				
純行政コスト（△）				
財源				
税収等				
国県等補助金				
本年度差額				
固定資産等の変動(内部変動)				
有形固定資産等の増加				
有形固定資産等の減少				
貸付金・基金等の増加				
貸付金・基金等の減少				
資産評価差額				
無償所管換等				
他団体出資等分の増加				
他団体出資等分の減少				
その他				
本年度純資産変動額				
本年度末純資産残高		連結貸借対照表より転記		

（省略可能）

(出所：平成27年1月総務省資料（連結財務書類作成の手引き））

〔図表Ⅰ-6-12〕連結行政コスト計算書

自 平成 年 月 日　至 平成 年 月 日

(単位：)

科目	金額
経常費用	
業務費用	
人件費	
職員給与費	
賞与等引当金繰入額	
退職手当引当金繰入額	
その他	
物件費等	
物件費	
維持補修費	
減価償却費	
その他	
その他の業務費用	
支払利息	
徴収不能引当金繰入額	
その他	
移転費用	
補助金等	
社会保障給付	
その他	
経常収益	
使用料及び手数料	
その他	
純経常行政コスト	
臨時損失	
災害復旧事業費	
資産除売却損	
損失補償等引当金繰入額	
その他	
臨時利益	
資産売却益	
その他	
純行政コスト	

(出所：平成27年1月総務省(連結財務書類作成の手引き))

〔図表 I－6－13〕連結行政コスト及び純資産変動計算書

自 平成　年　月　日　至 平成　年　月　日

(単位：　)

科目	金額			
経常費用				
業務費用				
人件費				
職員給与費				
賞与等引当金繰入額				
退職手当引当金繰入額				
その他				
物件費等				
物件費				
維持補修費				
減価償却費				
その他				
その他の業務費用				
支払利息				
徴収不能引当金繰入額				
その他				
移転費用				
補助金等				
社会保障給付				
その他				
経常収益				
使用料及び手数料				
その他				
純経常行政コスト				
臨時損失				
災害復旧事業費				
資産除売却損				
損失補償等引当金繰入額				
その他				
臨時利益				
資産売却益				
その他		金額		
		固定資産等形成分	余剰分（不足分）	他団体出資等分
純行政コスト				
財源				
税収等				
国県等補助金				
本年度差額				
固定資産等の変動（内部変動）				
有形固定資産等の増加				
有形固定資産等の減少				
貸付金・基金等の増加				
貸付金・基金等の減少				
資産評価差額				
無償所管換等				
他団体出資等分の増加				
他団体出資等分の減少				
その他				
本年度純資産変動額				
前年度末純資産残高				
本年度末純資産残高				

（出所：平成27年1月総務省資料（連結財務書類作成の手引き））

8. 連結財務書類の附属明細書

連結明細書は〔図表Ⅰ-6-14〕～〔図表Ⅰ-6-16〕のとおりである。

〔図表Ⅰ-6-14〕連結純資産変動計算書の内容に関する明細
(1) 財源の明細

(単位　)

会計	区分	財源の内容		金額
一般会計	税収等	地方税		
		地方交付税		
		地方譲与税		
		･･･		
		小計		
	国県等補助金	資本的補助金	国庫支出金	
			都道府県等支出金	
			･･･	
			計	
		経常的補助金	国庫支出金	
			都道府県等支出金	
			･･･	
			計	
		小計		
		合計		
特別会計				
･･･				
地方独立行政法人				
･･･				

(出所：平成27年1月総務省資料（連結財務書類作成の手引き））

〔図表Ⅰ-6-15〕

投資及び出資金の明細
市場価格のあるもの　　　　　　　　　　　　　　　　　　　（単位：　）

銘柄名	株数・口数など(A)	時価単価(B)	貸借対照表計上額(A)×(B)(C)	取得単価(D)	取得原価(A)×(D)(E)	評価差額(C)-(E)(F)	(参考)財産に関する調書記載額
合計							

市場価格のないもののうち連結対象団体（会計）以外に対するもの　　（単位：　）

相手先名	出資金額(A)	資産(B)	負債(C)	純資産額(B)-(C)(D)	資本金(E)	出資割合(%)(A)/(E)(F)	実質価額(D)×(F)(G)	強制評価減(H)	貸借対照表計上額(A)-(H)(I)	(参考)財産に関する調書記載額
合計										

〔図表Ⅰ-6-16〕基金の明細

（単位：　）

種類	現金預金	有価証券	土地	その他	合計(貸借対照表計上額)	(参考)財産に関する調書記載額
財政調整基金						
減債基金						
…						
…						
合計						

9．連結財務書類作成基準に関するQ＆A

　Q＆Aは〔図表Ⅰ-6-17〕のとおりである。

〔図表 I - 6 -17〕 Q＆A（抜粋・要約）

4　連結財務書類作成の手引き

1　連結財務書類の対象範囲について，全部連結のほかに比例連結が採り入れられているが，持分法は採用しないのか。
　　企業会計で採用されている持分法は，連結対象団体（会計）の純資産や利益に着目し，それらについての持分のみを連結財務書類に反映することになり，一般に利益の追求を目的としない地方公共団体にはなじまないため，同手法は採用しないこととする。

2　法非適用の地方公営事業会計や一部事務組合等についても，固定資産台帳の整備が求められるのか。
　　法非適用の地方公営事業会計や官庁会計により会計処理を行っている一部事務組合等は，一般会計等と同様の会計処理である中で，発生主義に基づく会計基準により財務書類を作成していないため，統一的な基準による財務書類等を作成する必要がある。従って，固定資産台帳の整備が求められることとなる（一部事務組合等は報告主体となっていることにも留意（本Ｑ＆Ａ集の「2．財務書類作成要領・問番号1」参照））。
　　なお，法非適用の地方公営事業会計については，特例措置が講じられていることに留意が必要（本Ｑ＆Ａ集の「1．全体・問番号4」参照）。

3　一部事務組合等について，前会計年度に比例連結の際に利用した比率が変わった場合は，どうするのか。
　　利用した比率に変更があった場合，変更後の比率に応じ比例連結するが，直近の複数年度で大幅な経費負担割合の変動があった場合など，当該年度の経費負担割合によることが合理的でない場合，一定期間の経費負担割合の平均など合理的な割合を決定することは可。また，作業負担から財務書類等に重要な変動が生じない場合現行の比例連結割合を変更しないことも可。
　　割合変更の場合，連結純資産変動計算書では「比例連結割合の変更に伴う差額」を設けて純資産残高の差額を計上・調整。連結資金収支計算書も「比例連結割合変更に伴う差額」の欄を設け，資金残高の差額を計上・調整。

4　消費税の取扱いについて，一般会計等は税込処理だが，法適用の地方公営企業や第三セクター等は税抜処理が多い中，連結時に統一する必要はあるのか。
　　原則として一般会計等と同様に税込処理とすることが望ましいが，税込処理に修正しないことも許容する。なお，採用した消費税等の会計処理は注記。

5　連結対象団体（会計）との間で相殺消去をする場合の具体的な作業は。
　　具体的には「連結財務書類作成の手引き」によるが，相殺消去の例示として，別紙5「連結における相殺消去の例」を参照。

6　連結対象団体（会計）を連結する場合の具体的な作業は。
　　具体的には「連結財務書類作成の手引き」によるが，例示として，別紙6「土地開発公社を連結するにあたっての作業フロー」を参照。

7　いずれかの地方公共団体の全部連結の対象となっている第三センター等については，他の地方公共団体の比例連結の対象とはならないのか？
　　いずれかの地方公共団体の全部連結の対象となっている場合は，他の地方公共団体の比例連結の対象とはならない。

10. 基準の抜すい

（1） 12. 一部事務組合・広域連合を連結する際に，N年度の経費負担割合がN－1年度の割合と異なるなどして比例連結割合が変更された場合，N年度の期首の純資産残高及び資金残高がN－1年度末の金額と整合しなくなります。

　この場合，連結純資産変動計算書では「比例連結割合の変更に伴う差額」を科目として設けて純資産残高の差額を計上し調整します。また，連結資金収支計算書でも「比列連結割合変更に伴う差額」の欄を設け，資金残高の差額を計上して調整します。各構成団体で修正の作業負担がかかることを踏まえ，負担割合の変動率が小さい場合など，財務書類等に重要な変動が生じない場合には，現行の比例連結割合を変更しないことができることとします。

　なお，いずれの場合においても，構成団体の比例連結割合の合計が100％となるよう処理する必要があります。

（連結純資産変動計算書）

科目	合計	固定資産等形成分	余剰分（不足分）	他団体出資等分
…				
固定資産等の変動（内部変動）				
…				
資産評価差額				
無償所管換等				
他団体出資等分の増加				
他団体出資等分の減少				
比例連結割合変更に伴う差額				
その他				
本年度純資産変動額				
本年度末純資産残高				

（連結資金収支計算書）

科目	金額
…	
財務活動収支	
本年度資金収支額	
前年度末資金残高	
比例連結割合変更に伴う差額	
本年度末資金残高	

なお，初年度の連結財務書類を作成するにあたって期首残高を算定する際の比例連結割合は，期末残高を算定する際に用いたものと同じ割合を用いることができることとします。

(2) 56. 連結対象団体（会計）ごとの法定決算書類の有無及び個別財務書類の作成方法は【図6　連結対象団体（会計）ごとの財務書類の作成方法】のとおりです。

図6　連結対象団体（会計）ごとの財務書類の作成方法

団体（会計）の種類	会計基準等	財務書類の作成方法			
		貸借対照表	行政コスト計算書	純資産変動計算書	資金収支計算書※1
地方公営企業（法適用）※2	地方公営企業法の財務規定等	○ 貸借対照表から修正・読替え	○ 損益計算書から修正・読替え	× 決算統計及び損益計算書等から作成	○ キャッシュ・フロー計算書等から修正・読替え
地方公営事業会計（法非適用）※3	—	× 執行データ等から仕訳変換を行い作成	× 執行データ等から仕訳変換を行い作成	× 執行データ等から仕訳変換を行い作成	× 執行データ等から仕訳変換を行い作成
一般事務組合・広域連合※4	— （公営企業は地方公営企業法の財務規定等）	× 執行データ等から仕訳変換を行い作成	× 執行データ等から仕訳変換を行い作成	× 執行データ等から仕訳変換を行い作成	× 執行データ等から仕訳変換を行い作成
地方独立行政法人	地方独立行政法人会計基準	○ 貸借対照表から修正・読替え	○ 損益計算書から修正・読替え	× 貸借対照表及び損益計算書等から作成	○ キャッシュ・フロー計算書等から修正・読替え
地方三公社	（例：土地開発公社）土地開発公社経理基準要綱	○ 貸借対照表から修正・読替え	○ 損益計算書から修正・読替え	× 貸借対照表及び損益計算書等から作成	○ キャッシュ・フロー計算書等から修正・読替え
第三セクター等	（例：株式会社等）会社計算規則及び財務諸表規則等	○ 貸借対照表から修正・読替え	○ 損益計算書から修正・読替え	× 貸借対照表及び損益計算書等から作成	○（一部×） キャッシュ・フロー計算書等から修正・読替え等

○：法定決算書類を基礎として活用可能　　×：新たに個別財務書類を作成する必要あり
※1　連結資金収支計算書は，その事務負担等に配慮して，当分の間は作成しないことも許容することとします。その場合でも，全体資金収支計算書は作成することとします。
※2　一部事務組合・広域連合（地方公営企業（法適用）型）を含みます。

（3） ④　2年目以降に連結財務書類を作成する際の注意点

74. 2年目以降に連結財務書類を作成する際に，前年度に①，②及び③で説明した連結修正等を行っていた場合，連結純資産変動計算書の前年度末純資産残高や連結資金収支計算書の前年度末資金残高の記入額に注意する必要があります。具体的には，連結修正等によって前年度末の純資産残高や資金残高が変動していた場合，当年度の期首において前年度末と同額を引き継ぐ必要がありますが，いわゆる「開始仕訳」を行わなければ，同額が引き継がれなくなります。

75. 連結修正等は連結財務書類作成のために行われるものであり，個別財務書類には影響していないため，前年度以前に行った連結修正等は，当年度の個別財務書類には反映されていません。そこで，2年目以降の連結財務書類を作成するにあたり，前年度以前に行った連結修正等の影響を引き継ぐ必要があります（【図8　開始仕訳の流れ】）。この開始仕訳を行うことにより，前年度末の純資産残高と当年度の期首の純資産残高，前年度末の資金残高と当年度の期首の資金残高がはじめて一致することになります。

【図8　開始仕訳の流れ】

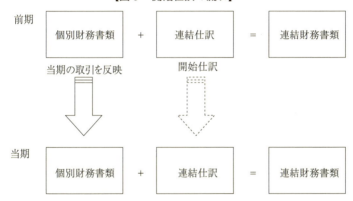

76. 以後の「（5）純計処理（単純合算と内部取引の相殺消去等）」では，開始仕訳を行うべき箇所に開始仕訳として説明します。なお，67段落に記載された例について開始仕訳を行うと以下のとおりとなります。

開始仕訳
　ア　資産の振替（出納整理期間における調整）
　　　不要
　　　→　当年度末の貸借対照表では出納整理期間における調整の影響はなくなっています。
　イ　資金収支の追加計上（出納整理期間における調整）
　　　「国県等補助金収入」の減額（財団法人：資金収支計算書）

「前年度末資金残高」の増額（財団法人：資金収支計算書）
→ 国県等補助金収入は前年度の連結資金収支計算書に計上されていますが，財団法人の資金収支計算書では当年度に計上されているため，当年度の連結資金収支計算書作成においては財団法人の資金収支計算書に計上されている国県等補助金収入を取り消すとともに期首資金残高を増額させます。

（４）（５）純計処理（単純合算と内部取引の相殺消去等）
77. 連結対象団体（会計）間で行われている，資金の出資（受入），貸付（借入），返済（回収），利息の支払（受取），売上（支払），繰出（繰入）等，原則としてすべての内部取引を相殺消去します。
78. これは，地方公共団体が，連結の範囲となる連結対象団体（会計）をひとつの行政サービスの実施主体とみなして連結財務書類を作成することから，連結内部での取引を消去する必要があります。
    例えば，
    ア　連結対象団体（会計）間で資金の貸し借りを行っている場合は，貸し手側で長期貸付金，借り手側で地方債等として貸借対照表に計上されますが，連結全体で考えれば，連結対象団体（会計）以外の外部に対する債権債務はありませんので，長期貸付金，地方債等ともに消去します。
    イ　また，補助金の受払いについても同様に，一般会計から連結対象の第三セクター等に補助金を出したとしても，内部の資金移動にすぎず，連結外部との取引はないことになりますので，これを消去します。

```
─────────────── 連結内部 ───────────────
┌─────────┐  長期貸付金    地方債等   ┌───────────┐
│         │     250         250      │           │
│ 一般会計 │          国県等          │第三セクター等│
│         │ 補助金等支出 補助金収入   │           │
│         │     350         350      │           │
└─────────┘    ＜内部取引として消去＞  └───────────┘
```

79. 相殺消去の具体的な作業は，以下の流れで行います。
    ア　すべての連結対象団体（会計）が様式第6号の「内部取引調査票」を記入し，連結内部の取引を洗い出します。
    イ　連結対象団体（会計）の内部取引調査票を相互に突き合わせ，連結内部の取引を確定します。
    ウ　確定した取引について，様式第7号の「相殺消去集計表」に転記し，一般会計等，全体，連結財務書類のそれぞれについて，相殺消去すべき合計額を算定します。

エ　相殺消去集計表で算出された合計または総合計の額を連結精算表の「相殺消去」の欄に転記し，純計処理を行います。
80．相殺消去の典型的な類型には次のようなものがあります。
　ア　投資と資本の相殺消去（残高の相殺消去）
　　連結対象団体（会計）間で出資を行っている場合に，出資した側に「投資及び出資金」の「出資金」または「その他」が計上され，出資を受けた側は「純資産」が計上されています。したがって，次のような相殺消去を行います。
　（出資した側）
　○貸借対照表「投資及び出資金」の「出資金」または「その他」を減額
　（出資を受けた側）
　○貸借対照表「純資産の部」を減額
　　また，当該年度中に資金の移動がありますので，資金収支計算書においても，その資金移動額を収入側，支出側ともに消去します。
　　[開始仕訳]
　（出資した側）
　○貸借対照表「投資及び出資金」の「出資金」または「その他」を減額
　（出資を受けた側）
　○純資産変動計算書「前年度末純資産残高」を減額
　　この結果，貸借対照表・純資産の部が同額減額されます。
　　なお，連結対象団体（会計）を全部連結した場合であって，他団体からも当該団体が出資等を受けている場合には，他団体出資等分を認識するため，以下のようになります。
　（出資した側）
　○貸借対照表「投資及び出資金」の「出資金」または「その他」を減額
　○貸借対照表「他団体出資等分」を増額
　（出資を受けた側）
　○貸借対照表「純資産の部」を減額
　　また，当該年度中に資金の移動がありますので，資金収支計算書においても，その資金移動額を収入側，支出側ともに消去します。
　　[開始仕訳]
　（出資した側）
　○貸借対照表「投資及び出資金」の「出資金」または「その他」を減額
　○貸借対照表「他団体出資等分」を増額
　（出資を受けた側）
　○純資産変動計算書「前年度末純資産残高」を減額
　　この結果，貸借対照表「他団体出資等分」が増額され，「投資及び出資金」の「出資金」または「その他」の額だけ「純資産の部」は減額されます。

イ　貸付金・借入金等の債権債務の相殺消去（残高の相殺消去）

　　連結対象団体（会計）間で資金の貸し借りを行っている場合には，貸し付けた側に「長期貸付金」または／及び「短期貸付金」が計上され，借り入れた側には「地方債等」または／及び「１年内償還予定地方債等」が計上されています。したがって，次のような相殺消去を行います。

（貸し付けた側）
○貸借対照表「長期貸付金」または／及び「短期貸付金」を減額
（借り入れた側）
○貸借対照表「地方債等」または／及び「１年内償還予定地方債等」を減額

　また，当該年度中に資金の移動がありますので，資金収支計算書においても，その資金移動額を収入側，支出側ともに消去します。

　開始仕訳
不要

ウ　補助金支出と補助金収入（取引高の相殺消去）

　　連結対象団体（会計）間で補助金の授受が行われた場合には，補助した側は，行政コスト計算書の「補助金等」に計上されています。

　　補助を受けた側は，純資産変動計算書の「国県等補助金」に計上されています。したがって，次のような相殺消去を行います。

（補助した側）
○行政コスト計算書「補助金等」を減額
（補助を受けた側）
○純資産変動計算書「国県等補助金」を減額

　なお，当該年度中に資金の移動がありますので，資金収支計算書においても，その資金移動額を収入側，支出側ともに消去します。

　開始仕訳
不要

エ　会計間の繰入れ・繰出し（取引高の相殺消去）

　会計間で繰入れ，繰出しが行われた場合には，繰出した側は，行政コスト計算書の「他会計への繰出金」に計上され，繰入れた側は，純資産変動計算書の「税収等」に計上されています。したがって，次のような相殺消去を行います。

（繰出した側）
○行政コスト計算書「他会計への繰出金」を減額
（繰入れた側）
○純資産変動計算書「税収等」を減額

　なお，当該年度中に資金の移動がありますので，資金収支計算書においても，その資金移動額を収入側，支出側ともに消去します。

　開始仕訳

不要
オ 資産購入と売却の相殺消去（取引高の相殺消去）
　連結対象団体（会計）間で資産の購入・売却が行われた場合には，売却した側で行政コスト計算書に資産売却損益が計上され，購入した側では貸借対照表に資産売却損益相当額も含めて計上されています（土地の売却を事業として行っている土地開発公社等が売却した場合は事業収益等に計上されるため除きます。）。また，両者の資金収支計算書には売買取引相当額が計上されていますので，例えば，連結対象団体（会計）間の有形固定資産の売買によって売却損益が発生した場合，次のような相殺消去を行います。
（売却した側）
○行政コスト計算書
　・売却損が生じた場合
　　「資産除売却損」（資産売却損相当額）を減額
　・売却益が生じた場合
　　「資産売却益」（資産売却益相当額）を減額
　　※　なお，土地開発公社等が売却した場合には，売却損益相当額ではなく，当該土地に係る「経常収益」の「その他」及び「物件費等」の「その他」の双方を減額
○資金収支計算書　売買取引相当額を「資産売却収入」から減額
　　※　なお，土地開発公社等が売却した場合には，「業務収入」の「その他の収入」から減額
（購入した側）
○貸借対照表
　・売却損が生じた場合
　　資産売却損相当額を「有形固定資産」に加算
　・売却益が生じた場合
　　資産売却益相当額を「有形固定資産」から減額
○資金収支計算書　　売買取引相当額を「公共施設等整備費支出」から減額
　また，償却資産に含まれる未実現損益の消去に伴う減価償却費の修正計算は省略することができます。
　　※「売買取引相当額」とは，取引価額を指します。
　　※「資産売却損益相当額」とは，売却された資産の簿価と売買取引相当額との差額を指します。売買取引金額＞資産の簿価の場合は売却益となり，その逆が売却損となります。
　　開始仕訳
（売却した側）
○純資産変動計算書

・売却損が生じた場合
　　資産売却損相当額を前年度末残高「固定資産等形成分」に増額
　この結果，貸借対照表・純資産の部「固定資産等形成分」が同額増額されます。
・売却損が生じた場合
　　資産売却損相当額を前年度末残高「固定資産等形成分」から減額
　この結果，貸借対照表・純資産の部「固定資産等形成分」が同額減額されます。
(購入した側)
○貸借対照表
　・売却損が生じた場合
　　資産売却損相当額を「有形固定資産」に加算
　・売却益が生じた場合
　　資産売却益相当額を「有形固定資産」から減額
カ　委託料の支払と受取（取引高の相殺消去）
(委託した側)
○行政コスト計算書「物件費」を減額
○資金収支計算書「物件費等支出」を減額
(受託した側)
○行政コスト計算書「経常収益」の「その他」を減額
○資金収支計算書「業務収入」の「その他の収入」を減額
　開始仕訳
不要
キ　利息の支払と受取（取引高の相殺消去）
(利息を受け取った側)
○行政コスト計算書「経常収益」の「その他」を減額
○資金収支計算書「業務収入」の「その他の収入」を減額
(利息を支払った側)
○行政コスト計算書「支払利息」を減額
○資金収支計算書「支払利息支出」を減額
　(開始仕訳)
不要

81．なお，原則としてすべての内部取引を相殺消去する必要がありますが，上記のうちアからエまでにかかる相殺消去を優先し，その他は金額的に重要なものを除いて相殺消去を行わず，今後段階的にその範囲を広げることも許容することとします。

(5)　様式第6号　内部取引調査票
　1　本調査票の配布先は，すべての連結対象法人（会計）である。
　2　本調査票は，次の相互間の内部取引を，それぞれに調査するものである。

第6章 連結財務書類の作成基準

取引先＼記入者	連結財務書類			
	単体財務書類			連結対象団体（会計）
	一般会計等		地方公営事業会計	
	一般会計	特別会計		
一般会計	－	○	○	○
特別会計	○	相互間	○	○
地方公営事業会計	○	○	相互間	○
連結対象団体（法人）	○	○	○	相互間

3 相殺取引の対象となる事項については，本文を参照されたい。
4 一般会計等側からの相殺取引額の算出は，仕訳帳又は総勘定元帳から，上記すべての相殺相手方である取引を抽出し，相殺取引対象か判断し，勘定科目別に集計して作成する。
5 本調査票回収後は，各会計の相殺取引が，それぞれ完全に対応することを相互にチェックする。
6 本調査票は，財務書類4表または3表分が必要であるが，貸借対照表の表頭のみを示す。
7 回収した本調査票の金額は，《様式第7号　相殺消去集計表》に転記し，同表で合計を求める。

内部取引調査票

記入元	例えば，A特別会計

1 貸借対照表

勘定科目 ＼ 相手先	一般会計等財務書類			全体財務書類					連結財務書類			
	一般会計	○○特別会計	合計	地方公営事業会計				合計	一部事務組合・広域連合		…	合計
				公営企業会計		その他			○○衛生施設組合	…		
				水道事業	…	収益事業	…					
資産合計												
固定資産												
有形固定資産												
土地												
立木竹												
建物												
……												

2 行政コスト計算書
3 純資産変動計算書
4 資金収支計算書

(6) <u>様式第7号　相殺消去集計表</u>
1　本表は，《様式第6号　内部取引調査票》の回収結果につき，チェック終了後，転記して集計し，連結精算表に転記するものである。
2① 　一般会計等財務書類用は，一般会計，特別会計（地方公営事業会計を除く）分を集計し，連結精算表における一般会計等財務書類の相殺消去欄に転記する。
　② 　会体財務書類用は，一般会計等，地方公営事業会計分を集計し，連結精算表における全体財務書類の相殺消去欄に転記する。
　③ 　連結財務書類用は，一般会計等，全体（一般会計等を除く），連結対象団体（会計）分を集計し，連結精算表における連結財務書類の相殺消去欄に転記する。
3　上記連結精算表への転記終了後，同表の純計額を算出する。
4　以上に基づき，様式第1号～第4号の様式に従い，一般会計等，全体及び連絡財務書類を編集する。
5　本集計票は，財務書類4表または3表分が必要であるが，貸借対照表の表頭のみを示す。

<u>様式7－1　相殺消去集計表（一般会計等財務書類用）</u>
1　貸借対照表

勘定科目 / 相手先	一般会計等財務書類		
	一般会計	○○特別会計	合計
資産合計			
固定資産			
有形固定資産			
土地			
立木竹			
建物			
……			

2 行政コスト計算書
3 純資産変動計算書
4 資金収支計算書

様式7－2　相殺消去集計表（全体財務書類用）

1　貸借対照表

勘定科目 ＼ 相手先	一般会計等財務書類		全体財務書類				総合計
	一般会計	○○特別会計	地方公営事業会計				
			公営企業会計		その他		
			水道事業	…	収益事業	…	
資産合計							
固定資産							
有形固定資産							
土地							
立木竹							
建物							
……							

2　行政コスト計算書
3　純資産変動計算書
4　資金収支計算書

様式7－3　相殺消去集計表（連結財務書類用）

1　貸借対照表

勘定科目 ＼ 相手先	一般会計等財務書類		全体財務書類				連結財務書類			総合計
	一般会計	○○特別会計	地方公営事業会計				一部事務組合・広域連合		…	
			公営企業会計		その他		○○衛生施設組合	…		
			水道事業	…	収益事業	…				
資産合計										
固定資産										
有形固定資産										
土地										
立木竹										
建物										
……										

2　行政コスト計算書
3　純資産変動計算書
4　資金収支計算書

(7) 2．読替方針の解説
【株式会社BS】

項目	読替方針
1．流動資産	①売掛金については，流動資産の「未収金」に読み替える。
	②受取手形，有価証券，前払費用，繰延税金資産，その他流動資産については，流動資産の「その他」に読み替える。
2．有形固定資産 (1) 有形固定資産	①株式会社の固定資産については，インフラ資産に該当するケースは少ないと思われるため，原則として「事業用資産」に読み替える。
	②機械装置，車両運搬具及び工具器具備品は，「物品」に読み替える。
	③②以外のその他有形固定資産については，該当するものがあれば「船舶」，「浮標等」及び「航空機」に，それ以外は「その他」に読み替える。
	④間接控除方式の減損損失累計額がある場合は，各減価償却累計額の下に減損損失累計額を設ける。
(2) 無形固定資産	①ソフトウェアは無形固定資産の「ソフトウェア」に読み替える。
	②のれんは，株式会社の単体貸借対照表上も生じうる科目であるが，もしある場合，無形固定資産の「その他」に読み替える。
	③それ以外の無形固定資産については，無形固定資産の「その他」に読み替える。
(3) 投資その他の資産	①投資有価証券については，投資その他の資産の「有価証券」に読み替える。
	②関係会社株式については，原則として投資その他の資産の「有価証券」に読み替える。ただし，重要な子会社株式等で公有財産として管理されている出資等に準ずるものについては，投資その他の資産の「出資金」に読み替える。
3．繰延資産	①社債発行費については，「繰延資産」に読み替える。
4．流動負債	①賞与引当金については，流動負債の「賞与等引当金」に読み替える。
5．固定負債	①社債，長期借入金については，「地方債等」に読み替える。
	②固定負債のリース債務については，固定負債の「その他」に読み替える。
	③その他に長期未払金が含まれる場合には，該当分を固定負債の「長期未払金」に読み替える。
6～8	①株主資本，評価・換算差額等，新株予約権については，直接貸借対照表への読替えは行わない。純資産は貸借対照表からの読替えとはせず，純資産変動計算書を経由して純資産の各項目の残高を算定する。

第6章 連結財務書類の作成基準　169

【株式会社PL】

項目	読替方針
1．売上高	①売上は，全て経常収益の「その他」に読み替える。
2．売上原価	①売上原価は，その明細がわかる場合には科目の性質に応じて，人件費，物件費等，その他の業務費用の適宜の科目に読み替える。明細が不明の場合は一括して物件費等の「その他」に読み替える。
	②売上原価に含まれる減価償却費がある場合，物件費等の「減価償却費」に読み替える。
3．販売費及び一般管理費	①販売費及び一般管理費は，科目の性質に応じて，人件費，物件費等，その他の業務費用の適宜の科目に読み替える。詳細が不明の場合や総額に重要性がない等の場合は，一括してその他の業務費用の「その他」に読み替える。
	②販売費及び一般管理費に含まれる減価償却費がある場合，物件費等の「減価償却費」に読み替える。
4．営業外収益	①受取利息及び配当金，その他の営業外収益については，経常収益の「その他」に読み替える。
5．営業外費用	①支払利息については，その他の業務費用の「支払利息」に読み替える。
	②その他の営業外費用については，その他の業務費用の「その他」に読み替える。
6．特別利益	①固定資産売却益については，臨時利益の「資産売却益」に読み替える。
	②その他特別利益については，臨時利益の「その他」に読み替える。
7．特別損失	①固定資産売却損については，臨時損失の「資産除売却損」に読み替える。
	②減損損失については，臨時損失の「その他」に読み替える。
	③その他特別損失については，臨時損失の「その他」に読み替える。
	④その他に損失補償等引当金繰入額が含まれる場合には，該当分を損失補償等引当金繰入額に読み替える。

【株式会社NW】

項目	読替方針
1．全般	①剰余金の資本組入れ等，純資産内部の計数変動については，特に処理は行わない。
	②自己株式の消却についても，特に処理は行わない。
2．財源	①損益計算書より国県等からの補助金を特定し，「国県等補助金」に計上する。なお，行政コスト計算書への計上と二重計上とならないように留意する。

3．有形固定資産等の増加・減少	①「有形固定資産等の増加」については，有形固定資産及び無形固定資産の明細より集計する。	
	②「有形固定資産等の減少」については，有形固定資産及び無形固定資産の明細より集計する。	
4．貸付金・基金等の増加・減少	①「貸付金・基金等の増加」については，貸付金及び基金等の当年度増額を記載する。	
	②「貸付金・基金等の減少」については，貸付金及び基金等の当年度減少額を記載する。	
5．資産評価差額	①株主資本変動計算書の，その他有価証券評価差額金の事業年度中の変動額合計を「資産評価差額」に計上する。	
6．無償所管換等	①固定資産等について，無償で譲渡または取得した固定資産がある場合は，これにかかる固定資産売却損または譲受益（その他の特別利益）の額を記載する。なお，行政コスト計算書への計上と二重計上とならないように留意する。	
7．その他	①新株発行等資本金等の純資産が増加する場合には「その他」に読み替える。その他記載すべきものがある場合には，「その他」に計上する。	

【株式会社CF】

項目	読替方針
1．営業活動によるキャッシュ・フロー	①人件費支出は，行政コスト計算書の人件費を基礎とし，前払，未払の調整等をして，金額の集計を行う。
	②物件費等支出は，行政コスト計算書の物件費等を基礎とし，前払，未払・買掛金の調整，減価償却費の加味，在庫の調整等をした上で，金額の集計を行う。
	③支払利息支出は，行政コスト計算書の支払利息を基礎とし，金額の集計を行う。
	④その他の支出は，行政コスト計算書のその他の業務費用を基礎とし，前払，未払の調整等をして，金額の集計を行う。
	⑤業務収入は，損益計算書の経常収益を基礎とし，売掛金の調整等をして，金額の集計を行う。
2．投資活動によるキャッシュ・フロー	①投資活動に記載される有価証券，固定資産，投資有価証券，貸付金につき，それぞれの項目毎に転記する。

3．財務活動によるキャッシュ・フロー	①財務活動に記載される社債，株式発行の内容を，財務活動収支に転記する。 ②剰余金の配当，自己株式の取得については，「その他の支出」とする。	
4．現金及び現金同等物に係る換算差額	①現金及び現金同等物に係る換算差額のプラスまたはマイナスがある場合は，業務収入の「その他の収入」または業務費用支出の「その他の支出」で調整する。	

【注】当該株式会社がCFを作成していない場合は，有形固定資産明細表などを参照して作成します。

第7章

今後の実務上の課題と活用の方向性

第1節　実務上の課題と対応

　新たな地方公会計基準導入のため，①下記課題，②国際公会計基準の動向，③国の公会計基準等に十分留意し，より詳細な実務レベルの適用が必要とされるとした。

1．開示等にあたってのわかりやすい表示等

　① 実務に携わる職員や財務情報利用関係者の理解促進を図るため，分かり易い財務情報開示，団体の実状に応じ創意工夫が必要である。
　② 関係者の利活用・政策形成への有効な活用に資するために，容易に有用な財務情報の入手，情報の正確性確保の工夫が不可欠である。
　③ より有用でわかりやすい情報を提供するために，財務書類以外の財務情報の開示（将来財務情報や行政サービスの提供内容等）の検討が必要とされた。

2．財政の効率化・適正化に向けた財務書類の活用

　① 他団体との比較，各団体の経年比較等の財務状況分析，住民や議会等に対する財務状況の説明等の活用が喫緊の課題とされた。
　② 将来世代と現世代の負担公平性の情報，事業別情報その前提として作

成・公表の早期化が必要である。
③ 行政評価や予算編成，施設老朽化対策等，住民・議会への財務書類説明を含めPDCAサイクルにつなげることが必要とされた。

3．地方公会計の整備促進に貢献する人材の育成・教育

職員等の人材育成・継続的な教育が必要と同時に，団体内部の会計処理体制の充実・強化を図ることが必要であるとされた。

4．地方公共団体における事務負担等

現行の財務書類の作成方式からの表示の組替方法の提示等が必要であり，これらの手続を示すこととされた。また小規模団体の体制確保・コストの負担等を工夫・配慮することとされた。

5．システム整備

既存公有財産台帳システムや道路台帳システム等と連携させ，各種の財産台帳等と，固定資産台帳間の共通情報の一括入力など一元化したシステムの整備を目指すこととされた。そのために既存公有財産台帳システム等を改修し固定資産台帳も作成する。

また複式仕訳を導入し，財務会計システムや公債管理システム等から情報を取得し，複式仕訳に変換するシステムを整備する。この場合は，クラウドの活用等，更なる効率化の手法を検討することとされた。

6．支援の方法

〔図表Ⅰ-7-1〕のとおりである。

第7章　今後の実務上の課題と活用の方向性

〔図表Ⅰ-7-1〕**統一的な基準による地方公会計の整備に係る支援**

> 原則として平成27年度から平成29年度までの3年間で統一的な基準による財務書類等を作成するよう平成27年1月に全ての地方公共団体に要請したところであるが，地方公共団体の事務負担や経費負担を軽減するため，以下のような支援策を講じることとしている。

(1) マニュアルの公表
　統一的な基準による財務書類の作成手順や固定資産台帳の整備手順，事業別・施設別のセグメント分析をはじめとする財務書類の活用方法等を内容とする「統一的な基準による地方公会計マニュアル」を平成27年1月に公表
　➡　具体的なマニュアルの公表によって統一的な基準による財務書類の作成等を促進

(2) システムの提供
　統一的な基準による地方公会計の整備に係る標準的なソフトウェアを開発し，平成27年度に地方公共団体に無償で提供する予定
　➡　システム整備の経費負担を軽減するとともに，財務書類作成作業の効率化にも寄与（相当部分が自動仕訳化）

(3) 財政支援
　固定資産台帳の整備のための資産評価・データ登録等に要する経費について特別交付税措置（平成26～29年度）
　※詳細は以下「統一的な基準による地方公会計整備に係る特別交付税措置」を参照
　➡　特別交付税措置を講じることで地方公共団体の経費負担を軽減

(4) 人材育成支援
　自治大学校，市町村アカデミー（JAMP），全国市町村国際文化研修所（JIAM）等を活用して，財務書類の活用方法も含めた自治体職員向けの研修を実施する予定
　➡　単に財務書類作成のための知識だけでなく，予算編成への活用等に関するノウハウも普及

(出所：平成27年1月総務省資料（Q&A集））

　〔図表Ⅰ-7-1〕中の(3)の特別交付税措置は〔図表Ⅰ-7-2〕のとおりである。

〔図表Ⅰ-7-2〕統一的な基準による地方公会計の整備に係る特別交付税措置

(1) 趣旨
　平成29年度までに統一的な基準による地方公会計を整備してもらうため，総務大臣通知（平成26年5月23日付け）において，固定資産台帳の整備等を地方公共団体に要請しているところであるが，特別交付税措置を講じることで地方公共団体の経費負担を軽減し，統一的な基準による地方公会計の整備促進を図る。

(2) 対象期間
　平成26年度から平成29年度まで（4年間）

(3) 対象経費
・固定資産台帳の整備に要する経費
　資産の評価及びデータ登録に要する経費（更新管理に要する経費を除く）
・専門家の招へい・職員研修に要する経費
　財務書類等の作成に必要なコンサルティング等に要する経費
　※1　地方公会計の統一的な基準の導入に係るものに限る。
　※2　一部事務組合等については，固定資産台帳の整備に要する経費に資産の棚卸しに要する経費も含む。（都道府県及び市町村については，既に普通交付税の包括算定経費（平成20～24年度）において措置済み）
　※3　地方公会計システムの導入・改修に要する経費については，平成27年度以降の対象経費とすることを検討。

(出所：平成27年1月総務省資料（Q&A集））

7．ロードマップと公表資料

　ロードマップは〔図表Ⅰ-7-3〕のとおりである。
　適用すべき地方公会計統一基準の公表資料は，〔図表Ⅰ-7-4〕のとおりである。

〔図表Ⅰ-7-3〕今後の地方公会計の整備促進

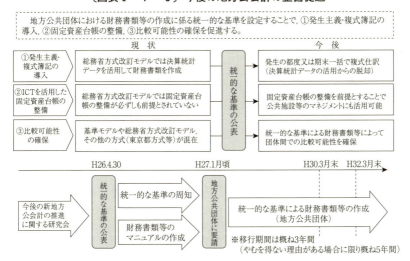

(出所:平成26年4月総務省資料(今後の新地方公会計の推進に関する研究会報告書(概要)))

〔図表Ⅰ-7-4〕平成27年1月23日総務省公表資料一覧

① 総務大臣通知
「統一的な基準による地方公会計の整備促進」
② 自治財務局長通知
「統一的な基準による地方公会計マニュアルについて」
③ 財務書類作成要領
④ 資産評価及び固定資産台帳整備の手引き
⑤ 連結財務書類作成の手引き
⑥ 財務書類等活用の手引き
⑦ Q&A集

第2節　財務書類の活用

活用の方向性についてマニュアルでは，次のように示されている。

1. 行政内部での活用（マネジメント目的）

(1) マクロ的視点の活用

① 財政指標の設定

　公共施設等の老朽化対策が大きな課題となっているが，決算統計や地方財政健全化法における既存の財政指標では，資産の老朽化度合いまでを把握することはできない。貸借対照表を作成することで，有形固定資産のうち償却資産の取得価額等に対する減価償却累計額の割合を算出し，資産老朽化比率として把握することができる。資産老朽化比率を算出することにより，団体の資産全体としての老朽化度合いを把握することができ，施設類型別や個別施設ごとの資産老朽化比率を算出することにより，老朽化対策の優先順位を検討する際の参考資料の一つとすることができ，予算編成につなげることも期待できる。（→事例１）

　住民一人当たり資産額や歳入額対資産比率といった資産形成度に係る指標を設定し，資産の適正規模等も含めた幅広い検討を行うことができる。また，世代間公平性や持続可能性（健全性），効率性，弾力性，自律性に係る指標を設定することによって，多角的な視点の分析が可能となる。さらに，決算統計や地方財政健全化法における既存の財政指標等も組み合わせて，例えば，将来負担比率が低くても資産老朽化比率が高ければ，老朽化対策の先送りという将来負担が潜在している可能性など，総合的な分析を行うことができる。（→事例２）

② 適切な資産管理

　固定資産台帳には公共施設等の耐用年数や取得価額等が記載されており，将来の施設更新必要額を推計することができる。このように，公共施設等の老朽化対策や将来の施設更新必要額という数値データで「見える化」することにより，庁内，住民や議会も巻き込んで課題を共有することができる。また，公共施設等総合管理計画の充実・精緻化に活用することで，公共施設等の更新時期の平準化や総量抑制等の適切な更新・統廃合・長寿命化を行うことにもつながる。なお，将来の施設更新必要額は，法定耐用年数等に基づくものであるため，個々の公共施設等の老朽化対策に当たっては，実際の損耗

状態,過去の修繕履歴等を踏まえる必要がある。(→事例3)

また,未収債権も,地方税,介護保険料,公営住宅使用料,給食費といった債権の種類ごとに担当課が分かれる中で,全庁的な組織体制の検討など,債権徴収に係る一層の合理化・効率化が求められる。貸借対照表を作成することで,徴収不能引当金控除後の債権額全体が明らかになるため,未収債権の徴収体制の強化の必要性が認識され,全庁的な組織体制の検討につながる。(→事例4)

(2) ミクロ的視点の活用（セグメント分析）

① 予算編成への活用

財務書類等を管理会計的なマネジメント・ツールとして予算編成に積極的に活用し,限られた財源を「賢く使うこと」は極めて重要である。施設の統廃合,受益者負担の適正化,行政評価との連携についても,予算編成への活用につなげ,その他にも,施設建設に係る予算編成過程において,建設費用だけでなくランニングコストも踏まえた議論を行い,施設別行政コスト計算書を試算して審査資料として活用したり,直営の場合と民間委託の場合でそれぞれ試算した事業別・施設別の行政コスト計算書等を比較して民間委託の検討に活用したりすることができます。また,初年度にはある程度のコストが掛かるものの,中長期的にはコストの縮減につながることが施設別行政コスト計算書等の試算によって「見える化」するものについて,首長等が,通常の予算要求枠とは別途の予算要求特別枠を設定し,財務書類等を予算編成に活用するという意識を醸成していく。(→事例5)

② 施設の統廃合

公共施設等総合管理計画の具体的な個別施設の統廃合を検討するに当たっては,施設別の行政コスト計算書等を作成してセグメント分析を実施することが有効である。施設別の行政コスト計算書等により,利用者一人当たりのコストを把握することができ,例えば,データを並列することにより,どの施設が高コストなのかが一目瞭然となる。もっとも,施設の統廃合に当たっては,このようなコスト情報だけでなく,施設別コスト情報の「見える化」を契機として,統廃合に向けた議論が広く住民や議会を巻き込んだ形でなされることが期待される。なお,公共施設等の統廃合の検討に当たっては,

GIS（地理情報システム）を活用して，エリアマーケティングの考え方を用いた分析を行うことも考えられる。（→事例6）

③　受益者負担の適正化

使用料・手数料等は，当該施設の維持管理費や減価償却費・当該サービスに要する経費等を基礎として算出されるべきものですが，行政コスト計算書を活用して使用料・手数料等の改定につなげることもできる。具体的には，事業別・施設別の行政コスト計算書を作成することで，減価償却費や退職手当引当金等も含めたフルコストで利用者一人当たりのコストを算出し，当該データを使用料・手数料等の改定の基礎データとすることができる。受益者負担割合は，施設やサービス等の性質によって異なるべきものであるから，施設やサービス等の類型ごとに受益者負担割合を設定することも考えられる。（→事例7）

④　行政評価との連携

行政コスト計算書は，フルコストを計上するものであり，事業別・施設別の行政コスト計算書等を行政評価と連携させることにより，フルコスト情報に基づいたより精緻な行政評価が可能となる。なお，行政評価については，評価結果を予算編成に結び付けることが重要であり，最初から全ての行政コスト計算書等を網羅的に作成するのではなく，段階的に対象範囲を拡大していくといった工夫も有効である。（→事例8）

⑤　人件費等の按分基準の設定

①から④までのようなセグメント分析を行うに当たっては，人件費や減価償却費，地方債利子等を各事務事業に適切に按分することで，より正確なコストによる精緻なセグメント分析を行うことができる。

ただし，按分をあまりにも精緻に行うことにより，過度の事務負担もあり，セグメント分析の趣旨・目的に照らしながら，一定程度の事務作業の簡素化に努めることも重要です。（→事例9）

2．行政外部での活用（アカウンタビリティの履行目的）

(1)　住民への公表や地方議会での活用

財務書類を公表するに当たって，最も重要な点は，財務書類の利用者にとっ

て「理解可能なものであること」である。地方公会計による開示情報の受け手は，地方財政や会計に関する一定の知見を有するとは限らないため，企業会計における投資家や債権者等のような理解可能性を前提とすることができません。まず，財務書類はわかりやすく公表することが重要であり，前述の財務指標の設定や適切な資産管理，セグメント分析を情報開示にも活用し，財務書類そのものについても，要約した上でわかりやすい説明を加えるといった工夫が考えられる。

また，地方公共団体の財務状況に関する説明責任は，住民とともに議会に対しても果たさなければなりません。現行制度においては，地方公共団体の長は，歳入歳出決算を議会の認定に付する際，当該決算に係る財務書類についても，決算を認定する議会に併せて提出することが考えられる。これにより，議会における審議を深めることができ，議会審議の活性化につながる。（→事例10）

(2) 地方債 IR への活用

地方債の借入先については，市場公募債と銀行等引受債の発行割合が増加し，資金調達手段の多様化が進んでいる。市場公募債については，積極的に IR 説明会が実施されている。財務書類を，発行団体は，これを IR 説明会の基礎資料として活用することで，地方債の信用力の維持・強化を図ることが期待される。（→事例11）

(3) PPP／PFI の提案募集

財政負担を極力抑えつつ公共施設等の効果的かつ効率的な整備・運営のためには，民間の資金・ノウハウを活用した PPP／PFI の導入も有効な選択肢の一つである。セグメント分析を活用した予算編成や行政評価等によって PPP／PFI の導入が進んでいくことが考えられ，固定資産台帳を公表することが PPP／PFI に関する民間事業者からの積極的な提案につなげていくことも期待される。なお，PPP／PFI に関する民間事業者からの提案が積極的になされるためには，固定資産台帳に利用状況やランニングコストといった記載項目の追加を検討することも重要であり，関連分野の地域企業を地域金融機関が積極的にコーディネートしていくことも期待される。（→参考事例）

3. 財務書類分析の視点

財務書類の分析の方法について下記の視点を13に要約して〔図表Ⅰ－7－5〕のとおりである。

具体的な比率は下記のように示されている。

(1) 資産形成度

資産形成度は,「将来世代に残る資産はどのくらいあるか」といった住民等の関心に基づくものである。資産に関する情報は,地方公共団体の保有する資

〔図表Ⅰ－7－5〕財務書類分析の視点,

分析の視点	住民等のニーズ	指標
資産形成度	将来世代に残る資産はどのくらいあるか	▶住民一人当たり資産額 ▶有形固定資産の行政目的別割合 ▶歳入額対資産比率 ▶資産老朽化比率
世代間公平性	将来世代と現世代との負担の分担は適切か	▶純資産比率 ▶社会資本等形成の世代間負担比率 （将来世代負担比率） 〔関係指標〕将来負担比率
持続可能性 （健全性）	財政に持続可能性があるか （どのくらい借金があるか）	▶住民一人当たり負債額 ▶基礎的財政収支 ▶債務償還可能年数 〔関係指標〕健全比判断比率
効率性	行政サービスは効率的に提供されているか	▶住民一人当たり行政コスト ▶性質別・行政目的別行政コスト
弾力性	資産形成を行う余裕はどのくらいあるか	▶行政コスト対税収等比率 〔関係指標〕経常収支比率 　　　　　　実質公債費比率
自律性	歳入はどのくらい税金等でまかなわれているか （受益者負担の水準はどうなっているか）	▶受益者負担の割合 〔関係指標〕財政力指数

(出所：平成27年1月総務省資料（財務書類等活用の手引き））

産の価値に関する情報を得ることはできない。また，決算統計では，財政指標が既にあるが，いずれも資産形成度を表す指標ではないため，資産形成度に関する指標は財務書類を作成することによって初めて得られるものです。

貸借対照表は，資産の部において地方公共団体の保有する資産のストック情報を一覧表示しており，これを住民一人当たり資産額や有形固定資産の行政目的別割合，歳入額対資産比率，資産老朽化比率といった指標を用いてさらに分析することにより，住民等に対して新たな情報を提供することができる。

① 「住民一人当たり資産額」

　資産額を住民基本台帳人口で除して住民一人当たり資産額とし，わかりやすい情報となり，他団体との比較が容易になる。

② 「有形固定資産の行政目的別割合」

　有形固定資産の行政目的別（生活インフラ・国土保全，福祉，教育等）の割合を算出し，行政分野ごとの社会資本形成の比重の把握が可能となり，経年比較し行政分野ごとに社会資本がどのように形成されてきたかを把握することができ，また，類似団体との比較により資産形成の特徴を把握し，今後の資産整備の方向性を検討するのに役立てることができる。

③ 「歳入額対資産比率」

　当該年度の歳入総額に対する資産の比率を算出し，形成されたストックとしての資産が，歳入の何年分に相当するかを表し，資産形成の度合いを測ることができる。

④ 「資産老朽化比率」

　有形固定資産のうち，償却資産の取得価額等に対する減価償却累計額の割合を算出し，耐用年数に対して取得からどの程度経過しているのかを把握することができる。さらに，固定資産台帳等を活用し，行政目的別や施設別の資産老朽化比率も算出することができる。

$$資産老朽化比率 = \frac{減価償却累計額}{償却資産帳簿価額 + 減価償却累計額}$$

(2) 世代間公平性

世代間公平性は，「将来世代と現世代との負担の分担は適切か」であり，これは，貸借対照表上の資産，負債及び純資産の対比によって明らかにされる。

世代間公平性を表す指標としては，地方財政健全化法における将来負担比率があり，貸借対照表は，将来世代と現世代までの負担のバランスが適切に保たれているのか，どのように推移しているのかを把握することを可能にするものであり，純資産比率や社会資本等形成の世代間負担比率（将来世代負担比率）が分析指標として挙げられる。ただし，将来世代の負担となる地方債の発行については，原則として将来にわたって受益の及ぶ施設の建設等の資産形成に充てることができるものであり（建設公債主義），その償還年限も，当該地方債を財源として建設した公共施設等の耐用年数を超えないこととされている（地方財政法第5条及び第5条の2）。したがって，受益と負担のバランスや地方公共団体の財政規律が一定程度確保されるように既に制度設計されていることにも留意しておく必要がある。なお，地方債には，その償還金に対して地方交付税措置が講じられているものがあるため，この点にも留意が必要である。

⑤ 「純資産比率」

地方債の発行を通じて，将来世代と現世代の負担の配分を行うが，純資産の変動は，将来世代と現世代との間で負担の割合が変動したことを意味する。例えば，純資産の減少は，現世代が将来世代にとっても利用可能であった資源を費消して便益を享受する一方で，将来世代に負担が先送りされたことを意味し，逆に，純資産の増加は，現世代が自らの負担によって将来世代も利用可能な資源を蓄積したことを意味すると捉えることもできる。ただし，純資産は固定資産等形成分及び余剰分（不足分）に分類されるため，その内訳にも留意する必要がある。

⑥ 「社会資本等形成の世代間負担比率（将来世代負担比率）」

社会資本等について将来の償還等が必要な負債による形成割合（公共資産等形成充当負債の割合）を算出することにより，社会資本等形成に係る将来世代の負担の比重を把握することができる。

(3) 持続可能性（健全性）

持続可能性（健全性）は，「財政に持続可能性があるか（どのくらい借金があるか）」という住民等の関心に基づくものであり，これに対しては，第一に，地方財政健全化法の健全化判断比率（実質赤字比率，連結実質赤字比率，実質公債費比率及び将来負担比率）による分析が行われるが，これに加えて財務書

類も有用な情報を提供することができる。負債に関する情報については，現行も，債務負担行為額及び地方債現在高についてそれぞれ調書が添付されているが，貸借対照表では，この他に退職手当引当金や未払金など，発生主義により全ての負債を捉えることになる。財政の持続可能性の指標は，住民一人当たり負債額，基礎的財政収支（プライマリーバランス）や債務償還可能年数が挙げられる。

⑦　「住民一人当たり負債額」

　負債額を住民基本台帳人口で除して住民一人当たり負債額とすることにより，住民にとってわかりやすい情報となるとともに，他団体との比較が容易となる。

⑧　「基礎的財政収支（プライマリーバランス）」

　資金収支計算書上の業務活動収支（支払利息支出を除く。）及び投資活動収支の合算額を算出することにより，地方債等の元利償還額を除いた歳出と，地方債等発行収入を除いた歳入のバランスを示す指標となり，バランスが均衡している場合は，経済成長率が長期金利を下回らない限り経済規模に対する地方債等の比率は増加せず，持続可能な財政運営であるといえる。なお，基礎的財政収支については，地方の場合は国とは異なって，建設公債主義等がより厳密に適用されており，自己判断で赤字公債に依存することができないため，国と地方で基礎的財政収支を一概に比較すべきでないことにも留意する必要がある。

⑨　「債務償還可能年数」

　実質債務（地方債残高等から充当可能基金等を控除した実質的な債務）が償還財源上限額（資金収支計算書における業務活動収支の黒字分（臨時収支分を除く。））の何年分あるかを示す指標で，債務償還能力は，債務償還可能年数が短いほど高く，債務償還可能年数が長いほど低いといえる。債務償還可能年数は，償還財源上限額を全て債務の償還に充当した場合に，何年で現在の債務を償還できるかを表す理論値であるが，債務の償還原資を経常的な業務活動からどれだけ確保できているかということは，債務償還能力を把握する上で重要な視点の一つである。

$$債務償還可能年数 = \frac{将来負担額 - 充当可能基金残高}{業務収入等 - 業務支出}$$

(4) 効率性

　効率性は,「行政サービスは効率的に提供されているか」といった住民等の関心に基づくもので,地方自治法においても,「最少の経費で最大の効果を挙げるようにしなければならない」とされており（同法第2条第14項),財政の持続可能性と並んで住民の関心が高い視点である。行政の効率性については,行政評価において個別に分析が行われているが,行政コスト計算書は地方公共団体の行政活動に係る人件費や物件費等の費用を発生主義に基づきフルコストとして表示するもので,行財政の効率化を目指す際に不可欠な情報を一括して提供するものである。行政コスト計算書においては,住民一人当たり行政コストや性質別・行政目的別行政コストといった指標を用い,効率性の度合いを定量的に測定することが可能となる。

⑩　「住民一人当たり行政コスト」

　行政コストを住民基本台帳人口で除して住民一人当たり行政コストとすることにより,効率性を測定することができ,類似団体と比較し,効率性の度合いを評価することができる。なお,住民一人当たり行政コストは,類似団体と比較すべきことに留意する必要がある。

⑪　「性質別・行政目的別行政コスト」

　行政コスト計算書では,性質別（人件費,物件費等）の行政コストが計上されており,また,附属明細書では,行政目的別（生活インフラ・国土保全,福祉,教育等）の行政コストが計上されており,経年比較することにより,行政コストの増減項目の分析が可能となる。性質別・行政目的別行政コストを住民基本台帳人口で除して住民一人当たり性質別・行政目的別行政コストとすることにより,効率性を測定することができ,この指標を類似団体と比較することで,効率性の評価が可能となる。

(5) 弾力性

　弾力性は,「資産形成等を行う余裕はどのくらいあるか」といった住民等の関心に基づくものであり,一般に,経常収支比率（経常経費充当一般財源の経常一般財源総額に占める比率）等が用いられるが,財務書類においても,弾力

性の分析が可能である。すなわち，純資産変動計算書において，地方公共団体の資産形成を伴わない行政活動に係る行政コストに対して地方税，地方交付税等の当該年度の一般財源等がどれだけ充当されているか（行政コスト対税収等比率）を示すことができ，これは，当該団体がインフラ資産の形成や施設の建設といった資産形成を行う財源的余裕度がどれだけあるかを示すものといえる。

⑫ 「行政コスト対税収等比率」

　税収等の一般財源等に対する行政コストの比率を算出することで，当該年度の税収等のうち，どれだけが資産形成を伴わない行政コストに費消されたのかを把握することができる。この比率が100％に近づくほど資産形成の余裕度が低いといえ，さらに100％を上回ると，過去から蓄積した資産が取り崩されたことを表す。

(6) 自律性

自律性は，「歳入はどのくらい税収等で賄われているか（受益者負担の水準）」といった住民等の関心に基づくものであり，財政構造の自律性に関するものであり，決算統計における歳入内訳や財政力指数が関連するが，財務書類，行政コスト計算書において使用料・手数料などの受益者負担の割合を算出することが可能であるため，受益者負担水準の適正さの判断指標として用いることができる。

⑬ 「受益者負担の割合」

　経常収益は，使用料・手数料など行政サービスに係る受益者負担の金額であり，経常費用と比較することにより，受益者負担の割合を算出することができる。受益者負担の割合を経年比較や，類似団体比較し，受益者負担の特徴を把握することができる。また，事業別・施設別に算出することで，受益者負担の割合を詳細に分析することもできる。

⑭ 指標の組合せによる分析（「地方財政の健全化及び地方債制度の見直しに関する研究会報告書」）

　　財政指標を縦軸と横軸で明示的に組み合わせて分析することにより，より総合的な財政分析を行うことが期待される。

　ａ）将来負担比率と資産老朽化比率の組合せ

　　　これにより公共施設等の除却や更新といった必要な老朽化対策が着実

に推進されることが期待される。
　b）将来負担比率と実質公債比率の組合せ
　　これにより健全化法上のフローとストックの両面から将来負担を把握することができる。
⑮　既存指標の分析・活用の促進（「地方財政の健全化及び地方債制度の見直しに関する研究会報告書」）
　これには次の2つの視点がある。
　a）経常収支比率の分析・活用
　b）財政状況資料集等の分析・活用

4．財務書類の活用方策

活用方法の例示は〔図表Ⅰ-7-6〕のとおり, 12ケースで示している。
マニュアルに示されている活用方法は,〔図表Ⅰ-7-7〕～〔図表Ⅰ-7-18〕に示されている。

〔図表Ⅰ-7-6〕財務書類の活用方策

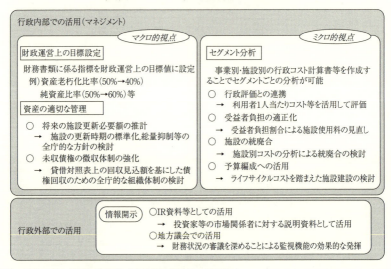

（出所：平成27年1月総務省資料（財務書類等活用の手引き））

〔図表Ⅰ－7－7〕新地方公会計の活用事例（その1；財政指標の設定（資産老朽化比率））

【事例】資産老朽化比率の公共施設等マネジメントへの活用

背景・目的
○ 市全体の老朽化比率だけでなく，施設類型別の老朽化比率を把握することで，公共施設等のマネジメントに活用する。

事例概要
○ 有形固定資産のうち，償却資産の取得価格に対する減価償却累計額の割合を計算することにより，耐用年数に対して資産の取得からどの程度経過しているのかを全体として把握することができる。
○ 市全体の資産老朽化比率は43.3％であるが，小学校は38.1％，市立保育園は52.4％となっており，市立保育園の老朽化比率が高くなっている。

効果等
○ 当該老朽化比率や実際の損耗状況等も踏まえつつ，公共施設等総合管理計画の策定を進めていくこととしている。
○ 公共施設等の老朽化対策の優先度を踏まえたメリハリのある予算編成につなげることも期待される。

〔図表Ⅰ－7－8〕新地方公会計の活用事例（その2；財務指標の設定）

【事例】各種財政指標による類似団体比較

背景・目的
○ 発生主義・複式簿記に基づく財務書類の作成によって把握可能となる各種財政指標を住民に示す必要がある。
○ 当該団体の各種財政指標を類似団体の各種財政指標と併せて示すことで，住民にとってわかりやすい情報開示を行う。

事例概要
○ 市民一人当たり資産額，歳入額対資産比率等の各種財政指標について，他の政令指定都市（基準モデル）の各種財政指標と比較して表示
○ 浜松市の財政指標（例）
　✓市民一人当たり資産額（2,459千円）
　　→ 他の4市の平均値と概ね同じレベルである。
　✓歳入額対資産比率（6.8年）
　　→ 他の4市の平均値と比べて高くなっており，その分，資産の維持管理コストが必要になる。
　✓市民一人当たり負債額（415千円）
　　→ 他の4市の平均値と比べて低くなっている。
➡ 各種財政指標は概ね問題ないレベルであるが，「歳入額対資産比率」が他の4市を上回っていることから，今後，資産の過半を占めるインフラ資産のあり方等を検討する必要がある。

効果等
○ 各種財政指標を用いて類似団体との比較をすることで，自市の財政状況をわかりやすく住民へ説明することができた。
○ 資産規模が比較的過大であるという可能性を踏まえ，公共施設等総合管理計画の策定過程で議論を深めることとなった。

〔図表Ⅰ-7-9〕新地方公会計の活用事例（その3；適切な資産管理（将来の施設更新必要額の推計））

【事例】将来の施設更新必要額の推計

背景・目的
- 国・地方公共団体共通の課題として，インフラを含む公共施設等の老朽化対策がある。
- 当該課題を数値として把握するために，将来の施設更新必要額のシミュレーションをすることとした。

事例概要
- 財務書類を作成するために整備した固定資産台帳のデータを活用し，次の①・②を前提条件として，将来の施設更新必要額を推計した。
  ①全ての施設を再調達価額で更新する。
  ②耐用年数終了時に施設の更新を行う。
- 時期によって施設更新必要額にバラツキがあり，また，全体として施設更新に相当なコストが必要なことが判明した。
- 施設の更新時期の平準化や総量抑制等を図るため，適切な更新・統廃合・長寿命化を実施することが必要である。

効果等
- 公共施設等の老朽化対策という課題を「見える化」することにより，庁内で問題意識を共有することができた。
- 当該推計結果等も活用しつつ，公共施設等総合管理計画の策定を進めていくこととしている。

〔図表Ⅰ-7-10〕新地方公会計の活用事例(その4;適切な資産管理(未収債権の徴収体制の強化))

【事例】未収債権の徴収体制の強化
背景・目的
○ 未収債権の種類毎に担当課が分かれる中で,全庁統一的な基準による徴収手続きが実施されていなかった。 ○ 貸借対照表で市全体の債権額が改めて明らかとなり,未収債権の徴収体制の強化の必要性が認識されるようになった。
事例概要
○ 貸借対照表で市全体の債権額が改めて明らかとなり,未収債権の徴収体制の強化が行われた。
効果等
○ 貸借対照表によって市全体の債権額が「見える化」されたことを契機として,未収債権の徴収体制が強化された。 ○ 貸倒引当金が財務書類に記載されることで,控除後の債権額が最低徴収目標となり,職員の取組意識が向上している。

〔図表Ⅰ-7-11〕新地方公会計の活用事例（その5；セグメント分析（予算編成への活用））

【事例】 予算要求特別枠の創設

背景・目的
- 公共施設等の老朽化が喫緊の課題とされる一方で，厳しい財政状況の下，予算要求枠が制限されているため，思い切った老朽化対策を講じることができていなかった。
- また，財務書類については，作成・公表するだけに留まっており，予算編成への活用が十分に図られていなかった。

事例概要
- 財務書類を活用して中長期的なコスト減につながる事業については，通常の予算要求枠とは別途，知事特別枠として「予算要求特別枠」を設定した。
- 当該特別枠に係る予算要求については，審査資料として施設別の行政コスト計算書等を提出してもらうこととした。
- 各部局からは，当該特別枠を活用して，以下のような予算要求が行われた。
  - ✓老朽化した小規模警察署の統合整備
  - ✓県立高校の照明器具のまるごとLED化等

効果等
- 照明のLED化や施設の統合整備等，限られた財源を「賢く使うこと」により，中長期的なコストの縮減につながった。
- 予算要求特別枠を創設することにより，財務書類を予算編成に積極的に活用するという意識の醸成が図られた。

〔図表Ⅰ－7－12〕新地方公会計の活用事例（その6；セグメント分析（施設の統廃合））

【事例】 セグメント分析による公民館の統廃合

背景・目的
- 市では，行政コスト計算書の他団体比較で物件費等が多いことが判明し，物件費を市全体で平成21年度までに毎年2,500万円削減する目標を設定
- 平成17年9月に，これを含む「市行政改革大綱」を策定し，市内にある約220施設の管理運営等の合理化案を定め，全ての施設の現状や役割・管理運営等を検証し，施設の適正配置や効率的・効果的な管理運営のあり方を検討

事例概要
- 平成20年3月に「施設白書」を策定し，全ての施設について，バランスシートと行政コスト計算書を作成し，施設の現状把握と将来展望，施設群による比較を実施

効果等
- 以上のようなセグメント分析や検討の結果，平成21年度に公民館1施設の統廃合を実施
- 今後，中央公民館と各地域の分館方式で公民館事業を行い，施設管理のみを民間委託する方向でも検討

〔図表Ⅰ－7－13〕新地方公会計の活用事例（その7；セグメント分析（受益者負担の適正化））

【事例】セグメント分析による施設使用料の適正化

背景・目的
- 平成16年8月，市行政改革推進委員会より「使用料等基準に関する意見書」の提言を受け，受益と負担の原則に基づき公正かつ透明性の高い受益者負担制度の運用に資するため，「使用料等設定及び改定基準について（指針）」を策定

事例概要
- 施設別行政コスト計算書（右表）の経常費用の金額等を活用して，使用料等算定表（下表）に基づきトータルコストを算出
- 当該トータルコストに対して施設類型毎の受益者負担率を設定し（100％，75％，50％，25％，0％の5段階），これを基にあるべき使用料等を算定

効果等
- 現行使用料（980円）とあるべき使用料（1,137円）を比較し，改定率を1.2として改定後使用料を決定した。

〔図表Ⅰ-7-14〕 新地方公会計の活用事例（その8；セグメント分析（行政評価との連携活用・予算編成への活用））

【事例】セグメント分析による図書館の行政評価等

背景・目的
○ 施設別の行政コスト計算書等による行政評価は既に実施していたが，当該評価結果を活用して具体的な予算編成につなげることが課題となっていた。

事例概要

行政評価における活用
○ 図書館開館直後のH18と直近のH25で比較
✓貸出1冊当たりコスト
267円－236円
（▲31円）
✓貸出利用者数
95,031人－74,139人
（▲20,892人）

↓

○ 貸出1冊当たりのコストは，下がっているか，貸出利用者数が減少している。
○ 今後はコスト削減が貸出利用者数の減少を招かないような工夫が必要である。

→

予算編成における活用
○ 予算編成に当たり，アウトソーシング化（指定管理者制度への移行）を検討
○ H20に指定管理者制度に移行した場合の行政コスト計算書等を作成して比較検討

↓

○ H20に指定管理者制度に移行することで，コスト削減と市民サービス向上の両立が可能となった。
✓コスト削減（▲3,261千円）
✓休館日（毎週月曜日）廃止

効果等
○ 施設別の行政コスト計算書等を行政評価に活用するとともに，当該評価結果を予算編成に活用することによって，図書館のアウトソーシング化（指定管理者制度への移行）を行い，コスト削減と市民サービス向上の両立を図ることが可能となった。

〔図表Ⅰ-7-15〕**新地方公会計の活用事例（その9；人件費等の按分基準の設定）**

【事例】セグメント分析のための人件費等の按分

背景・目的
- ○ 財務書類の活用に当たっては，事務事業別といった必要な単位に応じた精緻なセグメント分析が有効である。
- ○ 正確なコストを把握するためには，事務事業費とは別立てで計上されている人件費等を各事務事業に適切に按分する必要がある。

事例概要
- ○ 人件費等を按分するための実務指針を作成し，各事務事業に人件費等を適切に按分している。

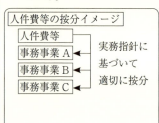

人件費の按分の考え方

原則として以下の算式に基づいて按分
（職階別平均給与額）×（事務事業別職員数）

※ 職階別平均給与額を用いることで，事務事業側ではコントロールできない要素（配置された職員の年齢差等に基づく所与の単位差）をできるだけ排除
※ 総務・管理部門の費用については，関係する事務事業すべてに按分するのではなく，総務・管理部門として独立した事務事業単位を設定し区分する。（総務・管理部門職員の人件費，庁舎の減価償却費など）

効果等
- ○ 各事務事業について，人件費等も含めたコストを適切に算定することで，より正確なセグメント分析を実現しており，予算編成や政策評価等への活用につなげていくこととしている。

〔図表Ⅰ-7-16〕新地方公会計の活用事例（その10；情報開示（地方議会での活用））

【事例】地方議会での活用

背景・目的
○ 議会に対する予算説明資料では，各事業にかかる人件費や減価償却費等が見えにくいことから，事業別にフルコストを表示したアニュアルレポートを作成し，議会に報告することとしている。

事例概要
○ 財務書類やセグメント分析の概要をわかりやすくまとめたアニュアルレポートを作成・公表し，議会にも提出している。（別途，財務書類も議会に提出している。）
○ アニュアルレポートには，全てのセグメント分析の結果を掲載するのではなく，任意で抽出した数事業を例示として掲載することにより，議会や住民に関心を持ってもらうことにしている。
○ 実際に議会での質疑応答も行われている。

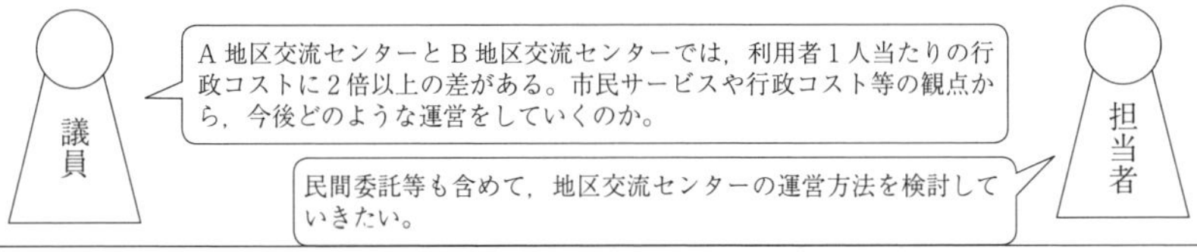

議員：A地区交流センターとB地区交流センターでは，利用者1人当たりの行政コストに2倍以上の差がある。市民サービスや行政コスト等の観点から，今後どのような運営をしていくのか。

担当者：民間委託等も含めて，地区交流センターの運営方法を検討していきたい。

効果等
○ 財務書類やセグメント分析等のアニュアルレポートにより議会での審議が活発化した。
○ 議会での審議内容も踏まえ，地区交流センターの運営の民間委託が検討されることとなった。

〔図表Ⅰ－7－17〕新地方公会計の活用事例（その11；情報開示（地方債 IR への活用））

【事例】地方債 IR 資料としての活用

背景・目的
- 地方債計画において，民間等資金の円滑な調達を図るため，市場公募地方債等の発行が推進されている。
- 財政状況を投資家等の市場関係者に正確に理解してもらうことで，市場公募地方債の安定した消化につなげる。

事例概要
- 投資家等の市場関係者に馴染みがあって理解されやすい連結財務書類等を地方債 IR 説明会の資料として活用。
- 平成26年度の第13回市場公募地方債発行団体合同 IR 説明会では，半数程度の団体が貸借対照表等の財務書類を資料として活用

効果等
- 既存の予算・決算情報，健全化判断比率等に加えて，投資家等の市場関係者が理解しやすい連結財務書類等を地方債 IR 資料として活用することで，財政状況の透明性をより一層高めることができている。

〔図表Ⅰ－7－18〕新地方公会計の活用事例（その12；情報開示（PPP／PFIの提案募集））

【事例】PPP／PFIの民間提案制度

背景・目的
- ○ 公共サービス水準の向上，公共負担の削減及び公共資産の有効活用の観点から，民間事業者の創意工夫やノウハウを活用することが有効・有益である。

事例概要
- ○ 地域完結型のPPPを実現するため，市と関連地域企業からなる「福岡PPPプラットフォーム」を設置し，PPP／PFIセミナーを継続的に開催している。
- ○ 事業の実施自体について政策的な意思決定がなされているものを対象として，民間事業者からPPP／PFIの提案等を求めるための対象事業リストを毎年度作成・公表している。
- ○ 平成26年度にはPPP／PFI民間提案等ガイドブックを策定し，民間提案等を受け付ける体制を整備した。

効果等
- ○ 以上の取組等により，PPP／PFIが積極的に推進されているところであるが，今後，固定資産台帳を整備し，その内容を公表した場合，さらに積極的かつ実効性の高い民間提案等につながることが期待される。

〔参考文献〕
① 地方公共団体の総合的な財政分析に関する調査研究会報告書（平成12年3月）
② 地方公共団体の総合的な財政分析に関する研究会報告書（平成13年3月）
③ 新地方公会計制度研究会報告書（平成18年5月）
④ 「地方公共団体における行政改革の更なる推進のための指針」（総務事務次官通知）（平成18年8月）
⑤ 「地方公共団体財政健全化法」（平成19年6月）
⑥ 「公会計の整備推進について」（自治財政局長通知）（平成19年10月）
⑦ 新地方公会計制度実務研究会報告書（平成19年10月）
⑧ 「新地方公会計モデルにおける資産評価実務手引」（平成21年1月）
⑨ 「新地方公会計モデルにおける連結財務書類作成手引」（平成21年4月）
⑩ 「地方公共団体における財務書類の活用と公表について」（平成22年3月）
⑪ 「今後の新地方公会計の推進に関する研究会報告書」（平成26年4月）
⑫ 「今後の新地方公会計の整備促進について（総務大臣通知）（平成26年5月）
⑬ 「統一的な基準による地方公会計の整備促進について（総務大臣通知）」（平成27年1月）
⑭ 「統一的な基準による地方公会計マニュアル」（平成27年1月）
⑮ 「地方財政の健全化及び地方債制度の見直しに関する研究会報告書」（平成27年12月）
⑯ 「地方公共団体情報システム機構（J-LIS）・地方公会計標準ソフトウェア（財務書類作成機能）」リリース（平成27年12月）

第Ⅱ部
公営企業の新会計基準

第1章

新地方公営企業会計基準の改定目的と内容

　地方公営企業会計制度等研究会報告書の新基準では，これからの地方公営企業にふさわしい会計制度のあり方を検討する必要があるとし，現行制度の課題を整理するとともに，企業会計基準の最近の動向や地方独法会計基準の見直しを踏まえ，地方公営企業会計制度の見直しについて検討を行ったものである。すなわち，ここから導かれる改定後の活用の方法を示すと下記のようになる。

(1)　企業会計原則を最大限取り入れたものとすること

　地方公営企業の更なる経済性の発揮のため，その経営情報の把握に当たっては，会計理論の進展も踏まえ，より一般的かつ確立された手法を用いることにより，民間企業比較，地方公共団体間比較等を効果的に行いつつ，その経済性の検証が適切に行われることが求められている。すなわち，企業会計の新体系を取り入れることによって公営企業の経営活動の経済性と効率性が測定可能となるのである。

(2)　地方公営企業の特性等を適切に勘案すべきこと

　地方公営企業は，民間企業と異なり料金収入だけで収支均衡が図られるのではなく，公益性の強さに応じて税負担が求められるところがある。地方公営企業会計においては，負担区分原則に基づく一般会計等負担や国庫補助金等の存在に十分意を用いて，これらの公的負担の状況を明らかにする必要があり，連結等にも留意するとしている。すなわち，公営企業の収入財源は，料金収入と税金等の負担金であり，業務の収益性水準によってその負担割合の適切性を評価することになる。

(3) 地域主権の確立に沿ったものとすること

　地方公共団体における地方公営企業経営の自由度の向上を図る観点から，資本制度等の見直しを行い，地方財務会計について，ストック情報を含む財務状況の開示の拡大の要請が強いこと等も勘案し，企業外へのディスクロージャーを徹底化することは一方で経営の自由度が増し，効果的な運営が可能となる。

　その結果，改定の全体像は，〔図表Ⅱ－1－1〕のとおりとなった。

〔図表Ⅱ－1－1〕地方公営企業会計制度等の見直しの全体像

Ⅰ　資本制度の見直し　　　　改正済（※1）（H24.4.1から適用）

※1　地域の自主性及び自立性を高めるための改革の推進を図るための関係法律の整備に関する法律（第1次一括法）（平成23年法律第37号）により地方公営企業法を改正

Ⅱ　地方公営企業会計基準の見直し　　　　改正済（※2）（H26予決算から適用）

※2　地方公営企業法施行令等の一部を改正する政令（平成24年政令第20号）により地方公営企業法施行令等を改正

○　会計基準の見直し
  1　借入資本金
  2　補助金等により取得した固定資産の償却制度等
  3　引当金
  4　繰延資産
  5　たな卸資産の価額
  6　減損会計
  7　リース取引に係る会計基準
  8　セグメント情報の開示
  9　キャッシュ・フロー計算書
  10　勘定科目等の見直し
  11　組入資本金制度の廃止（資本制度の見直しの積み残し）
○　会計変更に伴う経過措置等

Ⅲ　財務規定等の適用範囲の拡大等

○　簡易水道事業・下水道事業等への財務規定等の適用拡大

　新公営企業会計基準の適用の拡大については，平成27年1月27日付総務大臣通知により，公営企業の経営基盤の強化や財政マネジメントの向上等にさらに

的確に取り組むためには，民間企業の会計基準と同様の公営企業会計を適用し，経営・資産等の状況の正確な把握，弾力的な経営等を実現することが必要とされ，平成27年～平成31年度の集中取組期間が設定された。

1．借入資本金

① 借入資本金を負債に計上する。なお，1年以内に返済期限が到来する債務は，流動負債に分類する。
② 負債計上に当たり，建設又は改良等に充てられた企業債及び他会計長期借入金については，他の借入金と区分する。
③ 負債のうち，条例に後年度一般会計負担分について定めがある場合には，その旨注記する。

すなわち，こうした観点からは，地方公営企業を地方公共団体から分離独立したものとみなし，一般会計等との負担区分ルールを踏まえつつ，料金収入等により負担すべき負債を会計情報を通じて明らかにする必要がある。よって，借入資本金は，負債として整理することが適当であると考えられる。すなわち，民間的企業経営は，経営活動の財源は自己資金と他人資金である借入金をバランスよく利用し，経営の効率性と規模等のバランスをとるのであり，地方公営企業も同様の考え方を取ることが望ましい。この場合に，見合いの実物資産が存在し，減価償却等により基本的に償還財源が確保されると想定される建設又は改良等に充てられた企業債と，退職手当債等の経常経費に対する資金手当的な企業債とを，明確に区分することによって賄うべき経費を測定する。

負債計上されているもののうち，条例により規定された負担ルールに基づき，後年度の元利償還を一般会計等が負担することとなっている部分については，地方公営企業会計の実質的負債を明らかにする観点から，その旨注記することが適当である。すなわち，繰出しルールの合理性は，常に検討されるべきものである。

これを図示すると，〔図表Ⅱ-1-2〕のとおり示される。

〔図表Ⅱ-1-2〕借入資本金

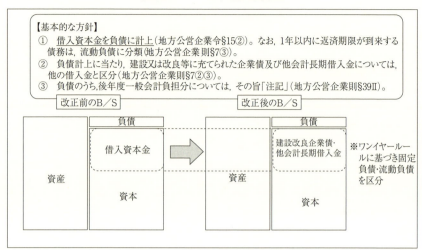

2．補助金等により取得した固定資産の償却制度等

① 任意適用が認められている「みなし償却制度」は廃止する。
② 償却資産の取得に伴い交付される補助金，一般会計負担金等については，「長期前受金」として負債（繰延収益）に計上した上で，減価償却見合い分を，順次収益化する。
③ 既取得資産に係る経過措置として，国庫補助事業等の単位毎に取得資産をグルーピングし，当該単位により総合償却を行う簡便な処理方法により移行処理できることとする。なお，簡便な処理方法によっても移行処理が困難と判断される場合には，なお従前の例によることができることとする。
④ 建設改良費等企業債に係る元利償還金に対する繰入金については，毎年の元金償還に係る繰入額と減価償却の乖離が大きい地方公営企業は，「長期前受金」として計上した上で，減価償却に伴って収益化することとし，当該乖離が大きくない地方公営企業にあっては全額その年度に収益として計上することができることとする。

すなわち，みなし償却制度を採用した場合，貸借対照表上，補助金充当部分は減価償却されないこととなり資産価値の実態を適切に表示していない。この

ようなフル償却（及び補助金等の年割額を毎期収益計上）とした場合のメリットは以下のとおりである。

　ア　損益計算上において，減価償却費をどのような財源（補助金か料金か，又はその割合）で賄ったかが明確になること。
　イ　全事業がフル償却されるため，（他事業，他団体との）比較可能性の点で優れていること
　ウ　資産価値の実態を適切に表示するものになること。

　具体的には，資産を取得するために受けた補助金等を期間対応して繰り延べられる収益として取り扱う点に着目するとともに，当該補助金等が地方公営企業会計において経営判断上重要であることに鑑み，繰延収益として負債の部に計上し，「長期前受金」とし，これにより，貸借対照表上も財務構造の把握が容易になり，厳密な費用収益の対応となり純損益が明瞭となることにより，経営採算性を測定できるのであり，種々の有効な意思決定が可能となる。

　これを図示すると〔図表Ⅱ－1－3〕，〔図表Ⅱ－1－4〕のとおりとなる。

〔図表Ⅱ－1－3〕補助金等により取得した固定資産の償却制度等

【基本的な方針】
① 任意適用が認められている「みなし償却制度」は廃止（旧則§8④，§9③）。
② 償却資産の取得又は改良に伴い交付される補助金，一般会計負担金等については，「長期前受金」として負債（繰延収益）に計上した上で，減価償却見合い分を，順次収益化（令§26，則§21）。
③ 既取得資産に係る経過措置として，国庫補助事業等の単位毎に取得資産をグルーピングし，総合償却を行う等簡便な処理方法により移行処理できることとする。
　　なお，簡便な処理方法によっても移行処理が困難と判断される場合には，従前どおりの取扱いによることができることとする（改正省令附則§6⑦⑧）。
④ 建設改良費に充てた企業債等に係る元金償還金に対する繰入金については，補助金等の例により「長期前受金」として計上した上で，減価償却に伴って収益化することとする。ただし，各事業年度における減価償却額と当該繰入金との差額が重要でない場合は繰り入れた年度に全額を収益として計上することができることとする（則§21③）。

〔図表Ⅱ-1-4〕補助金等により取得した固定資産の償却制度等（新たな会計処理方式）

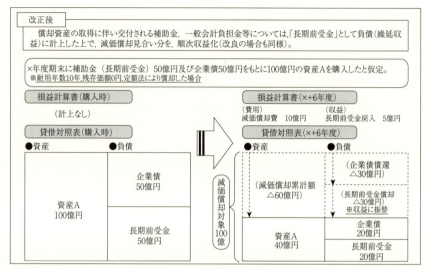

※定額法で，償却年数経過時点で残存価額０円となるように償却するとした場合の例であり，実際の処理では，実際に行っている減価償却方法に沿った処理が必要。

3．引当金

① 退職給付引当金の引当てを義務化する。

② 退職給付引当金の算定方法は，期末要支給額によることができることとする。

③ 一般会計と地方公営企業会計の負担区分を明確にした上で，地方公営企業会計負担職員については引当てを義務付ける。

④ 計上不足額については，適用時点での一括計上を原則。ただし，その経営状況に応じ，当該地方公営企業職員の退職までの平均残余勤務年数の範囲内（ただし，最長15年以内とする。）での対応を可とする。なお，その内容は，注記する。

⑤ 退職給付引当金以外の引当金についても，引当金の要件を踏まえ，計上するものとする。（例：賞与引当金，修繕引当金）

すなわち，退職給付引当金の引当ての義務付けは，企業会計における引当金の要件である「将来の特定の費用又は損失であって，その発生が当期以前の事象に起因し，発生の可能性が高く，かつ，その金額を合理的に見積もることができる場合」に該当する。また企業会計，地方独法会計，新地方公会計モデルにおいても，計上を義務付けている。退職給付引当金の算定方法は，期末要支給額によることができる。地方公営企業では民間企業，地方独法と違い，一般会計部局，他の公営企業部局との人事異動が頻繁にあるため，原則法によって将来の退職給付引当金額を厳密に見積もることは困難な場合が予想される。原則法とは，退職時に見込まれる退職給付の総額のうち，当期までに発生していると認められる額を一定の割引率及び予想される退職時から現在までの期間に基づき割り引いて計算する。退職給付引当金について，一般会計が退職手当を全額負担することや人事交流職員分を負担することを設置等条例で定めた団体については，当該職員に係る引当てを不要とする。一般会計と地方公営企業会計の負担区分を明確にした上で，地方公営企業会計が退職手当を負担する職員について引当てを義務付けることとするが，一般会計等との人事交流があった場合（各会計間で在職期間に応じて退職手当を負担するケース）には，基本的に次のとおり処理することによって，一般会計と地方公営企業会計との間で引当金額を調整することができる。退職給付引当金は，現在勤務している職員の退職給付債務を認識し，必要額を引き当てておくものである。そのため，現時点で勤務している職員の平均残余勤務年数（法適用企業の平均で，18年）や企業会計の経過措置（15年以内）も勘案して，15年以内で，各地方公営企業において当該地方公営企業の職員の平均残余勤務年数の範囲内で計上することを可能とする。

　このように，退職給付引当金を計上することによって，将来確実に発生するであろう費用を予め見積計上することによって，費用負担を均分化することができると同時に，人件費のフルコストが判明し，人事施策や採算計算がより合理的になる。

　また，企業会計では，退職給付引当金のみでなく，修繕引当金，貸倒引当金，賞与引当金などの引当金が設けられており，賞与引当金や修繕引当金など，引当金の要件を満たすものについては，引当金を計上することによって将来負担

が確実に発生する引当金の計上が強制された。このことは上述のように経営上のすべてのコストを計上することによって正確な経営の意思決定が行われるのである。

これを図示すると,〔図表Ⅱ－1－5〕〔図表Ⅱ－1－6〕のとおりとなる。

〔図表Ⅱ－1－5〕引当金（簡便法による退職給付引当金の算定方法）

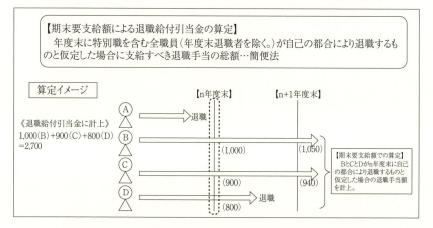

〔図表Ⅱ－1－6〕引当金（退職手当組合を利用している場合）

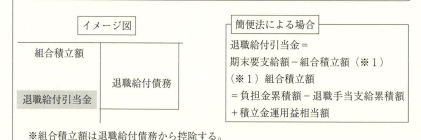

4．繰延資産

　企業会計に準じて新たな繰延資産への計上を認めない。ただし，地方公営企業法において繰延資産への計上を認められているものについては，引き続き繰延資産への計上を認める。すなわち，これは企業経営上の必要な資産のみを保持し，実物資産性のあるものに限られるということである。

5．たな卸資産の価額

① 　たな卸資産の価額については，時価が帳簿価額より下落している場合には当該時価とする，いわゆる低価法を義務付ける。

② 　事務用消耗品等の販売活動及び一般管理活動において短期間に消費されるべき貯蔵品等，当該金額の重要性が乏しい場合には，時価評価を行わないことができるものとする。すなわち，保有資産を正確に把握し，評価も適時に算定することによって活用を図ることが可能となる。

6．減損会計

　地方公営企業会計に，公営企業型地方独法における減損会計と同様の減損会計を導入することとするとされた。地方公営企業会計への減損会計導入のメリットは，貸借対照表に計上されている固定資産の帳簿価額が実際の収益性や将来の経済的便益に比べ過大な金額となっている場合に，減損会計を導入すれば，過大な帳簿価額を適正な金額まで減額できる。これにより，地方公営企業の経営成績を早期に明らかにすることができるようになり，経営成績に問題がある地方公営企業に対しては，早期の措置をとることが可能となる。それ故，常に施設設備等の固定資産の運営上の採算性に注意しなければならないこととなる。

　これを図示すると，〔図表Ⅱ－1－7〕のとおりである。

〔図表Ⅱ－1－7〕固定資産の減損会計

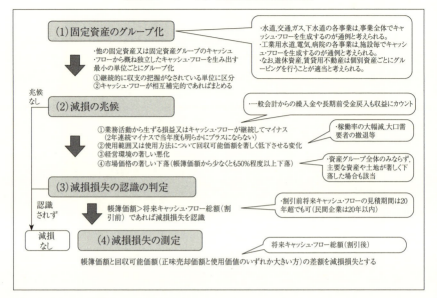

7．リース取引に係る会計基準

① 地方公営企業会計にリース会計を導入する。

② 中小規模の地方公営企業においては，通常の賃貸借取引に係る方法に準じて会計処理を行うことができるものとする。なお，この場合は，未経過リース料を注記することとする。すなわち，保有資産とリース資産の使い分けをすることにより，経営採算の意思決定を合理的に行うことができるのである。

8．セグメント情報の開示

① 地方公営企業会計に，セグメント情報の開示を導入する。

② セグメントの区分は，事業単位の有無も含め，各地方公営企業において判断することとし，企業管理規程で区分方法を定める。なお，法第17条の2第1項第1号の経費に係る事業について，P/Lで区分していない場合は，必要に応じ，セグメント情報として開示する。

③ 開示すべきセグメント情報は、セグメントの概要、事業収益、事業損益、資産、負債、その他の項目とする。

すなわち、地方公営企業会計にセグメント情報の開示を導入することは、地方公営企業は業績評価のための情報提供等による議会・住民に対する説明責任を果たす観点から、その業務の内容が多岐にわたる場合、区分及び開示内容について適切なセグメントに係る財務情報を開示することが求められるのであり、企業経営の面から見ても、経営分析を多面的に行うためのツールとして有用である。地方公営企業会計におけるセグメントの区分は、企業会計基準におけるマネジメント・アプローチ（企業の最高意思決定機関が意思決定や業績評価において使用する企業活動を区分した事業単位で開示）の考え方を踏まえ、民間企業・地方独法における区分も参考にして、事業単位の有無も含め、各地方公営企業において判断する。この場合、セグメントの区分方法は企業管理規程で定めることとする。地方公営企業会計に必要と思われるもののみ開示項目とすることとし、原則として、セグメントの概要、事実収益、事業損益、資産、負債、その他の項目（他会計繰入金、減価償却費、特別利益、特別損失、減損損失、有形固定資産及び無形固定資産の増加額等）を開示項目とする。すなわち、公営企業は、多様な事業活動を行っており、それぞれの事業ごとに経営採算性や効率性を測定することが必要であり、そのためにはセグメント別の会計適用が合理的である。

これを図示すると〔図表Ⅱ－1－8〕のとおりとなる。

〔図表Ⅱ-1-8〕セグメント情報の開示（区分方法等）

セグメント情報の区分方法

○ 各地方公営企業において判断⇒　企業管理規程で定める
・マネジメントアプローチ（※）の考え方を踏まえる
・民間企業・地方独立行政法人における区分も参考
・事業単位の有無も含めて判断
※マネジメント・アプローチ
企業の最高意思決定機関が意思決定や業績評価において使用する企業活動を区分した事業単位で開示

【事業単位の例】

事業名	事業単位の例
水道事業	事業別（水道事業，簡易水道事業）等
工業用水道事業	施設別等
交通事業	事業別（路面電車，バス，モノレール等）等
病院事業	病院別（看護師養成所，救命救急センター等）等
下水道事業	事業別（公共下水道（雨水分，汚水分），集落排水，浄化槽等）等

セグメント情報の開示

4　セグメント情報に関する注記
（1）報告セグメントの概要
（2）報告セグメントごとの営業収益等

（単位：千円）

	何々	何々	その他	合計
営業収益	×××	×××	×××	×××
営業費用	×××	×××	×××	
営業損益	×××	×××	×××	
経常損益	×××	×××	×××	
セグメント資産	×××	×××	×××	
セグメント負債	×××	×××	×××	
その他の項目				
他会計繰入金	×××	×××	×××	
減価償却費	×××	×××	×××	
…	×××	×××	×××	
計	×××	×××	×××	×××

9．キャッシュ・フロー計算書

① キャッシュ・フロー計算書の作成を義務付ける。

② 現行の資金計画書は廃止する。

③ キャッシュ・フロー計算書における「資金」は，貸借対照表における「現金・預金」と同定義とする。

④ 地方公営企業法第31条に基づく計理状況の報告に係る様式等については，各地方公営企業・地方公共団体の裁量とする。すなわち，公営企業は，多様な事業活動を行っており，それぞれの事業ごとに経営採算性や効率性を測定することが必要であり，そのためにはセグメント別の会計適用が合理的である。

すなわち，企業会計上は発生主義会計を適用するが，一方では資金のフロー

や資金繰りが経営上重要な要素であり，これを行うのがキャッシュ・フロー計算書である。

これを図示すると，〔図表Ⅱ－1－9〕のとおりである。

〔図表Ⅱ－1－9〕キャッシュ・フロー計算書

【基本的な方針】
① キャッシュ・フロー計算書の作成を義務付ける（令§17の2①Ⅱ，令§23）。
② キャッシュ・フロー計算書における「資金」は，貸借対照表における「現金・預金」と同定義とする。
③ 法第31条に基づく計理状況の報告の具体的方法（様式等）については，事務の簡素化等の観点から各地方公営企業・地方公共団体の裁量とする。

導入の意義
○ 発生主義会計のもとでは，収益・費用を認識する会計期間と現金の収入・支出を認識する時期とに差異が生じる。
○ キャッシュ・フロー計算書の導入により，この現金の収入・支出（資金の変動）に関する情報を得ることが可能となる。
  ア）資金繰りの状況等の明示により，経営の健全性や経営危機等の判断が可能となるとともにキャッシュ・フローを使った新しい財務分析も可能となる。
  イ）貸借対照表や損益計算書とあわせて，経営状況が明示されるとともに，債務の返済能力を示すことが可能となる。
  ウ）間接法を採用した場合には，減価償却費など現金支出を伴わない経費に係る内部留保資金が明示され，住民やサービスの利用者に経営状況を的確に情報提供することが可能となる。

10. 勘定科目等の見直し

以上のような報告と活用の目的から，地方公営企業法の負担区分の状況や資金不足の状況をはじめとする経営情報が，財務諸表上，可能な限り明らかにされるよう勘定科目の見直しが図られたのである。また，地方公営企業の状況を適切に開示するため，重要な会計方針等注記すべき項目をまとめた注記表を作成するものとする。すなわち，企業会計間や他の団体との比較可能性が増すことになる。

① 貸借対照表科目

借入資本金：固定負債（企業債，他会計借入金）として計上（ワン・イヤー・ルールを適用）

繰延収益（「長期前受金」）：償却資産の取得に伴う補助金等を計上。減価償却に伴い収益化する。

引　当　金：退職給付引当金，賞与引当金等を計上する

繰　延　資　産：事業法において繰延資産への計上を認められているもの以外は計上を認めない（経過措置分を除く。）

控除対象外消費税：引き続き繰延経理を認めることとし，「長期前払消費税」として固定資産計上する

減損損失累計額：有形固定資産の減損を行う場合には，当該資産について減損損失累計額を記載する

リース取引：一定の基準に該当する場合，売買取引に係る方法に準じて会計処理

② 損益計算書科目

「長期前受金戻入」：減価償却に伴い「長期前受金」を収益化（1号経費に係るもの以外は，原則として営業外収益）

たな卸資産：時価評価（低価法）を行った場合に評価損を計上（営業費用）

減　損　損　失：有形固定資産の減損を行った場合に減損損失を計上（特別損失）

リース取引：リース資産の減価償却費を計上（営業費用）

これを図示すると〔図表Ⅱ-1-10〕〔図表Ⅱ-1-11〕のとおりである

〔図表Ⅱ−1−10〕勘定科目等の見直し

貸借対照表

○借入資本金：負債（企業債，他会計借入金）として計上するため廃止
○繰延収益（「長期前受金」）：償却資産の取得に伴う補助金等を計上（減価償却に伴い収益化）
○引当金：退職給付引当金，賞与引当金，修繕引当金，特別修繕引当金等を計上
○繰延資産：事業法において計上を認められているもの以外は計上を認めない
○控除対象外消費税：引き続き繰延経理を認めることとし，「長期前払消費税」として固定資産計上
○リース資産・債務：一定の基準に該当する場合，売買取引に係る方法に準じて会計処理
○減損損失累計額：固定資産の減損を行う場合には，当該固定資産の帳簿価額から直接控除する。ただし，減損損失累計額を記載することも可能

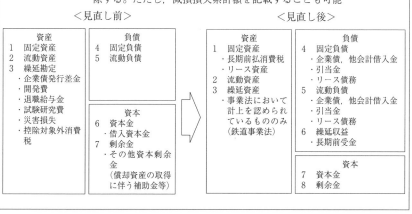

〔図表Ⅱ-1-11〕勘定科目等の見直し

損益計算書	
○「長期前受金戻入」： 　減価償却に伴い「長期前受金」を収益化 ○たな卸資産： 　低価法による評価を行った場合に評価損を計上（営業費用） ○減損損失： 　固定資産の減損を行った場合に減損損失を計上（特別損失） ○リース取引： 　リース資産の減価償却費を計上（営業費用）	1　営業収益 2　営業費用 　・資産減耗費 　・減価償却費 3　営業外収益 　・長期前受金戻入 4　営業外費用 5　特別利益 6　特別損失 　・減損損失 　当年度純利益 　前年度繰越利益剰余金 　当年度未処分利益剰余金

注記

○注記に記載する項目（則§35）
・重要な会計方針に係る事項（資産の評価基準及び評価方法，引当金の計上方法等）に関する注記
・予定キャッシュ・フロー計算書等に関する注記
・貸借対照表等に関する注記
・セグメント情報に関する注記
・減損損失に関する注記
・リース契約により使用する固定資産に関する注記
・重要な後発事象に関する注記
・その他の注記

11. 資本制度

① 法定積立金（減債積立金，利益積立金）の積立義務を廃止する。
② 経営判断により，資本剰余金，利益剰余金を資本金に組み入れることができることとし，現行の資本組入れ制度は廃止する。また，資本剰余金の処分制限は廃止する。
③ 経営判断により，資本金の額を減少させることができることとする。
④ 「資本」に代わり，「純資産」を用いる。
⑤ 各地方公営企業においては，経営の基本方針を定める中で，資本の維

持・造成方針について十分議論の上，条例により定める必要がある。

12. 財務適用範囲の拡大等

基本的な方針は，以下のとおりである。
① ストック情報を含む財務状況の開示の拡大を図るためには，地方公営企業法の財務規定等を適用するメリットが大きいことから，原則として，法非適用企業に財務規定等を適用することが望ましい。
② 地方公共団体は，財務規定等の任意適用について，積極的に検討すべきである。また，財務適用にとどまらず，地方公営企業法の全部適用についても併せて検討すべきである。なお，公営企業の任意適用の基準は，法第17条の2の負担区分原則を踏まえ，所要の見直しを行う必要がある。
③ 更に，地方公営企業法を適用しない事業であっても，公共事業をはじめ，投資規模の大きいもの，債権・債務を適切に管理していく必要のあるもの，長期にわたり収支を考慮する必要のあるもの等については，積極的に新たな地方公営企業会計基準の活用を検討し，費用対効果等を適切に検証していくべきと考える。また，第三セクター等の経営分析においても同様に活用されることが期待されるとされた。

以上のように，地方公営企業の会計基準が，企業会計基準も参考に改定されることとなり，公営企業の業績とその経営上の活用のためにより明瞭となることになる。

第2章

地方公営企業法の適用に関する研究会報告書のポイントと活用

　地方公営企業会計制度等研究会の報告書を受けて地方公営企業を巡る環境が変化する中で，持続的な経営を可能とするため，特に重要と考えられる財務規定等の適用範囲の拡大について検討することとし，財務規定等の適用が求められる背景・意義や事業毎の地方公営企業の現状，財務規定等の適用範囲の拡大に対する地方公共団体の認識や懸念を整理するとともに，適用範囲の拡大にあたっての課題・対応を整理し，下記のように財務規定等の適用範囲の拡大についての今後の考え方が整理されたのであるから，これを斟酌しその活用のメリットを享受すべきこととなる。

1．固定資産をはじめとする会計情報の整備

　財務規定等の適用は，官庁会計から企業会計への会計手法の変更であることから，法適用時の固定資産をはじめとする会計情報の整備はもとより，適用後の地方公営企業の経営を行う基礎となる予算編成を的確に行うことが重要である。また，地方公営企業法の改正に伴い，固定資産をはじめとする会計情報の整備にあたっては，改正後の地方公営企業会計制度（新地方公営企業会計制度）に準拠する点に留意が必要であるとされる。

　固定資産情報の整備については，①課題の整備として固定資産情報の整備手法を検討する必要がある。②整備事業実施段階から固定資産台帳を整備することは可能であり，移行作業をスムーズにするため，固定資産情報の整備手法を早期に提示する必要がある。③対応策の方向性として固定資産情報の整備・台帳整備には，一定程度の費用や手間がかかることが想定されることを前提に，

上記の論点等を踏まえ整備手法を検討し，法適用時マニュアルなどでその手順を示す必要があるとされた。その他の会計情報の整備については，新地方公営企業会計制度においては，固定資産情報以外にも，各種引当金の計上や一般会計等との負担区分に基づく金額把握など，地方公営企業の経営にあたり極めて重要な情報整備も求められている。この結果，法適用マニュアルなどで重要な情報整備も求めている。これらについても，法適用マニュアルなどでその手順を示された。

　このことによって，活用の基本的な会計情報である正確な精密な固定資産情報が確保されることによって，これら情報の活用が実効性あるものとされるのである。

2．段階的な法適用

環境状況及び実務可能性から下記のような段階的法適用が提示された。

① 簡易水道事業

　小規模事業を法適用するにあたっては以下の点を踏まえ，規模による特例措置，人的・財政的支援，移行期間の確保等を検討する必要があり，これらの課題を踏まえて，簡易水道事業における小規模事業・小規模団体への対応について，（視点1）職員数の状況，（視点2）上水道事業との比較，（視点3）水道事業の実施団体の状況の観点から検討が行われた。すなわち，小規模事業であるほど移行にかかる負担は大きくなることを踏まえる必要があるのではないか。上水道事業全部が法適用対象とされ既に約50年経過していることも踏まえると，水道事業の一種である簡易水道事業についても法適用を進めていく必要があるのではないか。また，上水道が段階的に法適用を行ってきていることも踏まえる必要があるのではないか。上記を踏まえると，簡易水道事業は，規模の違いにより法適用を進めていく必要があるのではないかとされた。

② 下水道事業

　①と同様に下水道事業における小規模事業・小規模団体への対応について，（視点1）事業の熟度，（視点2）職員数の状況，（視点3）上水道事業との比較について検討が行われた。すなわち，法適用を行うための熟度に違いが

あると考えられることを踏まえる必要があるのではないか。小規模団体であるほど法適用の移行にかかる負担は大きくなることを踏まえる必要があるのではないか。上水道も段階的に法適用を行っていることを踏まえる必要があるのではないか。上記を踏まえると，下水道事業は，各事業・各団体の規模ごとに，法適用を行うための熟度に違いがあり，また，小規模団体では法適用の移行にかかる負担も大きくなることから，上水道の法適用時の状況も踏まえつつ，段階的に法適用を進めていく必要があるのではないかとされた。

　すなわち，ここでは法適用に当たっての適用要件の考え方が示されており，この要件が活用の必要性の基礎にあることを行政側・住民側に知らせることによって活用の幅が広がるのである。

3．地方公共団体の懸念に対する見解

一方，法適用に関して次のような懸念が考えられた。
① 繰入制限に関する懸念
　法適用事業について，必要な経費全てを料金で賄われなければならないものではない。臨時例外的に一般会計が補助を行うことも認められていることから，財務規定等の適用の前後で，一般会計からの繰入れに対する考え方が変化するものではない。完全な独立採算が困難な地方公営企業にあっても，住民サービスの維持に係る費用を的確に把握した上で，将来にわたる繰入金と料金収入の適切な分担や水準を検討する必要があるため，法適用を行う義務がある。
② 経費回収率の考え方
　経営管理の必要性の高まりという状況の変化に対応するため，70〜80％の経費回収率にとらわれず，全ての企業に地公企法が適用されていくべきであり，この場合，基本通知における任意適用の基準を見直す等の対応が必要ではないかとされた。

　これらの懸念は，一方では，公営企業の業績水準についての考え方が示されており，特にこの要素は公営性と企業性の判断尺度となるものであり，これらの認識によってはじめてこの活用が有効性を帯びることになるものである。

4. 今後の財務規定等の適用範囲の拡大に関する考え方

① 財務規定等の適用の必要性

　地方公営企業を継続して経営し，住民生活に必要不可欠なサービスを持続的に提供していくためには，規模の大小を問わず，中長期的な視点による経営計画の策定，施設等の更新も含めた建設改良計画の策定，将来必要な投資経費を踏まえた適正な料金算定等を行わなければならない。地方公共団体が提供する住民サービスを将来にわたって継続するため，経営状況を踏まえて的確な経営改善や経営判断を行い，より機動的で柔軟な経営を行うことにより，地域を挙げて地方公営企業の経営の質と効率性を向上させることが期待されることから，基本的にすべての事業に対して地公企法の財務規定等を適用する必要性が認められることになり，経営戦略策定上も必須ということになろう。

② 財務規定等，地方公営企業会計による会計情報の活用

　地方公営企業においては，地方公営企業法の財務規定等や地方公営企業会計基準の適用による意義や効果に関する理解を深めるとともに，資産管理など実際の日常の企業経営や，施設等の更新投資計画などの中長期的な経営戦略や経営計画の策定・見直しなどにおいて，法適用により得られる会計情報や幅の広がる経営行動領域などの経営資源をいかに活用するか検討すべきであるとされた。そしてこれにより，地方公営企業会計基準を見直し，損益や資産・負債に関する財務状況を的確に把握できるようになったことも踏まえ，現在上水道・下水道事業において提供している経営指標についてより実践的な活用方法を示すことのほか，新たな財務分析指標や非財務的指標と連携した業績評価の考え方の導入も可能となり，投資計画策定における財務情報の活用方法を検証的に行うべきであろう。

5. 経営戦略の策定及び経営比較分析表の策定

　経営戦略の「イメージ」は安定的に事業を継続していくために，「投資試算」（施設・設備投資の見直し）等の支出と「財源試算」（財源の見直し）を均

衡させた「投資・財政計画」(収支計画)が中心であるとされる。更新・老朽化政策には，高資本費対策を含めた実体資本(資産)維持会計による将来の更新・維持に資する実体維持減価償却計算が原則として求められる。しかし，経過的には民間企業会計と同様に内部留保のための償却計算も検討される。また，同時に経営指標を「経営比較分析表」としてとりまとめて将来の見直しや課題への対応の検討等に活用すべきである。

　以上，会計基準等の改定の趣旨及び法適化の内容及び今後の進め方〔**図表Ⅱ-2-1**〕を示した。そして，これらによって自治体全体及びセグメント別や施設別に行政成果や業績，ストックの状況等がつまびらかになり，かつ，活用の幅も広がり，自治体のパブリックアカウンタビリティの履行のより大きな前進となる。

〔図表Ⅱ-2-1〕会計基準適用の工程表

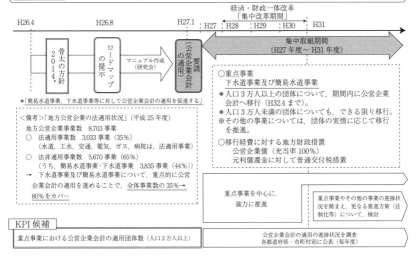

(出所：総務省経済・財政一体改革委員会　制度・地方行財政ワーキング・グループ(第3回)説明資料(平成27年10月6日))

第3章

地方公営企業の経営戦略診断の公監査プロセス

　地方公営企業の経営戦略の策定推進については,「公営企業の経営健全化に関する調査研究会」において,①効率化・経営健全化の取組,②投資・財政計画の策定,③経営戦略策定ガイドラインの策定・公表,④老朽化・更新のための会計,⑤特別交付税措置等の検討・措置がなされている。

　そこで,地方公営企業の経営戦略策定及び業績評価測定のためのプロセスの合理性があるか,すなわち,公経営監査及び評価的に検証していく必要があり,そのためには公経営監査における業績公監査の手法を用いて推進することが効果的であり,その実施プロセスにおける監査業務の品質管理(QC)上の留意点と例示を,15の段階(ステージ)に区分し,また,行政(経営)側と公監査(評価)人側からの視点を各ステージのQCチェックに必須の55の項目と示すと〔**図表Ⅱ-3-1**〕のようになる。

〔図表Ⅱ-3-1〕公営企業の戦略実施に対する業績（行政成果）公監査プロセスと QC チェックリスト

公監査過程と QC チェック項目			業績公監査実施上の手続・技術，証拠資料，根拠データ等の例示
\(ステージ1） 業績（経営戦略）方針の法的根拠の確証化の段階 　　　　→このステージでは，行政側・公監査人側は，目的・目標となる公営企業の経営戦略活動の法的根拠を識別することができる。			
1	首長マニフェストの有無		マニフェストで「健全化・活性化のための取組，良質な行政サービスの提供のための取組」を公約
2	立法府の政策決定方針（達成目標）の明確化		中期計画，予算関連資料，地域行政サービス計画の明示
3	業績目標管理方針の明確化		業績（財務・非財務）指標による経営管理方針の明示
4	根拠条文（法規準拠性）		公営企業の経営戦略の設置等に関する法令・条例・規則
（ステージ2） 公営企業の目標達成の管理システムと具体的な指標・コスト指標の確証化の段階 　　　　→このステージでは，行政側・公監査人側は目標となる経営活動の具体的な尺度・指標を明示することができる。			
5	目標業績管理システムの確証		中期運営プラン（中期・年度計画），部門別，業務・施設別の目標設定，経営改善行動計画，民間機関との機能分担等を明示
6	目標業績測定度・指標	(1) 経済性	平均当たり兼務コスト指標，ABC 計算，工事・物品購入・業務委託の入札価格抑制（価格交渉）の指標，入札手続段階の各指標
		(2) 効率性	効率的使用コスト指標，投入資源等の効率化指標
		(3) 有効性（結果＝output）	兼務の達成度・必要性・妥当性指標
		(4) 有効性（成果＝outcome）	業務有効性・効率性インディケーターと比較指標，市民・利用者満足度指標，機能・拠点単位による指標の向上
		(5) 有効性（代替案，代替コースのレイアウト）	地方独立行政法人化，指定管理者方式，PFI・PPP 等の比較指標，外部環境指標
		(6) 公平性・倫理性	行政サービスの公平性と倫理性の適用指標

		項目	内容
		(7) 短・中・長期インパクト	短・中・長期的影響度の指標
7		ベンチマーク・標準（スタンダード）指標（クリアリングハウス化）	行政サービス業務との比較，事業の独立採算性指標，行政サービスの効率性・品質指標
8		コスト指標（フルコスト，共通原価の配分）	行政サービス費用（給与費，材料費，経費，減価償却費その他費用），直接費・間接費配賦計算手続，機会原価
9		コスト効率性・有効性	コスト効率性指標，コスト有効性指標
10		戦略業績意図の確認	法規の立法趣旨・意図の分解と解釈
11		業績準拠性・評価の重要性水準	結果報告，改善勧告報告，開示の重要性基準
12		測度・指標の妥当性・適切性水準	測度・指標の合理性，正確性，妥当性，目的合致性
13		戦略測度・指標の事前監査手続	戦略経営測度・指標の設定プロセスの妥当性

（ステージ３）業績公監査証拠の説得性・理論性の確証化の段階
　　　　→このステージでは，公監査人側は，業績公監査結果の意見表明の根拠を立証するための適切な証拠力を判定することができる。

14	業績証拠の証明力・立証性	証拠力・信憑力の強弱指標，説得性・論理性証拠

（ステージ４）目標業績の法的根拠の確証化の段階
　　　　→このステージでは，行政側・公監査人側は業績目標の具体的な法的根拠と遂行手続の合理性の判定根拠を識別することができる。

15	業績の法規準拠性	3E（経済性・効率性・有効性），5E（3E＋公平性・倫理性）の法規準拠性内容の確認
16	業績計画・実施・報告・フォローアップの法規準拠性	業績遂行手続の合法性

（ステージ５）戦略目標業績達成の実行計画―実施過程―評価過程―報告書作成過程の確証化段階
　　　　→このステージでは，行政側は，目標とする行政活動の目標達成計画の各要素を識別することができる。

17	業績（戦略）成果計画書の作成の有無	業績測度・目標値，マネジメントシステム・業務インディケーター等業績目標達成指標と個別事業予算書と関連性の明示，B by C 指標の明示，進行管理

18	目標実施プロセス（工程表）の公表の有無	予算要求（積算）書類上の目標達成スケジュール（例：物品・サービスの管理体制，部門別・業務別・施設別進捗状況管理手法の実施プロセス）
19	業績（戦略）成果測定プロセス（マニュアル）設定の有無	業務別会計資料，部門別・業務別・施設別損益計算書，業務別損益計算手続・成果集計システム（ルール化・マニュアル化），成果統括部署チェックシステム
20	業績（戦略）成果評価プロセス（PDCA）設定の有無	成果測定結果と，（事前設定）目標との比較，指標自体の客観性・信頼性の分析・評価システム，一般会計費用負担額指標，インディケーター比較分析，戦略評価プロセス
21	業績（戦略成果）報告書（年次）の公表の有無	アサーションの設定，経営改善行動計画，年次（業績）報告書の作成と公表，業績成果の決算関連書類への的確な明示・公表，説明情報，業績成果指標の欠陥性の報告
22	プログラム環境，オペレーション環境の評定	行政・経営戦略サービスプログラムの環境条件
23	戦略決定過程の報告書の公表の有無	業績政策決定プロセス
24	業績成果指標の重要性水準の明示	質・量的水準

（ステージ6）行政側の業績管理統制リスクへの対応の確証化の段階
　　　　　→このステージでは，行政側は，自己の行政活動で発生する可能性のあるリスクの識別とその対応コントロールの整備状況水準を識別することができる。

25	マネジメントリスクの認識（業績管理統制）水準	業務ミス，業務のリスクの識別，ガバナンス体制
26	リスク低減対応策の明確化	経営効率化の方策，インセンティブ方式の導入，業務ミスリスクの対策

（ステージ7）公監査対象業績の特定化と対応の監査手続・収集すべき証拠資料の確証化の段階
　　　　　→このステージでは，公監査人側は，業績公監査実施のための手続適用と収集すべき証拠と証拠力を識別することができる。

27	業績（戦略）成果報告書の公監査の目的（objectives）の設定	業績公監査目的の特定・業績実績の報告・意見聴取，戦略評価（事務事業評価）としての自己評価・

			第三者評価，監査手続（現地視察，質問，閲覧，吟味，分析手続）の適用方針
28	目的水準の予備調査		公監査目的と保証水準決定の予備調査
29	業績公監査目的の公共の利益性の評価		業績公監査の市民・納税者・利用者の役割期待度
30	組織的公監査手続の実施体制		組織的・チーム的・業務相関関係
31	業績公監査技術・手続の開発体制		公監査技術・手続の開発と集積
32	業績公監査手続・証拠	① 効率性（経済性）の検証（インプット・アウトプット）	物品の効率的使用監査，施設管理保守契約の随意契約妥当性の監査，保守管理・発注方法（例：分割・一括発注）の監査
		② 有効性の検証（アウトカム，インフルエンス）	マネジメント・業務インディケーターの指標の確認，アウトカム評価，インパクト評価指標
		③ 公平性・倫理性の検証	行政サービス及び受け手の公平性・倫理性の指標の監査
		④ コスト効率性・有効性の検証（機会費用）	部門別・課別・業務別・施設別コスト計算，コスト効率性・コスト有効性の監査
		⑤ フル・ネット・トータルコストの識別と算定根拠	コスト分析，集計プロセス
		⑥ 代替コースのレイアウトの明確化	戦略サービスの代替コースの提示・選択の指標の監査
		⑦ 適用プロセスの明確化	戦略サービスの事前・継続中・事後プロセスの各段階監査
33	業績成果報告書作成マニュアルの検証		業務成績報告書の作成プロセスマニュアル
34	業績（戦略）公監査手続上の留意点の明確化		保証水準の明示，保有資産の定期的現物検査（記帳・転記漏れ），高額機器の利用状況，遊休資産，未収金，不納欠損等，貸倒引当金，退職給付引当金，単位間調整勘定，内部保留資金残高，預り金，物品のコストと管理体制（紛失ロス管理含む），高額物品消耗品管理，負担金操作，カットオフの調整，個人情報確保（顧客），苦情（クレイム）報告書，業績公監査証拠の類型と信頼性の測定，業績管理統制の評価，公監査調査の完全性と証拠能力

35	業績公監査の事前・継続中・事後的適用の合理性	事前・事業継続中・事後公監査の適時性
36	業績公監査の証拠の合理性・説得性の判定	証拠の理論性・説得性
37	業績成果の包括的評価	成果評価の包括的・理論的評価

（ステージ8）業績公監査報告書の作成・審査プロセスの確証化の段階
　　→このステージでは，公監査人側は業績（戦略）公監査結果の意見・報告の保証水準，重要性水準の審査のQCを確かめることができる。

38	業績公監査報督（利用者・利用目的）の作成プロセス	監査委員による業績公監査（行政監査，財務監査の3E〜5E監査）と包括・個別外部監査目的の確認，公監査結果報告書，公監査意見報告書，改善勧告報告書，監査報告書の保証水準
39	業績公監査非準拠性報告の明示	非準拠性報告，業績測定の品質報告，業績結果・改善報告
40	業績公監査報告書の保証水準の明示	保証業務水準の確定手続
41	業績公監査報告書の限界表示	業績公監査報告書利用者への警報
42	業績公監査の建設的勧告事項の明確化	公監査結果による改善勧告の強弱
43	業績公監査意見の説明の論理性・説得性	公監査意見の論理的説明性
44	政策の功罪，価値判断の境界基準の明確性	有効性意見の境界判断基準

（ステージ9）業績公監査による非準拠性結果の報告の確証化の段階
　　→このステージでは，公監査人側は，業績公監査結果の法規準拠性の観点の意見水準，責任関係を確かめ，改善勧告の品質を確かめることができる。

45	行政府の措置状況（改善勧告）	経営改善・フォローアップ委員会の開催，監査結果の執行機関の改善・見直しシステムの妥当性，結果フォローアップシステムの有効性，担当部局等の責任水準の明確化
46	結果公表の有無	決算書（事業別・業務別・施設別報告），中期計画の達成状況，行政評価の結果報告書の作成・公表，web公表

（ステージ10）公監査人の独立性・適格性の確証化の段階
　　→このステージでは，公監査人側が公監査人の独立性・適格性，適用した

			正当な注意の範囲水準を認定することができる。
47	公監査人の適格性	独立性の判定	当該自治体・公営企業と利害関係無し，外部公監査人，内部公監査の利用
		適格性の判定	業務・業績監査の専門能力を有する者，公認会計士等の専門家の活用
48	他の専門家の利用の妥当性		業績公監査の専門知識の活用水準
49	公監査人の業績公監査の正当な注意の評価		公監査人の職業的懐疑心

（ステージ11）公監査の QC プロセスの確証化の段階
　　→このステージでは，公監査人側は，公監査手続実施全体の QC 水準を評定することができる。

50	品質管理（内部・外部 QC）プロセスの妥当性	業績成果測定・業績公監査プロセスのレビュー，外部 QC

（ステージ12）立法府の処置の確証化の段階
　　→このステージでは，行政側・公監査人側は業績公監査の意見・報告結果の責任水準を確かめ，立法府側・公営企業側の対応を確認することができる。

51	立法府の審議（決算・予算）・措置状況の評定	当該監査報告・成果報告の議会での次年度予算審議活用，議会の責任水準の明確化

（ステージ13）業績公監査の結果による財務・財源システムの確証化の段階
　　→このステージでは，行政側は業績公監査結果を受けて財務・財政的対応活動を確かめることができる。

52	財務管理システム（財源・財務）設定の評定	資金運用・調達・財源選択（短期・長期借入），自己収入財源の見直し

（ステージ14）事後的評価・格付の確証化の段階
　　→このステージでは，行政側・公監査人側は業績公監査結果による業績（戦略）結果の格付や評価品質を評定することができる。

53	評価・格付の有無とその評定	業績成果報告書・監査報告書の水準，品質の評価指標の影響

（ステージ15）業績公監査結果に対するインセンティブ付与及び責任の確証化の段階
　　→このステージでは，行政側は業績公監査結果により，インセンティブ，責任及水準を確かめることができる。

54	インセンティブの妥当性／責任の明確化の妥当性	ベスト・ベタープラクティスの報償性と不十分，欠陥の責任性

| 55 | ペナルティの履行の合法性・準拠性 | 経済性・効率性・有効性欠陥事務事業執行のペナルティ，次年度予算削減・補助金等の削減（返還），効率性・有効性欠陥の人員配置の見直し |

　上記表中，32の業績公監査手続に用いられる経営比較分析の経営指標は例えば，(1)経営の健全性については，経常収支比率，累積欠損金比率，流動比率，企業債残高対給水収益比率，企業債残高対事業規模比率，(2)経営の効率性については，料金回収率，給水原価，施設利用率，有収率，経費回収率，汚水処理原価，水洗化率，(3)老朽化の状況については，有形固定資産減価償却率，管路経年化率，管路更新率，管渠老朽化率，管渠改善率等がある。

　以上のような，各ステージにおける業績公監査のプロセスを活用し，地方公営企業の戦略実行プロセス公監査が，究極的には公経営監査として実施されることによって，公営企業の法規準拠性，財務会計上及び経営業績の合理的な判断材料を導くことができ，経営戦略に資するものと思料される。

〔参考文献〕

① 地方公営企業会計制度に関する報告書（平成13年3月）
② 地方公営企業会計制度研究会報告書（平成17年3月）
③ 地方公営企業会計制度等研究会報告書（平成21年12月）
④ 地方公営企業法及び地方公共団体の財政の健全化に関する法律（公営企業に係る部分）の施行に関する取扱いについて（平成24年改正の新旧対照表）
⑤ 地方公営企業の会計規程（例）について（平成24年10月制定）
⑥ 地方公営企業法の適用を受ける簡易水道事業等の勘定科目等について（通知）（平成24年10月制定）
⑦ 地方公営企業会計制度の見直しについて（平成25年12月）
⑧ 地方公営企業法の適用に関する研究会報告書（平成26年3月）
⑨ 公営企業の経営に当たっての留意事項について（総務省通知）（平成26年8月）
⑩ 地方公営企業法の適用に関する実務研究会「中間まとめ」（平成26年10月）
⑪ 地方公営企業法の適用に関する実務研究会報告書（平成27年1月）

⑫　公営企業の経営戦略の策定等に関する研究会報告書（平成26年3月）
⑬　公営企業の経営健全化等に関する調査研究会資料（平成27年8月）
⑭　公営企業の経営健全化等に関する調査研究会（制度ワーキングチーム）資料（平成27年10月）
⑮　同上（会計ワーキングチーム）（平成27年12月）
⑯　下水道財政のあり方に関する研究会報告書（平成27年9月）
⑰　公営企業の経営戦略の策定支援と活用等に関する研究会報告書（平成27年4月）
⑱　公営企業の経営健全化等に関する調査研究会
　　第1回　会計ワーキングチーム資料（平成27年12月）
　　第2回　全体会資料（平成28年2月）
⑲　公営企業の経営健全化等に関する調査研究会報告書（平成28年3月）

第III部

公監査と公経営監査

第1章

公経営監査の萌芽

第1節　経営監査の萌芽

　近年，国・地方公共団体等の公的機関に対する公監査において，特に法規準拠性公監査や財務報告（会計）公監査のみでなく，業績（行政成果）に関する公監査の要請が高まっている。しかし，公監査制度の構築は，米英を中心として，業績公監査を含む公監査制度及び公監査基準の確立が著しい。業績公監査は，更に公経営監査と称し得る水準にまで拡伸している。第31次地方制度調査会において地方公共団体の公監査制度強化のための答申集（平成27年12月）も公表されており，また，我が国においては前述のとおり新地方公会計基準の設定がなされ，これら財務書類を基にした公監査制度の確立も重要な課題となっている。そこで本章では，企業会計における経営監査の議論が，公経営監査へと展開していった徴候を簡見し，さらに新地方公会計基準の統一化と公監査の関係についても検討を試み，地方公共団体公監査制度の構築を提言する。

　まず民間営利企業の監査の展開の中での経営監査の萌芽を見い出すこととする。
　バックリー（J.W.Buckley）は，監査主体に会計士を設定して業務監査を論述した。すなわち，歴史的には1950年以来，公共会計事務所（public accounting firms）は，"マネジメント・サービス"への能力の増加を展開してきており，経営（management）または業務監査（operational auditing）に注

〔図表Ⅲ−1−1〕伝統的監査と業務監査の比較

特　徴	伝統的監査	業務監査
1．目　　　的	財政状態および管理についての意見表明	経営管理方法および実行の評価と改善
2．範　　　囲	財務記録	相互関連的経営機能
3．方　　　法	会計技能の強調	相互関連的技能の強調
4．時間的方向	過去	将来
5．正　確　性	絶対的	相対的
6．受　取　人	外部…株主，政府，公衆	内部…経営者
7．実　　　現	現実	潜在的
8．必　要　性	法的必要性	任意的
9．実　務　性	原始的	近代的
10．触　媒　性	伝統的	実証的，直観的

意を向け始めた[1]。このような業務監査は，概念的には「完全監査（complete audit）」であり，それは，一つの課題について相互関連的な局面のすべてを検討し，この監査の目的は，改善のための観点に基づいて経営組織，技術，実行を評価としようとするものである。この意味でこれは，建設的監査（constructive audit）であると考えられるであろうとする。

バックリーは，外部業務監査に焦点をあてて伝統的および業務監査の比較を〔図表Ⅲ−1−1〕のように示す[2]。バックリーによれば，業務監査は，伝統的監査にとって代わるものでなければならないということではなく，事実，業務監査は，伝統的な監査の自然的な拡張でありうるのであるとしている。

業務監査は，伝統的な監査計画に関連した領域の検査から始まり，公共会計士は，現在の財務報告書の証明と同様の方法で客観性および責任性という形で経営の遂行状況を「証明（attest）」することになるであろうとする[3]。かくして，独立的公認会計士（independent CPA）の業務が，依頼人の内部情報システムを本格的に包含することになるならば，その証明機能は，拡大され，資料の信頼性，諸経営計画の実行の良好性，意思決定の健全性についてトップマネジメントに保証を与える意見表明をすることになる。従ってCPAは，ある組織が選択的な意思決定の際に「一般に認められた経営管理の基準（generally accepted managerial standards）」に準拠しているか否かについて証明するこ

とが可能となる基準および判断基準を展開することになるとする。以上，バックリーの所論は，会計士を積極的に業務監査人に設定することにより，独立的業務監査の証明を試みようとするものであるが，その本質は，経営者に対するものと理解され，外部独立監査の課題を充足することを意図しているものではない。換言すれば，マネジメント・サービス的な業務監査であり，業務監査の発生史的形態であるが，このような考慮の後に展開される外部業務監査および経営監査への萌芽がそこに見られることに注目すべきである。

　次にリンドバーク（R. A. Lindberg）とコーン（T. Cohn）の所論は，バックリーの所論とは異なり，所謂，外部監査的な業務監査（operational audit: OA）を指向しているものと言えよう。リンドバーグとコーンによれば，監査には3つの主要な形態があり，(1)証明あるいは財務監査，(2)内部監査，(3)業務監査および類似の業務および経営監査であるが，業務監査は，財務および内部監査とは，実務的に別個のものとしてみる[4]。そして，この段階では経営監査の意義を見い出すことは困難であり，実務家の間で明白に認められている定義は，存在していない。業務監査は一般に会計機能の考慮以上の財務監査の拡張として自然的に展開され，企業の財務的記録において量的に早晩示される非財務的な活動について処理するものとする。経営監査は，経営者の責任遂行の必要性から発生したものであると，リンドバーグ，コーエンは述べ，その理由を経済社会動向から分析して経営者の情報不足によるとしている。経営監査は，そのような知識情報を提供するために発生したものであり，情報提供方法の伝統的な範囲と現代の企業の状況とのギャップを満たすために生起したものであるとする。そして，問題を解決し，改善を確実にするプロセスに関連をもつが，それは，そのプロセスの一部分であってはならない。言い換えれば，業務監査は，これらの欠陥を如何に修正するかについて示唆を提示するものではなく，企業経営の欠陥を発見する手段である。これとは反対に，大抵の内部監査人は，欠陥の立証およびそれらの修正についての勧告の両方について責任を持つのみである。業務監査は，重要な問題を発見し，立証し，それが正確に明示された時に終了されなければならず解決策を示す余地はないとしてマネジメント・コンサルティングと業務監査の区別を改善への勧告という観点からリンドバーグとコーンは明確に区別している。そしてOAの特徴は，基準に対して測定さ

〔図表Ⅲ-1-2〕各種監査とコンサルティングの比較

	業務監査	独立（CPA）監査	内部監査	マネジメント・コンサルティング
主たる目的	計画の履行および健全な企業経営の要求について検証すること。すなわち発生している問題あるいは改善に対する機会を公告すること	会計情報の完全性を評価すること	管理統制の有効性を測定し評価すること	指向される結果を作成すること
基準に対する測定	yes	yes	主として	必ずしもそうではない，しばしば新しい方法に着手する
用いられる測定基準	企業あるいは産業の標準	一般に認められた会計原則	企業の政策と目標：管理技術	各問題への特殊の必要性
独立性	yes：OAは問題を解決したり，解決策を履行するものではない。	yes：監査の独立性はCPAに必須である	部分的：しばしば勧告を結果し，監査人は自身の業務に出会う	yes：新しい問題に関してなされた勧告の履行から生ずる問題についてはno
外部者および経営者への意見	no	yes	no	特殊の状態を除外してno
保全的・建設的サービス，管理の評価	主として	非常に大きい	主として	必ずしも第1の目的ではない
処理	企業のすべての測定し得る局面	主な物理的および財務的資産	経営の多くの程度と経営管理	一般に特殊な領域および問題
問題の定義と改善のための機会	専ら	no	なかんずくそうである	なかんずくそうである
代替案の調査：代替案のテスト：最良の解答の選択	no	no	しばしば	ほとんど常に
問題の解決	no：不十分の時間：個人的に専門家ではない	no：責任の区分ではない	yes：問われない時	yes：主たるサービス
規則的に遂行される機能	yes	yes	必ずしもそうではない	恐らくほとんどそうではない
企業の発展性との関連	間接的：OAは検証するがしかし改善のための機会をいかに開発するかを述べない	no：目標は財務諸表の意見を与えるために監査が遂行されるのが限界である	yes：問題の発見と問題を解決することは機能の一部分と考えられる場合	yes：改善のための機会の検証と利用は外部コンサルタントの特徴である

れるものであるということであると主張する。

かくしてリンドバーグとコーエンは，三種の監査と経営コンサルティングの特徴について〔図表Ⅲ-1-2〕の如く比較する（この表は主なもののみを引用している(5)。

次に，AAA（アメリカ会計学会）の基礎的監査概念の報告書（ASOBAC）

等の論述によって伝統的監査機能からの監査機能の拡大に本質的な問題点に付加されて次のような議論が提示された。すなわち例えば経営監査については，
（1）投資家は経営管理に対して独立的証明を希望しているかどうか。すなわち，正確な利益の予測と経営管理の正確な評価について投資家にとって必要なのはいずれであり，証明機能以外に他の可能と考えられる拡張がないかどうか。
（2）証明機能の拡張に対するより適当な他の領域がないか，すなわち例えば，経営監査以外の証明機能の拡張について他の領域がないか[6]。このような基本的な考え方をもとに，カーマイケルは，新しい監査人の監査機能の拡張に対する議論を展開した。すなわち，従来からの「証明 attest」という用語で表わされている保証の一般概念から全く異なった保証，すなわち程度の異なる保証 (different levels of assurance) の必要性を述べ，「証明」という用語が，独立的監査人の役割を論ずるためには最良の用語ではないということを提案している。財務諸表監査の理論的観点から類型の情報に対して，一般に認められた会計原則に類似した構造を適用するよりも，必ずしもすべての情報が，同じ信頼性の程度を獲得することは不可能であるということを認識し，種々の型の情報について異なった程度の責任を監査人に課することが必要になる。言い換えれば，現在の CPA は，監査意見の最大限の保証を与えるかあるいは非監査財務諸表については，否定的な保証をすることのどちらかに限定していることになる[7]。しかしすべての非監査財務諸表が，必ずしも保証の程度において同様であるとは限らないということ，そしてこれらの相違が報告の異なった形式によって認識されるべきであるとしている。すなわち，カーマイケルによれば必要とされるものは，監査意見よりも小さく，非監査財務諸表という程度よりもより大きい保証を与える形式である。言い換えれば，あらゆる情報に同じ程度の保証を与えることは不可能であるということである。かくして財務諸表の利用者は，保証の型式によって異なってくることを期待することとなり，財務情報についての監査人の保証が，すべて同程度であるとは限らないということになる。従ってこの場合には，情報利用者の能力も問題となるということ，そしてそれは解決できるであろうということ。また，監査人の責任も段階的になるということに注意しなければなのらない[8]。ここにおいて既に証明や保証の定義の萌芽がみられるのである。そしてこの保証機能 (assurance function)

を認めることは，独立監査の将来に，希望をもつことになるとする(9)。

前述したように監査機能の範囲は，拡張化しており，機能の拡張の分野には種々のものがあるが，公経営監査と関連してその一つの領域である更なる拡張形態としての経営監査論の議論をとりあげ，その関連と問題点を明らかにする。近年，投資アナリスト・株主および一般公衆から伝統的な財務諸表を超えて経営管理の評価の要請がおきつつあるとし，バートン（J.C.Burton）によれば，経営監査の4つの領域の課題について，(1)経営監査のための判断基準，(2)経営管理の実施の基準，(3)報告の方法，(4)経営監査の手続と基準の検討がまず必要であり，その際に重要なことは，①客観性および測定可能性，②将来事象を取り扱ってはならないこと，③利害関係者に有用に報告されなければならないことである(10)。経営監査における報告の基準については，報告書の様式には，経営者が「一般に認められた経営管理の基準」（generally accepted standards of management）に準拠し，そしてそれを指向していることを簡単に報告することは実行可能であるが，正確な標準的な報告形式を提示することは，いまだ早計であり，その内容は，(1)監査人の監査の性格についての範囲区分，(2)絶対的－相対的の経営活動の評価の区分，(3)企業の現在の経営手続の評価の区分を記載しなければならない(11)。

従って，監査機能とコンサルティング機能の間の統合の必要性が生ずる(12)。次に経営監査人の独立性の問題が重要であるが簡単には解決できないとする。また監査人の法的責任についても考慮されなければならず，経営監査の発展につれて，損害賠償請求の可能性が増加することとなり，監査人に現在の経営管理の手段の適切性および過去の経営管理の突践の適切性についての専門的意見を，正当化する責任が課されることになるのであるから，経営監査の実施と責任の程度が研究されなければならない。しかしいずれにしても企業の経営活動の証明についての必要性のゆえに，何らかの形における経営監査が始まることとなるであろうとバートンは予測しているとし，現在の業績公監査の基礎的考え方が見出される(13)。

ランゲンデルファー（H.Q.Langenderfer）とロバートソン（J.C.Robertson）は，監査済みの財務諸表によって提供されるものより広い範囲で企業の経営管理を評価するという問題において，株主，債権者および財務関係者に広い関心

が持たれている最近の出来事があるとして，そして，経営管理および経営活動についての追加的情報が要求されていることが明らかであるとする。この要求を満足させるための可能なアプローチが，経営監査（management auditing）であり，それはしばしば経営管理を評価する技術として述べられている。この評価過程それ自体が経営監査であるとする。そして通常，経営監査の議論は２つの理由で議論され始めているとする[14]。第一は，経営監査という用語の正確な意義について一般的な承認がないということであり，第二は，独立監査機能の構造の中で経営監査の明白な理論が存在しないということである。これらの２つの論題の局面は，経営監査の研究により困難な課題しかも現在の会計および監査思考のより興味ある領域の一つを作っているとして，ランゲンデルファー等は，簡潔に経営監査についての定義的問題と合理的問題を研究し，そして独立経営監査を含む監査機能の拡張についてのいくつかの詳細な理論的構造を提示するとする。

　しかし，財務監査を強調するという理由からマウツおよびシャラフによって提示された理論的基礎は，独立経営監査の理論に対する試験的な一連の組み立てとしてのみみるべきであるとし，独立経営監査に対する理論的構造は独立，証明の広い概念的基礎に存在するとする。明白に経営監査の過程は，経営管理の過程の有効性の検証あるいは少なくともこれらの検証可能な過程に関連するものである。この特殊な関係における含意は，企業目標の達成に貢献するところの意思決定プロセスの支配的要素の評価を必要とする。そして経営管理プロセスの監査は，その活動と目的に関する経営管理の表示に関する独立的証明に対する基礎を構成するものである。経営監査の理論が今日の財務監査の理論と実務に一致する基礎を構成するということから「経営管理の表示（management representations）」の概念は，特別の明らかな意味を持っているとしている。

　そして，ランゲンデルファーとロバートソンは，次に経営監査についての諸概念と公準（postulate）を明らかにする。すなわち監査理論（財務および経営監査の両方）の核心を形成する概念と公準は，〔図表Ⅲ－１－３〕のように示されるとする[15]。また，〔図表Ⅲ－１－４〕で比較形式において提示された仮説は，経営監査の機能的理論に一歩近づくためにこれらの用語に理論的意味を寄与する手段として提示されたものであるとし，これらの公準は，今や経営

〔図表Ⅲ-1-3〕監査理論の構造の表示

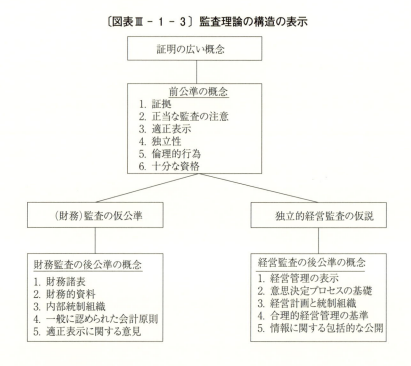

監査の理論の核心を形成するとする[16]。

そして最後に次のように述べる。すなわち，経営監査論は，監査論の名前で呼ばれている限りちょうど財務監査論がその関係のなかで認められるのと同じように一般的な証明の関係において認識されるべきである。コンサルティングサービス，内部監査および投資決定アドバイスを内包するその用語の他の用い方は遺憾なことであるとする。そして，用語および理論の一般的な同意および認容によってのみ独立的な経営監査を含む証明機能の拡大によって手に入れることが出来る利益に到達するために動き出すことが可能であるとして独立的経営監査の考え方を指向しているのである[17]。

以上で示されているものが経営監査を実施するに当っての解決すべき方向と解決すべき課題である。経済社会の環境変化によって，具体的には，外部監査人による業務監査の必要性と現実の実践[18]，または政府および州機関の能率監査という形態でのCPA事務所による参加方式の存在から[19]，経営監査の具体

〔図表Ⅲ-1-4〕財務監査公準と経営監査の仮説の比較

（財務）監査の仮公準	独立的経営監査の仮脱
1．財務諸表および財務的資料は検証可能なものである	1．経営管理の表示および意思決定の基礎は検証可能なものである。
2．被監査会社の監査人と経営者との間には，必然的利害の争いはない。	2．被監査会社の監査人と経営管理者との間には必然的な利害の争いはない。
3．検証のために提出された財務諸表および他の情報は共謀およびその他の異常な誤謬がない。	3．検証のために提出された経営管理組織に関する経営管理の表示とその他の資料は共謀およびその他の異常な不正はない。
4．誤謬の蓋然性を除去する満足な内部統制組織の存在。	4．満足な経営管理の統制組織の存在が経営意思決定の基礎となる経営管理の表示および情報は内部者か外部者から異常な不正を受けるというが蓋然性を除去する。
5．一般に認められた会計原則の首尾一貫した適用は財政状態および経営成績の適正表示を結果する。	5．合理的な経営管理の基準の首尾一貫した認識および適用が有機的目的を成し遂げるための経営管理組織の有効性に意味深く貢献する。
6．被監査会社について過去に真実であったものと反対の明白な証拠のないかぎり，将来における真実性を保持する。	6．a　反対の明白な証拠がない限り内部経営管理組織は変化に相関的に抵抗するということそして近い過去においてなされたものとして将来機能するであろうということが推定出来る。 b　反対の明白な証拠がない限り，企業に影響を与える外部環境変化が過去になしたものを将来必ずしも保持されないということが推定出来る。
7．独立的意見を表明する目的で財務資料を検査する時，監査人はもっぱら監査人としての能力をもって行動する。	7．包括的な公開を提示する目的のために経営管理の表示を検査する時，監査人はもっぱら監査人としての能力をもって行動する
8．独立監査の職業専門家的地位は同一程度の職業専門的業務を課される。	8．内部および外部利害関係者集団が独立監査人によってなされた公開に依存するであろう事実は監査人に同一程度の義務を課す。

的な実行も単なるCPAのサービスの提供拡大という観点からのみでなく，社会経済的要請によって今後制度化される可能性を考慮する時，監査機能の拡張と関連して，CPAの独立性の基準，正当の注意の基準等[20]，検討されることが期待され，ひいてはそれらの問題解決が，「監査証明」の原理の精緻化の一助となるであろうと述べられており，このことは，能率監査や経営管理の統制組織という本論稿の主題である経営監査を基点とする業績公監査の検討主題と合致しているものと結論出来るのである。

第2節　公経営監査の萌芽

アメリカとイギリスの公監査の展開から公経営監査の萌芽を見出す。

アメリカの政府監査主体であるGAO（General Accounting OfficeからGovernment Accountability Officeへ）は，1945年に業務管理システムの有効性の評価を行う監査すなわち包括監査をすでに提示していた[21]。1950年の予算・会計手続法においては，証憑監査をはじめとして経済性・効率性・有効性監査が示されており，1952年包括監査マニュアルで，監査範囲の拡大が提唱された。1960年代に有効性監査が開始され，1970年代には費用効果およびコスト便益分析が実施され始め，監査目的の割合は20％が財務・準拠性監査，50％が経済性・効率性監査，30％が有効性監査であったとされる。1972年GAO監査基準は経済性，有効性監査を強調し，国・地方政府の業務管理の強化が規定された。1978年にはプログラムの有効性およびプログラムの公経営監査の原型である業績監査の手続書が公表されている。1988年改訂では，監査リスクおよび重要性の判断基準の導入，内部統制に対する監査責任および質的管理の強化が行われている[22]。

次に，イギリスの政府監査は，1982年の地方財政法の地方政府の監査では，経済性・効率性・有効性監査が規定され，1985年監査委員会のコードでは，VFM（Value for Money）監査，すなわち経済性・効率性・有効性監査が，そして1982年，CIPFA（Chartered Institute of Public Finance and Accountancy）では3E監査の実施が規定された。一方，1983年NAO（National Audit Office）法は，経済性・効率性・有効性監査を義務付けたが，

会計検査院長は政策の質については判断してはならない，すなわち政策の選択の価値判断は国会議員の専権事項であるとされた。これを受けてイギリスNAOの公監査基準は，監査実施基準として，（パート1）において，経済性・効率性・有効性の監査を含む業績監査基準と，（パート2）において，財務諸表・収益・在庫勘定の監査を含む財務監査基準から構成されている。業績監査基準は，VFM監査基準として位置付けられており，1983年の国家監査法においてその権限が与えられ，VFM監査のガイドラインとして，1987年の「VFM監査のフレームワーク基準」，1987年の「VFM監査の有効性チェックリスト」，1997年の「VFMハンドブック」をはじめとする業績監査基準および手続書が作成されている[23]。また，イギリス地方政府においては，1982年の地方財政法によるVFM監査権限の付与に対して，公監査の統括本部たる監査委員会（AC）は，監査実施コード（基準）においても経済性・効率性・有効性の実施基準が規定され，VFM監査実施手続書が作成されている[24]。1995年のコードの改訂版では，VFM基準をコードの中で上位基準に位置づけており，またコントロールリスクの評価アプローチの導入も図られている[25]。次に2000年3月の改定コードにおいては，「政府の近代化白書」に基づき，ベスト・バリュー業績プラン（BVPP : best value performance plan）の監査が導入された。監査目的は，財務諸表，コーポレートガバナンスの財務的観点，および業績管理の観点を明確にして財務・準拠性および業績監査を統合した監査モデルとなっており，2002年からは更にBVPP監査を進展させ包括的業績評価（Comprehensive Performance Assessment）の監査へと展開している。

　以上のように20世紀の政府監査の監査判断は効率性の監査の歴史と称されるようになっているが，しかし当初は，政府支出の削減を目標とする不経済支出に対する改善勧告を行う監査が顕著であった[26]。アメリカ政府監査の展開を詳細に概観する。アメリカでは，1945年政府企業法では包括監査，コマーシャル監査と呼ばれる経済性監査が実施されていたが，1946年立法再編成法では，行政管理分析を行い経済性と効率性が監査要点となっていた。1949年第一フーバー委員会による業績予算の導入および1950年予算会計法は，コスト基礎予算方式を取り入れ包括監査が実施された。これには，試査や往査の手続がとられた。しかし，1952年の包括監査マニュアルでは結果指向の監査はなかったとさ

れている。1959年から69年にかけてGAOは、パブリックアカウンティングファームをモデルとしてプロフェッショナル監査と称して政府プログラムの評価を行い、そして1950年代には、旧原子力エネルギー委員会に対して3Eの業務評価活動が行われた。このように大きな政府に対して、とくに国防費の増大に対応してコマーシャルベースの監査あるいは包括監査の導入が企図されたのであり、契約監査やVFM監査すなわち一部の領域では3E監査が実施され、1960年代に至りアメリカ連邦政府ではプログラム評価が開始された[27]。この傾向は、地方政府監査へも影響を与えたのである。そして1970年および80年代には、プログラム結果監査とプログラム評価が業績監査へと統合された。1972年には、政府監査基準（イエローブック第1版）が設定され[28]、プログラム結果、目標達成、代替案の検討、低コストでの結果指向の監査のための基準構造が形成された。すなわちプログラム結果監査（program results audit）が構築された。

1974年の議会予算および拘束統制法で政策方針分析が行われ、1976年GAOにプログラムアナリシス部門が設置されプログラムの有効性および結果に対して、1977年には、①継続中のプログラム結果の評価と監査およびアウトカム評価、②代替的アプローチのコスト、便益分析が実施された。1978年には、プログラム結果およびマネジメントの有効性の評価が要請された。連邦においてはGPR（Government Performanse Review）法に基づく各省庁の業績成果報告書の作成が義務付けられこれに対する包括的な業績監査が実施されており、監査結果によってはファンドの払い戻しも生起するのである。監査人はIG（Inspector General）およびGAOであった。

一方、アメリカにおける州、地方政府監査は、各州、地方政府監査人において行われていた。監査目的は、合法性、合規性の監査と財務監査であったが、1960年代には、連邦補助金の増大により、各補助金ごとの監査が、1963年には、ミシガン州では、議会の指令によって州監査人（auditor general）によって業績事後監査（performance post audit）が実施された。その後、カリフォルニア州、ニューヨーク州、テネシー州、カンザス市、ダラス市、キング郡、ムルトノモア郡において効率性および有効性監査が実施された[29]。その後GAOの政府監査基準の展開とともにGASB（地方政府会計基準審議会）による1994年

のSEA報告作成の促進要請（義務化はされていないが，州・地方政府によっては積極的に導入している）と共に業績監査が進展していったのである。

　一方，1800年代のイギリスでは，政府支出の合法性および合規性の監査であり，これはすべての取引に対する厳密なバァウチャー（voucher）監査であり精査が行われていた。これは，政府監査の基点である合法性の検証を基礎とする司法的監査であり，政府支出の予算および財政法規に基づく使途の合法性か監査要点である。したがって，営利組織監査と同様に財務監査（financial audit）とも証明監査（certificate audit）とも呼ばれることになる。この監査の監査手続は，予算と実際の政府支出（実績）との照合であった[30]。

　近代政府監査の基点はこの政府支出の精査であるが，これは，当初から単なる合法性および合規性監査のみではなく，ムダ，浪費，濫費の概念によって支出の欠陥の摘発，防止のための監査が実施されていたものと考えられ，これは予算制度の根幹をなす考え方である。一方，特別支出に対してその賢明性（wisely）の評価はこの時期にはなかったとの論述もあるが[31]，これは常時あるいはすべての支出について実施されていたということではない。政府支出に対しては，支出の事実と合目的性の留意点すなわち立法府が議決した予算支出には，議会の意図したあるいは優先的に選択した目的が包含されているのであり，そこでは経済性および効率性についての監査判断がなければならない[32]。しかし，経済性と効率性の監査判断が導入された当初の段階では，この２つの概念の明確な区分はなかったのであり，経済性の判断が先行していたと考えられる。

　イギリスの中央政府監査は，次のような経緯を辿った。1866年国庫監査法では，国庫管理・監査長官（C&AG）は，認証監査，100％取引監査および決算監査を実施しており。これは，合法性，合規性および財務監査を内容としていた。1888年には，VFM監査として陸軍契約の経済性の監査が行われたとされている。1921年修正法では，テスト監査方式による保証およびシステム基礎監査が実施された。さらに1920年に公共会計委員会（PAC）は経済性監査の促進を要請した。そして1950年代は，戦後の大混乱の中で浪費と濫費の摘発が監査目的とされ，その内容は経済性監査であった。1974年レイフィールド委員会では，有効な財務管理およびVFMをC & AG（Comptroller and Auditor

General）に求め，国有企業には，効率性と業績を重視する監査が要請された。1976年にはプログラム分析とレビューを，1978年にはVFM監査として効率性と有効性の監査を実施し，1980年には，C & AG に有効性監査を要請し，1983年に，国家会計検査法（NA法）が有効性監査の一層の推進を目指して，1984年に外部監査機関として会計検査院（NAO）が設立され，3E監査が法定された。

このように，監査目的の変化とその要因はアメリカ政府監査と同種の推移を示しており，地方自治体監査への相互影響も同様の傾向であったと考えられる[33]。イギリスの地方自治体監査は，1844年に地区監査人（District Auditor）が任命され，準司法的監査および不法，損失，不正，故意の誤りの発見が監査目的であった。1970年以後は，効率性とコストの観点が監査目的に導入された。1976年にはレイフィールド委員会は，国のC & AGと同様に，地方自治体監査に対しても強化すべきとし，これを受けて1982年地方財政法は独立的機関としての監査委員会（AC）を設置し，3Eの保証と監査人の独立性を強化することとなった。1983年ACが広範囲監査を開始し，また，政府監査基準に相当する実務コード（code）が設定され議会で承認された。1991年のジョンメイジャー市民憲章により1992年法に業績指標の公表が規定された[34]。これらの指標の整備により業績監査であるVFM監査が発展した。

その後のブレア政権の「政府の近代化白書」に基づく政府の継続的，長期的改善プログラムに対応してベスト・バリュー業績プラン（BVP）の監査の導入のドラフトが示され2000年3月に新コードが公表された。ここでの監査目的は，財務諸表，コーポレートガバナンスの財務的観点および業績管理の観点であり，財務監査，準拠性監査および業績監査が統合された公監査モデルとした。業績監査においては，事前監査，改善勧告および監察勧告を含む強力な監査体制となったのである。そしてさらに2002年からは総合的な行政サービスの質を高めるために包括的業績評価CPA（Comprehensive Performance Assessment）システムに対する監査が導入されている。また，BVの推進の自治を高め過剰に規制されていたプロセスを簡素化し，ACとDAを統合しBVを総合的・横断的に評価格付けを行うシステムを確立しようとしていた。その後ACは解体される方向にはなったが，これまでにおける地方自治体の業

績公監査は，公経営監査の本質的要素を保有したと考えられる。以上のようにアメリカ，イギリスにおける業績公監査は，公経営監査の本質的要素を内包していたとみられるのである。

第3節　公監査と公経営監査の確立への提言

　現行のアメリカ，イギリスの業績公監査は，公経営監査へと精緻化をすすめている。これを例証すると以下のようになる。

　国・地方自治体等のアメリカにおける公的機関の行政マネジメントの構造とフローは，〔図表Ⅲ-1-5〕のとおりであるとされる[35]。

　この図のように公監査領域の公的機関の適切な行政・業績管理統制によって[36]，経営管理が遂行される。左側が経営領域と公会計領域であり，この信頼性を確保するために右側の業績公監査を含む公経営監査領域が不可欠となる。前述の経営監査思考と同質の構造である。

　次に公的機関の公会計・公監査が要求されるべきパブリックアカウンタビリティの階層構造は，〔図表Ⅲ-1-6〕のとおりである。

　アカウンタビリティ関係は，アカウンタビリティ概念からパブリックアカウ

〔図表Ⅲ-1-5〕完全な行政マネジメントプロセスと公監査・公会計体系

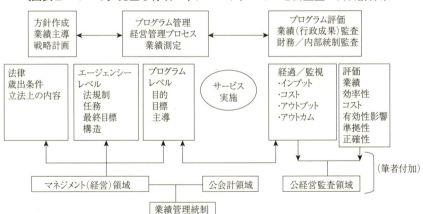

（出所：テキサス州政府2000年）

〔図表Ⅲ－1－6〕パブリックアカウンタビリティモデル

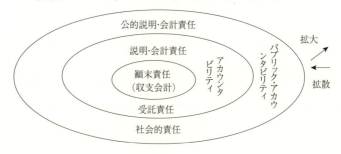

〔図表Ⅲ－1－7〕政府業績マネジメントシステムモデル

ンタビリティ概念履行へ公的機関の公的資源の使用から拡張がみられ会計監査から経営監査への拡張と同質の基礎構造である。

　GASB（政府会計基準審議会）によれば，政府機関の業績マネジメントシステムの構造は〔図表Ⅲ－1－7〕のとおりである[37]。

　業績マネジメントの結果は外部報告されるが，このことはIPSAS（国際公会計基準審議会）もサービス業績の責任の割当にとって重要とされており[38]，ここにおいて業績公監査がシステムモデルの機能達成のために不可欠となる。〔図表Ⅲ－1－7〕は，公的機関の経営成果の測定・開示システムの構築を目指したものであり，広義の公会計・公監査構造を意味している。ここにおいて公監査領域は業績・経営監査性を帯びてくるのである。

　諸外国における公監査の展開をまとめて公的機関の包括的業績公監査すなわ

第1章 公経営監査の萌芽

〔図表Ⅲ－1－8〕公経営（広義の業績）公監査包括目的の展開10段階

政府監査の類型区分				監査判断の基準及び測度			展開
公経営監査・包括監査・完全監査又は広義の業績（行政成果）公監査	法規準拠性公監査	広義の合法性又は準拠性ないしは法規準拠性監査	①狭義の合法性監査	法規違反行為・不正・濫用の摘発			第1段階
			②合規性・準拠性監査	政策方針及び予算の目的・手続・契約・要件の妥当性・適切性の検証，内部統制とガバナンスの有効性			第2段階
	財務報告公監査	正確性又は決算監査	③財務諸表監査	財務諸表の適正性・決算の正確性の検証			第3段階
			④財務関連監査	予算・財務関連事項の正確性・妥当性の検証			第4段階
	業績（行政成果・3E～5E・VEM）公監査	（業績監査の類型）		（測度の種類）	（主な測度又は指標）	（測度の特質）	
		広義の効率性又は生産性監査	⑤経済性監査	インプット測度	インプットコスト，作業量，サービスニーズと量，プログラムインプット	（1）目的適合性 （2）有効性 　（有用性） （3）反応性 （4）経済性 　（管理可能性） （5）比較可能性 （6）明瞭性 　（理解可能性） （7）互換性 （8）接近可能性 （9）包括性 （10）精選性 （11）正確性 （12）信頼性 （13）ユニーク性 （14）適時性 （15）完全性	第5段階
				アクティビティ測度	サービス努力，活動プロセス，資源の利用プロセス		
			⑥効率性監査	アウトプット測度	提供財・サービスの質，一定の質のサービス量，アウトプットプロセス		第6段階
				効率性測度	プログラム効率性，ポリシー効率性		
		広義の有効性監査	狭義の有効性監査	⑦目的達成の監査	有効性測度	プログラム有効性，ポリシー有効性，コスト有効性	第7段階
			政策評価監査	⑧アウトカムの監査	アウトカム測度	コストベネフィット，コストアウトカム，サービスの質	第8段階
					インパクト測度	短期的インパクト，長期的インパクト	
					説明測度	説明・記述情報	
				⑨代替案の監査	代替案決定の条件・プロセスの評価	代替案の提示，代替コースのレイアウト	第9段階
				⑩価値判断の監査	政策の功罪・政治的判断の評価	政策の根拠，政策目的の功罪，政治的意思決定の賢明性	第10段階

ち公経営監査の目的及び展開段階を示すと〔**図表Ⅲ－1－8**〕のとおりである。

　図表の展開段階は，法制度上の公監査目的の確立を意味するものであるから，実施対象としている公監査が法制度上求められる公監査目的のどの段階であるかを，公監査人は識別しなければならない。公監査には，10段階があることを住民・行政側・議会側も識別し，公監査は，住民の納付した税金・公金の使途を監視し改善し，ひいては行政運営の効率性，有効性の追求によって[39]，住民にその効果がかえってくるものであるから，その推進について関係者全体が

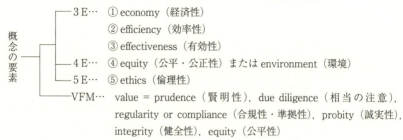

〔図表Ⅲ-1-9〕3E～5EとVFMの概念の要素

努力する目標となる。これは営利企業の業績目的と同質である。

公的機関の行政府の目的は⑤～⑨を目指すべきであり、この目標管理と成果結果の如何が業績成果となり公監査目的は、このプロセスと成果の評価と実施することが求められる。第⑩段階は立法府の領域であるとされる。

この業績公監査の判断基準である3E～5Eの概念をまとめると〔図表Ⅲ-1-9〕のとおりである。

行政府側・立法府側は、行政事業業務の実施目的あるいは住民が求めている行政ニーズを3E～5E・VFMの要素でとらえて、具体的な目標尺度や指標を設定して、より迅速に、容易に行政活動を行うことができる。一方、住民側もこれによって行政側が行おうとしている行政活動が、住民のニーズに合致しているかの理解が可能となる。このことはまさに経営監査における経営管理目的の造成度を判定する過程と同一であり、ここにおいて公経営監査目的と軌を一にする過程と判断できるのである。

これらの公経営監査と業績公監査の基準の体系関係の類型及び構成を図表で示すと〔図表Ⅲ-1-10〕、〔図表Ⅲ-1-11〕のとおりとなる。

企業会計における経営監査的思考から公経営監査的思考の萌芽が認められた。その結果公会計から公監査への連環にもとづくパブリックアカウンタビリティの遂行の終点において、公監査結果は公経営監査報告書となる。我が国の地方公共団体の第Ⅰ部・第Ⅱ部の新地方公会計基準に基づく財務書類及び公営企業新会計基準が確立した段階すなわち財務公監査の制度化により、これら発生主義及び複式簿記に基づく財務書類によって二重責任制度が構築され更なる業績公監査が進展し[40]、最終的には公経営監査に至ることになるものと思料される。

〔図表Ⅲ-1-10〕**公経営監査基準の体系と業績（行政成果）公監査基準の位置付けの類型**

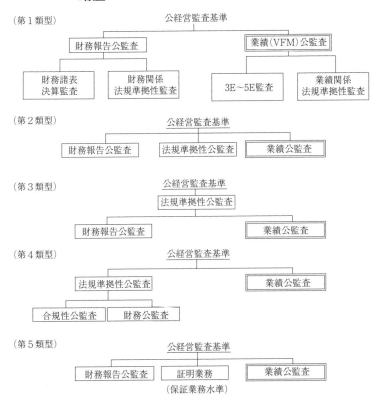

〔図表Ⅲ-1-11〕公経営監査基準の構成

前文	①基準設定の目的・範囲②パブリックアカウンタビリティ③証拠収集アクセスの自由④公経営監査の枠組み		
基準一般	①独立性の基準②適格性の基準③正当な注意の基準④品質管理（QC）の基準		
財務報告公監査基準	実施基準	①営利組織監査の準拠基準②監査目的の基準③公会計基準の準拠性基準④計画性の基準⑤不正・違法・非準拠性の基準⑥内部統制の基準⑦リスクアプローチの基準⑧監査調書の基準⑨品質管理の基準⑩財務関連公監査の基準	
	報告基準	①コミュニケーションの基準②監査基準（GAAS）準拠の基準③内部統制と法規準拠性の基準④監査意見の基準⑤財務関連公監査の意見基準⑥特別許可及び極秘情報の基準⑦監査報告書配布基準	
法規準拠性公監査基準	実施基準	①準拠性の範囲基準②重要性の基準③コーポレートガバナンスの基準④財務取引の合法性の基準⑤財務実施及び不正・濫用の摘発・防止基準⑥財務状況の基準⑦内部統制の基準⑧追加的手続の基準	
	報告基準	①意見表明の基準②非準拠性報告の基準③報告書形式の基準④重要性の水準の基準⑤コミュニケーションの基準⑥コーポレートガバナンスの報告基準⑦公監査人の特別の権利と義務の基準⑧市民の関心に対する特別報告の基準	
業績（行政成果）公監査基準	実施基準	①監査計画性の基準②3E～5E監査の基準③業績測度・指標の基準④業績（政策・行政評価）報告書作成の基準⑤法規準拠性の基準⑥業績管理統制の基準⑦重要性の水準の基準⑧準拠規準及びガイダンス設定の基準⑨監査証拠の基準⑩監査調書の基準⑪組織的監査の基準⑫フォローアップの基準⑬他の専門家利用の基準	
	報告基準	①業績（行政成果）公監査報告書形式の基準②適時性の基準③報告内容の基準④公監査目的及び範囲の報告基準⑤監査結果及び理由の報告基準⑥業績測度・指標評定の基準⑦政策（行政）評価監査の基準⑧改善勧告の報告基準⑨公監査報告書の作成基準⑩公監査報告書の配布基準	

〔注〕

（1） J.W.Buckley, "Operational Audits by Public Accountants", quoted by D.R., Carmichael and J.J.Willingham, *Perspectives in Auditing*, p.481, (First published in *Abacus*, Vol.2, No.2, December, 1966, pp.159-171)

（2） *ibid.*, p.483.

（3） *ibid.*, p.495.

（4） R.A.Lindberg and T.Cohn, *Operations Auditing*, Amacom, New york, 1972, p.3.

第 1 章　公経営監査の萌芽　259

(5)　*ibid.*, pp.16 - 17.
(6)　D.R.Carmichael, "Some Hard Questions on Management Audits", *J.O.A.* February, 1970, p.74.
(7)　D.R.Carmicheal, "The Assurance Function - Auditing at the Crossroads", *J.O.A.*, September, 1974, p.68.
(8)　*ibid.*, p.70.
(9)　*ibid.*, p.72.
(10)　J.C.Burton, "Management Auditing", *J.O.A.* May, 1968, p.42.
(11)　*ibid.*, p.44.
(12)　*ibid.*, p.45.
(13)　*ibid.*, p.46.
(14)　H.Q.Langenderfer and J.C.Robertson, "A Theoretical Structure for Independent Audits of management", *The Accounting Review*, October 1969, p.777.
(15)　*ibid.*, p.78.
(16)　*ibid.*, pp.780 - 787.
(17)　Langenderfer, *idid.* p.787.
(18)　Lawrence B; Sawyer, "*Operational Auditing*", Handbook for Auditor, ed. J.A.Cashin, McGraw - Hill, New York, 1971, LI, 11.
(19)　S.C.Dilley, "Expanded Scope Audits", *The CPA journal*, December, 1975, pp.30 - 35.
(20)　D.Y.Causey, Jr., "Newly Emerging Standards of Auditor Responsibility", *The Accounting Review*, January, 1976, pp.19 - 30.
(21)　L.D.Parker, *Value - for - Money Auditing: Conceptual, Development and Operational Issues*, Australian Accounting Research Foundation, 1986, pp.125 - 126.
(22)　M.A.Dittenhofer, *Applying Government Auditing Standards*, Matthew Bender, 1994. p.2.02.
(23)　NAO, Audit Manual, 1987, *op.cit*, pp.3 - 16; VFM Audit:Effectiveness Check List, 1987; および Value for money Handbook;Benchmarking, 1997等参照。
(24)　AUDIT COMMISSION, VFM Audit: Effectiveness Check List, *Audit of*

Effectiveness, 1987等参照。

(25)　AUDIT COMMISSION, Code of Audit Practice for Local Authorities and the National Health Service in England and Wales, July 1995, pp.1 - 12.

(26)　E.L.Normanton, The Accountability and Audit of Governments - A Comparative Study, Manchester University Press, 1996.

(27)　F.C.Mosher, The GAO: The Quest for Accountability in American Government, Westview Press, 1979, p.176.

(28)　H.S.Havens, The Evolution of the General Accounting Office: From Voucher Audit to Program Evaluations, GAO, 1999, p.10.

(29)　MA.Dittenhofer, Applying Government Auditing Standards, Matthew Bender, 1997, pp.30 - 34.

(30)　E.L.Normanton, *op.cit.*, p.59. D.Henley etc., Public Sector Accounting and Financial Control, Fourth edition, Chapman & Hall, 1992, p.251.

(31)　E.L.Normanton, *op.cit.*, p.74.

(32)　F.W.White and K.Hollingsworth, Audit, Accountability and Government, Clarendon Press, 1999, p.66.

(33)　E.L.Normanton, *op.cit.*, pp.8 - 14, p.74.

(34)　J.J.Glynn, Public Sector Financial Control and Accounting, second edition, Blackwell Publishers, 1993, p.38.

(35)　The State of Texas, "*Guide to Performance Measure Management 2000Ed*, 2000, Aug.

(36)　GAO."Government Auditing Standards, 2011 Revision", December 2011, p.131.

(37)　GASB, "*SEA Performance Information, Proposed Suggested Guidelines for Voluntary Reporting*", October 2009, Summary.

(38)　IFAC, "*Reporting Service Performance Information, IPSAS Consultation Paper*", October 2011, p.24.

(39)　A.C. "Corporate Governance Framework", The Audit Commission, March, 2014, p.4.

(40)　A.C. "Auditing the Accounts 2012/13 Local government bodies", p.6. A.C."Statement of responsibilities of auditors and audited bodies", Local government, March, 2010, p.3.

第2章

公経営監査の構成要素

第1節 公経営監査の統制構造

　公経営監査構築のための公的機関の統制の構造については，公監査目的によって相違し，統制範囲は〔図表Ⅲ-2-1〕のとおり展開されてきており，現在はⒸ段階が指向される。

　国・地方公共団体等の公的機関の公監査は，〔図表Ⅲ-2-2〕に示すパブリックアカウンタビリティの履行目的から業績（行政成果）の報告に対して行

〔図表Ⅲ-2-1〕公的機関の統制範囲の構造モデル

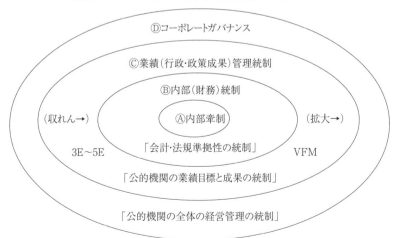

〔図表Ⅲ-2-2〕国民・市民・納税者へのパブリックアカウンタビリティ
　　　　　　　チェーンの履行

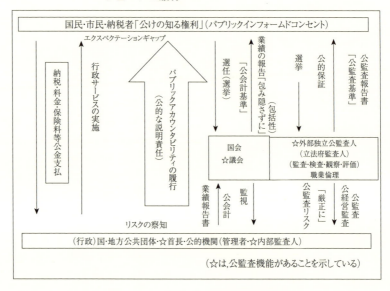

われる構造として構築されており，国・地方公共団体全体のパブリックアカウンタビリティの履行の終着目標となる。

　公監査は，公的機関全体の経営管理統制を前提とした業績公監査であり，すなわちこれを広義にとらえれば公経営監査と同質である。このような公監査すなわち公経営監査の目的は，諸外国の展開過程から〔図表Ⅲ-2-3〕に示すように10段階に区分され実施され，制度上の展開段階は，各公的機関の法規的な環境状況によって異なるものである。法規準拠性公監査と財務報告公監査は，営利組織における会計監査と同質的であるが，業績公監査は異質的であり，そしてこれら第①から第⑩の展開段階を包括して広義の業績公監査すなわち公経営監査の構造となる。

　公会計・公監査が追求すべきパブリックアカウンタビリティ展開過程は，〔図表Ⅲ-2-3〕のとおりである。

　また，公監査で識別すべきリスクの体系は，〔図表Ⅲ-2-4〕のとおりである。

〔図表Ⅲ-2-3〕パブリックアカウンタビリティの展開類型

企業会計的⟷公会計・公監査的	公会計・公監査機能の拡張
① 財政的アカウンタビリティ→管理的アカウンタビリティ→プログラムアカウンタビリティ	法規準拠性から業績監査へ
② 誠実性・合法性アカウンタビリティ→プロセスアカウンタビリティ→業績アカウンタビリティ→プログラムアカウンタビリティ→ポリシーアカウンタビリティ	業績監査,効率性,有効性監査へ
③ 準拠性アカウンタビリティ→倫理的アカウンタビリティ	公平性・公正性・倫理性監査
④ 事後的アカウンタビリティ→事前的アカウンタビリティ	予算,業績計画監査へ
⑤ 行政的アカウンタビリティ→政治的アカウンタビリティ	政策価値判断監査へ
⑥ 手続的アカウンタビリティ→管理的アカウンタビリティ	ガバナンス監査へ
⑦ 客観的アカウンタビリティ→主観的アカウンタビリティ	公正性・妥当性監査へ
⑧ 量的アカウンタビリティ→質的アカウンタビリティ	有効性・アウトカム・インパクトへ
⑨ 法規的（個別的統制）アカウンタビリティ→価値的（全体ガバナンス）アカウンタビリティ	業績・経営・ガバナンス監査へ
⑩ 法規準拠的アカウンタビリティ→業績・法規準拠的アカウンタビリティ	業績・法規準拠性監査へ

　公監査の展開段階における⑤～⑨段階の公経営監査過程である業績公監査と政策評価との関係は，〔図表Ⅲ-2-5〕のとおりとする。
　ここでは，業績公監査に政策（行政）評価が包摂されるものと考えられる。業績公監査で用いる業績指標の欠陥性のあるものの国際的な特質は，〔図表Ⅲ-2-6〕のとおりである。
　公監査及び公経営監査の発展状況は，各国の政治・行政・財政・公会計制度等により異なるものの，〔図表Ⅲ-2-7〕のような趨勢である。

〔図表Ⅲ-2-4〕公会計・公監査リスク体系

公監査10段階のリスクの類型区分					主要なリスク例
包括リスク又は完全リスク	法規準拠性・財務リスク	広義の合法性又は準拠性ないしは法規準拠性リスク		① 狭義の合法性リスク	違法・非合法取引
				② 合規性・準拠性リスク	非合規性・非準拠性取引
		正確性又は決算リスク		③ 財務諸表リスク	虚偽記載（粉飾・逆粉飾決算）
				④ 財務関連リスク	予算・決算虚偽記載
	業績（行政成果・3E〜5E・VFM）リスク	（業績リスクの類型）		（測度の類型）	
		広義の効率性又は生産性リスク		⑤ 経済性リスク	インプット測度分析	高額購入，公共調達・談合リスク，経済性指標の虚偽記載
					アクティビティ測度分析	
				⑥ 効率性リスク	アウトプット測度分析	低品質購入，公共調達効率性リスク，効率性指標の虚偽記載
					効率性測度分析	
		広義の有効性リスク	狭義の有効性リスク	⑦ 目標達成のリスク	有効性測度分析	アウトプット指標の虚偽記載
			政策評価リスク	⑧ アウトカムのリスク	アウトカム測度分析	当初目標成果の非達成，短・中・長期アウトカム・インパクト指標の虚偽記載
					インパクト測度分析	
					説明測度分析	
				⑨ 代替案のリスク	代替案決定の条件・プロセスの分析	代替案選択プロセス指標の虚偽記載
				⑩ 価値判断のリスク	政策の功罪・政治的判断の分析	政策の必要性・価値判断指標の虚偽記載

〔図表Ⅲ-2-5〕業績公監査と政策（行政）評価との関係

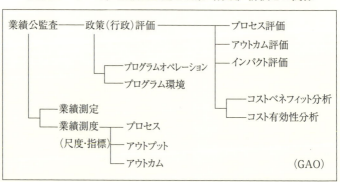

(GAO)

〔図表Ⅲ-2-6〕欠陥指標の特質

信頼性のないもの，適時性のないもの，遠回しのもの，類似したもの，反復的なもの，間接的なもの，自己矛盾のもの，不明瞭なもの，漠然としたもの，故意的なもの，あいまいなもの，ゆがめられているもの，誤導するもの，平凡なもの，過大視しているもの，不正確なもの，抑制的のもの，強力すぎるもの，付随的なもの，寛大なもの，単純化すぎるもの，曲解しているもの，つまらないもの，あまりにも技術的なもの，あまりにも詳細なもの，専門的すぎるもの，学者的な用語のもの，個人的プライバシーに関するもの，不本意のもの，あまりに複雑なもの，混乱させるもの，わかりにくいもの，事実上の意味がないもの，遅いもの，適合性を失っているもの，早すぎるもの，ジレンマをもたらすもの，部分的すぎるもの，消極的なもの，歪曲するもの，リスクのあるもの

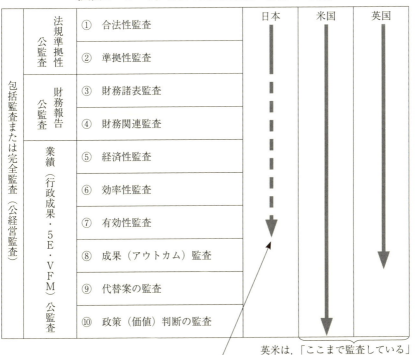

〔図表Ⅲ-2-7〕各国の公監査展開の現状（10段階）

日本は，「ここまでしか監査していない」
英米は，「ここまで監査している」

第3章

公経営監査の監査手続と証拠

　法規準拠性・財務・業績公監査を包括する10段階の包括公監査あるいは，完全公監査は，前述のとおり独立的経営監査の理論的根拠を援用して「公経営監査」と位置付けられ得る。これを論証するために業績公監査基準に基づく具体的な実施可能な公経営監査の業績公監査過程を，15のステージ及び55の実施段階の留意点を区分して示すことが可能であり，この業績公監査プロセスのステージと各ステージの公監査目的の留意点の要約は，〔図表Ⅲ-3-1〕のとおりである。

〔図表Ⅲ-3-1〕業績公監査過程と留意点

ステージ1　業績方針の法的根拠の確証化の段階
①首長マニフェストの有無，②立法府の政策決定方針（達成目標），③業績目標管理方針，④根拠条文（法規準拠性）
ステージ2　目標達成の管理システムと具体的な指標・コスト指標の確証化の段階
⑤目標業績管理システムの確証，⑥目標業績指標(1)経済性(2)効率性(3)有効性（結果＝output）(4)有効性（成果＝outcome）(5)有効性（代替案，代替コースのレイアウト）(6)公平性・倫理性(7)短・中・長期インパクト，⑦ベンチマーク・標準（スタンダード）指標（クリアリング・ハウス），⑧コスト指標（フルコスト，指標），⑨コスト効率性・有効性，⑩業績意図の確認，⑪業績準拠性・評価の重要性，⑫測度・指標の妥当性・適切性，⑬測度・指標の事前監査手続
ステージ3　業績（行政成果）公監査証拠の説得性・理論性の確証化の段階
⑭業績証拠の証明力
ステージ4　目標業績の法的根拠の確証化の段階

⑮業績の法規準拠性，⑯業績計画・実施・報告・フォローアップの法規準拠性
ステージ5　目標業績達成の実行計画─実施過程─評価過程─報告書作成プロセスの確証化の段階
⑰業績（行政）成果計画書，⑱目標実施プロセス（工程表），⑲業績（行政）成果測定プロセス（マニュアル），⑳業績（行政）成果評価プロセス（PDCA），㉑業績（行政成果）報告書（年次），㉒プログラム環境，オペレーション，㉓政策決定過程の報告書，㉔業績成果指標の重要性水準
ステージ6　行政側の業績管理リスクへの対応の確証化の段階
㉕マネジメントリスクの認識（業績管理統制），㉖リスク低減対応
ステージ7　公監査対象業績の特定化と対応の公監査手続・収集すべき証拠の確証化の段階
㉗業績成果報告書の公監査の目的（objectives），㉘目的水準の予備調査，㉙業績（行政成果）公監査目的の公共の利益性，㉚組織的公監査手続，㉛業績（行政成果）公監査技術・手続の開発，㉜業績（行政成果）公監査手続・証拠(1)効率性（経済性）の検証（インプット・アウトプット），(2)有効性の検証（アウトカム，インフルエンス），(3)公平性・倫理性，(4)コスト効率性・有効性の検証（機会費用），(5)フル・ネット・トータルコストの識別，(6)代替コースのレイアウト，(7)プロセス，㉝業績成果報告書作成マニュアル，㉞業績（行政成果）公監査手続上の留意点，㉟業績（行政成果）公監査の事前・継続中・事後性，㊱業績（行政成果）公監査の証拠の合理性，㊲業績成果の包括的評価
ステージ8　業績（行政成果）公監査報告書の作成・審査プロセスの確証化の段階
㊳業績（行政成果）公監査報告（利用者・利用目的），㊴業績（行政成果）公監査非準拠性報告，㊵業績（行政成果）公監査報告書の保証水準，㊶業績（行政成果）公監査報告書の限界表示，㊷業績（行政成果）公監査の建設的勧告，㊸業績（行政成果）公監査意見の説明の論理性，㊹政策の功罪，価値判断境界基準
ステージ9　業績（行政成果）公監査による非準拠性成果の報告の確証化の段階
㊺行政府の措置状況（改善勧告），㊻結果公表
ステージ10　公監査人の独立性・適格性の確証化の段階
㊼公監査人の適格性（独立性・適格性），㊽他の専門家の利用，㊾公監査人の業績（行政成果）公監査の正当な注意
ステージ11　公監査のQCプロセスの確証化の段階
㊿品質管理（外部QC）
ステージ12　立法府の処置の確証化の段階
51立法府への審議（決算・予算）・措置

ステージ13　業績（行政成果）公監査の結果による財務・財源システムの確証化の段階	
52財務管理システム（財源・財務）	
ステージ14　事後的評価・格付の確証化の段階	
53評価・格付	
ステージ15　業績（行政成果）公監査結果に対するインセンティブ付与及び責任の確証化の段階	
54インセンティブ／責任，55ペナルティの履行	

（2013年1月　鈴木　豊作成）

　以上の各ステージと各段階の業績公監査目的と留意点は，国・地方自治体の公経営監査の留意点と同質である。
　以下に行政活動に応じた公会計・公監査制度におけるケースを公監査の業績公監査プロセスと照応して例示する。
　業績公監査の実施ケーススタディは下記のとおりである。

〔ケース1〕 **中心市街地商業活性化推進事業**
　　　　　　　　業績公監査チェックリスト
　中心市街地商業活性化のための商工会・商工会議所実施の空洞化等対策の事業補助（コンセンサス形成事業，テナントミックス事業，広域ソフト事業，事業設計・システム開発事業）

	監査過程	業績公監査上の手続・技術，証拠資料，根拠データ等
1	首長マニフェストの有無	商業振興・地域経済の活性化，中心市街地の再建化
2	立法府・政策決定方針	商店街の活性化，産業振興財団の設立，産学官の連携促進
3	根拠条文	中心市街地の活性化に関する法律，中小小売商業振興法
4	目標管理のシステム	コンセンサス形成計画策定など助成金交付の目標

5	目標業績指標	(1) 経済性	活性化事業の単位当たりコスト（積算・審査）指標
		(2) 効率性	活性化事業の地域（店舗）的適正配置，設計調査コストの指標
		(3) 有効性（結果＝output・必要性）	各助成事業の交付（申請）件数の指標，空き店舗活用量，ソフト事業実施量の指標
		(4) 有効性（成果＝outcome）	商店街（商工会議所）の改善指標（集客数，商店街・各店舗増収効果指標，企画力，顧客満足度の指標）
		(5) 有効性（代替案）	必要な業種・業態の適正配置の代替指標
6	ベンチマーク・標準指標		上記(3)～(5)の類似地域との比較
7	コスト指標		補助事業実施・運営コストの指標
8	業績成果計画書		市街地活性化事業の目標指標の計画書＝目標達成に向けた個々具体の事業予算書・関連書類への明示
9	目標実施プロセス		予算要求（積算）書類上の目標達成の実施スケジュール（例：継続性，事業の業績がみえるような実施プロセスの指標明示）
10	業績成果測定プロセス		成果集計システム（ルール化・マニュアル化），成果統括部署のチェックの仕組み
11	業績成果評価プロセス		10の成果を測定した結果と，（事前設定した）目標との対比，分析・評価を行うシステム
12	業績成果報告書		業績に関する月次，年次（業績）報告書の作成と公表，業績成果の決算関連書類への的確な明示・公表
13	マネジメントリスクの認識		地域的・業種的実施（周辺地域との競合化，大規模店舗進出）リスク，ハード整備（駐車場・歩道等）リスク，商店街・商工会議所の意欲・企画力欠陥のリスク，事業実施の地域関係者不合意のリスクの識別
14	リスク低減対応		地域ニーズ（量的・質的）への迅速・的確な対応，業種・商圏など当該商店街を取り巻く競合リスクへの対応
15	業績成果報告書の公監査の目的		関連事業者との会合での業績の報告・意見聴取，行政評価（事務事業評価）としての自己評価・第三者評価，監査

第3章 公経営監査の監査手続と証拠

	監査過程		業績監査上の手続・技術、証拠資料、根拠データ等
16	業績公監査手続と証拠	効率性（経済性）	活性化事業のコスト及び効率性指標の妥当性・適正性検証
		有効性	活性化事業の業績指標の妥当性・適正性検証
		コスト	活性化事業のフルコスト算定基準の妥当性の検証、土地収用・取得コスト、開発・運用コストの妥当性
17	業績公監査報告書		監査委員による業績監査（行政監査、財務監査の3E監査）と包括・個別外部監査
18	措置状況		監査結果(17)を受けて執行機関が改善・見直しを図るシステムの定着、結果のフォローアップする仕組の存在
19	結果公表		主要な施策の成果報告書、中期計画の達成状況、行政評価の結果報告書等の作成・公表
20	品質管理		業績成果(15)、業績監査(17)のレビュー
21	公監査人	独立性	当該自治体と利害関係のないこと、外部監査人
		専門性	公認会計士等の専門家、商店街整備・商業診断等の専門能力を有する者
22	立法府の審議		成果報告・業績監査報告の予算・決算議会審議での活用
23	財務管理システム		助成事業の財源管理（補助金申請等）など当該機関（事業）のファイナンスシステム
24	評価・格付		成果報告の公表及び業績監査報告（信頼性付与）による、自治体のランキング（格付）への反映
25	インセンティブ・責任		成果達成⇒事業の優先度確保（予算反映）、経済性・効率性（欠如）⇒次期予算削減・補助金返還、有効性（欠如）⇒事業見直し・打切り等

〔ケース2〕道路の建設・管理運営

業績公監査チェックリスト

	監査過程	業績監査上の手続・技術、証拠資料、根拠データ等
1	首長マニフェストの有無	首長公約：○○道路、××地区の整備率を○％とする
2	立法府・政策決定方針	道路施策プラン・道路整備基本方針・中期計画、予算関連資料で当該事業推進の明示

3	根拠条文		道路法，補助金の適正化に関する法律など
4	目標管理のシステム		中期計画上で各年度の進捗目標を明示
5	目標業績指標	(1) 経済性	工事発注等が安価となる入札方式の採用，随意契約とする基準，予定価格設定の適切性指標，落札率（談合懸念＝高コスト検証）の指標，工事別・単位延長当たり建設コスト
		(2) 効率性	発注単位（工事区間・分割発注の効率性）の指標，十分な事前調査による計画的発注指標，設計変更・繰越設定（金額）の適切性指標，事業期間の適切性指標
		(3) 有効性（結果＝output・必要性）	（地区別）道路整備計画（率・延長）の達成指標，取得済道路用地の供用状況の指標，費用価益分析
		(4) 有効性（成果＝outcome）	交通渋滞の緩和指標，所要時間短縮指標，交通事故の減少指標，大気汚染・騒音減少の指標
		(5) 有効性（代替案）	退路利用頻度，住民満足度・要望と道路整備の優先順位の関連指標
6	ベンチマーク・標準指標		上記(3)〜(5)の類似団体比較
7	コスト指標		道路舗装費用，道路総資産（B/S指標），道路公社のP/L指標（企業会計方式）
8	業績成果計画書		目標達成のための具体事業の予算書・関連書類への明示
9	目標実施プロセス		予算要求（積算）書類上の目標達成の実施スケジュール（例：用地取得，現地調査，設計測量，工事発注，検査，供用などの指標明示）
10	業績成果測定プロセス		利用者満足度調査，施設・機器利用件数，相談件数等の成果集計システム（ルール化・マニュアル化），成果統括部署のチェックの仕組
11	業績成果評価プロセス		10の成果を測定した結果と，（事前設定した）目標との対比，分析・評価を行うシステム
12	業績成果報告書		整備事業の年次（業績）報告書の作成・公表，業績成果の決算関連書類（例：主要な成果を説明する書類）の的確な明示・公表
13	マネジメントリスクの認識		長期未着工用地又は未使用代替地を保有するリスク，長期未完成工事発生によるリスク，道路（網）維持修繕計画の策定欠陥リスクの識別

14	リスク低減対応		長期保有用地の活性化対策，工事計画見直し・進捗管理強化，定期点検，予防的維持修繕対応，道路補修台帳の整備
15	業績成果報告書の公監査の目的		地域住民への業績の報告・意見聴取，行政評価（事務事業評価）としての自己評価・第三者評価，監査
16	業績公監査手続	効率性（経済性）	工事期間延長，繰越などの事業遅延状況（金額・理由，計画的執行＝事前調査，近隣関係者調整）の確認，施設の保守，業務委託の随意契約の妥当性の監査，工事等の発注方法（例：分割・一括発注など）の確認
		有効性	利用頻度（交通量）に応じた工事優先発注の確認
		コスト	工事設計積算の妥当性の確認，道路建設に関する行政コスト計算書の作成（人件費の算入状況含む）確認
17	業績公監査報告書		監査委員による業績監査（行政監査，財務監査の3E監査）と包括・個別外部監査
18	措置状況		監査結果(17)を受けて執行機関が改善・見直しを図るシステムの定着，結果のフォローアップする仕組の存在
19	結果公表		主要な施策の成果報告書，中期計画の達成状況，行政評価の結果報告書等の作成・公表
20	品質管理		業績成果(15)，業績監査(17)のレビュー
21	公監査人	独立性	当該自治体と利害関係のないこと，外部監査人
		適格性	公認会計士等の専門家，土木技術など道路整備・管理の専門能力を有する者
22	立法府の審議		成果報告・業績監査報告の予算・決算議会審議での活用
23	財務管理システム		道路整備の財源管理（補助金申請・公債発行等）など当該機関（事業）のファイナンスシステム
24	評価・格付		成果報告の公表及び業績監査報告（信頼性付与）による，自治体のランキング（格付）への反映
25	インセンティブ・責任		成果達成⇒事業の優先度確保（予算反映），経済性・効率性（欠如）⇒次期予算削減・補助金返還，有効性（欠如）⇒事業見直し・打切り等

〔ケース3〕商工業試験研究機関（分野：経済）
業績公監査チェックリスト

	監査過程		業績監査上の手続・技術，証拠資料，根拠データ等
1	首長マニフェストの有無		「地域商工業者の研究開発支援」を公約
2	立法府・政策決定方針		中期計画上，予算関連資料での当該事業推進の明示
3	根拠条文		施設設置条例，手数料条例，組織管理規程
4	目標管理のシステム		中期計画上で各年度の進捗目標を明示
5	目標業績指標	(1) 経済性	施設の収支・コスト情報　物品購入，業務委託の入札価格抑制の指標
		(2) 効率性	試験依頼機器の購入価額と，依頼試験件数・研究件数を比較する指標
		(3) 有効性（結果＝output・必要性）	試験研究機関の社会，住民ニーズの反映指標，利用状況指標
		(4) 有効性（成果＝outcome）	研究成果（依頼試験）の地域産業への有益還元指標，地域経済の活性化指標，成功成果指標
		(5) 有効性（代替案）	直営試験研究機関か，外部委託か
6	ベンチマーク・標準指標		利用者満足度調査・アンケート，試験件数・研究件数の他機関比較，成功成果指標
7	コスト指標		依頼試験・機器使用に関する原価計算指標，試験機器の購入依頼と利用率の指標
8	業績成果計画書		業績目標達成のための個々具体の事業の予算書・関連書類への明示
9	目標実施プロセス		予算要求（積算）書類上の目標達成のスケジュール（例：行事予定，研究スケジュール）
10	業績成果測定プロセス		利用者満足度，施設・機器利用件数，相談件数などの成果集計システム（ルール化・マニュアル化），成果統括部署のチェックの仕組み
11	業績成果評価プロセス		10の成果を測定した結果と，（事前設定した）目標との対比，分析・評価を行うシステム
12	業績成果報告書		施設の年次（業績）報告書の作成と公表　業績成果の決算関連書類（例：主要な成果を説明する書類）への的確な明示・公表

13	マネジメントリスクの認識		地域ニーズに適合した試験機器設置・研究活動（分野）の選定リスク，研究人材の年齢層（世代ごと）の確保・教育のリスクの識別
14	リスク低減対応		施設利用者アンケートの実施，機器利用実績による対応，事業の見直し，研究活動の検証
15	業績成果報告書の公監査の目的		地域利用者への業績実績の報告・意見聴取，行政（事務事業）評価としての自己評価・第三者評価，監査
16	業績公監査手続	効率性（経済性）	検査機器の保守・分析委託の随意契約の妥当性の監査，保守管理の発注（分割・一括など）方法の監査
		有効性	未稼働研究機材の調査，利用者満足度の分析，相談件数・講習会参加者の状況確認の監査，研究職員数に対する研究件数（量）・活用状況（特許利用等）確認の監査，成功成果指標の監査
		コスト	依頼試験手数料に関する行政コスト計算書の作成（人件費の算入状況含む）確認
17	業績公監査報告書		監査委員による業績監査（行政監査，財務監査の3E監査）と包括・個別外部監査
18	措置状況		監査結果(17)を受けて執行機関が改善・見直しを図るシステムの定着，結果をフォローアップする仕組の存在
19	結果公表		主要な施策の成果報告書，中期計画の達成状況，行政評価の結果報告書等の作成・公表
20	品質管理		業績成果(15)，業績監査(17)のレビュー
21	公監査人	独立性	当該自治体と利害関係のないこと，外部監査人による実施
		適格性	公認会計士等の職業専門家，経済，技術開発，理化学機器等の専門人材
22	立法府の審議		成果報告・業績監査報告の予算・決算議会審議での活用
23	財務管理システム		高額試験機器購入の財源管理（補助金申請・公債発行等）など，当該機関のファイナンスシステム
24	評価・格付		成果報告の公表及び業績監査報告（信頼性付与）による，自治体のランキング（格付）への反映
25	インセンティブ・責任		成果達成⇒事業の優先度確保（予算反映），経済性・効率性（欠如）⇒次期予算削減・補助金返還，有効性（欠如）⇒事業見直し・打切り等

[ケース4] 公立病院の運営・管理
業績公監査チェックリスト

	監査過程		業績監査上の手続・技術，証拠資料，根拠データ等
1	首長マニフェストの有無		マニフェストで「経営健全化のための取組，良質な医療の提供のための取組」を公約
2	立法府・政策決定方針		地域保健医療計画，中期計画，予算関連資料の明示
3	根拠条文		病院事業の設置等に関する条例
4	目標管理のシステム		中期経営プラン，部門別，診療科別目標設定，経営改善行動計画，民間医療機関との機能分担等を明示
5	目標業績指標	(1) 経済性	平均当たり診療コスト指標，ABC計算，物品購入，業務委託の入札価格抑制（価格交渉）の指標，SPD方式
		(2) 効率性	効率的使用コスト指標，期限切れ薬品・診療材料の指標
		(3) 有効性（結果＝output・必要性）	医療安全性指標，医療メディエーター利用の指標
		(4) 有効性（成果＝outcome）	クリニカルインディケーター比較指標，患者満足度指標，機能・拠点病院による指標の向上
		(5) 有効性（代替案）	地方独立行政法人化，指定管理者方式の比較指標
6	ベンチマーク・標準指標		類似病院との比較，病院事業の独立採算指標，DPC評価
7	コスト指標		医業費用（給与費，材料費，経費，減価償却費その他費用），直接費・間接費配賦計算手続
8	業績成果計画書		目標値，マネジメント・クリニカルインディケーターなど業績目標達成のための個々具体の事業の予算書・関連書類への明示
9	目標実施プロセス		予算要求（積算）書類上の目標達成のスケジュール（例：薬品診療材料の管理体制，部門別進捗状況管理手法の実施プロセス）
10	業績成果測定プロセス		病院別会計資料，部門別診療科別損益計算，疾患別損益計算手続などの成果集計システム（ルール化・マニュアル化），成果統括部署のチェックの仕組
11	業績成果評価プロセス		10の成果を測定した結果と，（事前設定した）目標との対比，分析・評価を行うシステム（一般会計費用負担金指標，インディケーター比較分析）
12	業績成果報告書		経営改善行動計画，年次（業績）報告書の作成と公表，業績成果の決算関連書類への的確な明示・公表

13	マネジメントリスクの認識		診療ミス,再手術のリスクの識別
14	リスク低減対応		地域・量的分譲収益確保の方策,経営効率化の方策,インセンティブ方式の導入,診療ミスリスク対応
15	業績成果報告書の公監査の目的		業績実績の報告・意見聴取,行政評価(事務事業評価)としての自己評価・第三者評価,監査(現地視察,質問,閲覧,吟味,分析手続)
16	業績公監査手続	効率性(経済性)	薬品・診療材料の効率的使用の監査,施設管理保守契約の随意契約の妥当性の監査,保守管理の発注方法(例:分割・一括発注など)の監査
		有効性	マネジメント・クリニカルインディケーター指標の確認
		コスト	部門別・診療課別・疾患別コスト計算の監査
17	業績公監査報告書		監査委員による業績監査(行政監査,財務監査の3E監査)と包括・個別外部監査 【業績監査手続上の留意点】保有資産の定期的現物検査(記帳・転記漏れ),高額医療機器の利用状況,遊休資産,未収金,不納欠損等,貸倒引当金,退職給付引当金,病院間調整勘定,内部留保資金残高,預り金,薬品診療材料のコストと管理体制(紛失ロス管理含む),高額診療材料の消耗品管理,負担金操作,カットオフの調整,個人情報確保(顧客),苦情報告書
18	措置状況		経営改善委員会の開催,監査結果(17)を受けて執行機関が改善・見直しを図るシステムの定着,結果のフォローアップする仕組の存在
19	結果公表		決算書(事業報告),中期計画の達成状況,行政評価の結果報告書等の作成・公表
20	品質管理		業績成果(15),業績監査(17)のレビュー
21	公監査人	独立性	当該自治体と利害関係のないこと,外部監査人
		適格性	公認会計士等の専門家,医療の専門能力を有する者
22	立法府の審議		当該監査報告・成果報告が議会での次年度予算審議に活用
23	財務管理システム		資金運用・調達(短期・長期借入)
24	評価・格付		業績成果報告書・監査報告書評価指標
25	インセンティブ・責任		経済性・効率性に欠ける事務事業執行は,次年度予算削減又は補助金削減(返還),有効性に欠ける人員配置

〔ケース5〕中小企業人材育成事業
業績公監査チェックリスト

	監査過程		業績監査上の手続・技術，証拠資料，根拠データ等
1	首長マニフェストの有無		人材育成の政策の公表
2	立法府・政策決定方針		産業振興機構の設立，人材育成
3	根拠条文		国の高専等活用中小企業人材育成事業の補助規定
4	目標管理のシステム		中小企業人材育成の目標管理プロセス
5	目標業績指標	(1) 経済性	人材育成一人当たりコスト指標
		(2) 効率性	育成コスト・種類別及びカリキュラムコストの指標
		(3) 有効性（結果＝output・必要性）	実践的な教育指標
		(4) 有効性（成果＝outcome）	カリキュラム・テキスト，実践キットの成果指標，教育システムの向上・成績指標
		(5) 有効性（代替案）	有料化，外部委託方式による事業実施の代替指標
6	ベンチマーク・標準指標		上記(3)～(5)の類似他自治体との比較
7	コスト指標		運営コスト（人件費含む），施設整備コストの指標
8	業績成果計画書		人材育成の目標指標の計画書＝目標達成に向けた個々具体の事業予算書・関連書類への明示
9	目標実施プロセス		予算要求（積算）書類上の目標達成の実施スケジュール（例；人材育成実施プロセスの指標明示）
10	業績成果測定プロセス		成果集計システム（ルール化・マニュアル化），成果統括部署のチェックの仕組み
11	業績成果評価プロセス		10の成果を測定した結果と，（事前設定した）目標との対比，分析・評価を行うシステム
12	業績成果報告書		業績に関する月次，年次（業績）報告書の作成と公表，業績成果の決算関連書類への的確な明示・公表
13	マネジメントリスクの認識		人材育成プログラム・カリキュラムの不適合性リスクの識別
14	リスク低減対応		人材育成の水準別プログラム・カリキュラムによりリスク対応
15	業績成果報告書の公監査の目的		利用関連者との会合での業績実績の報告・意見聴取，行政評価（事務事業評価）としての自己評価・第三者評価，監査

16	業績公監査手続	効率性（経済性）	人材育成コストの単位当たりコスト集計の安定性，人材育成結果の指標の妥当性と適切性検証
		有効性	人材育成成果・水準指標の妥当性・適正性検証
		コスト	人材育成コストの集計方法の妥当性研究・調査委託，募集，研修コストの妥当性
17	業績公監査報告書		育成プログラム・カリキュラムの不適合，人材育成コストと成績向上の非合致性，監査委員による業績監査（行政監査，財務監査の3E監査）と包括・個別外部監査
18	措置状況		監査結果(17)を受けて執行機関が改善・見直しを図るシステムの定着，結果のフォローアップする仕組の存在
19	結果公表		主要な施策の成果報告書，中期計画の達成状況，行政評価の結果報告書等の作成・公表
20	品質管理		業績成果(15)，業績監査(17)のレビュー
21	公監査人	独立性	当該自治体と利害関係のないこと，外部監査人
		適格性	公認会計士等の専門家，産業人材育成の専門能力を有する者
22	立法府の審議		議会での決算及び予算審議に活用
23	財務管理システム		当該機関のファイナンスシステム
24	評価・格付		業績成果報告書により評価
25	インセンティブ・責任		効率的執行を行わないことによる補助金返還の責任

(ケース6) 公共施設の設置と管理
業績公監査チェックリスト

	監査過程		業績監査上の手続・技術, 証拠資料, 根拠データ等
1	首長, マニフェストの有無		公共施設・インフラ設備に対するマニフェスト
2	立法府・政策決定方針		公共施設等の整備方針
3	根拠法規		関係法令
4	目標管理のシステム		建設計画, 建替計画, 設置, 施設運営, 遊休施設の管理システム
5	目標業績指標（3E+2E）	(1)経済性	公共施設の設置コスト・ランニングコスト指標
		(2)効率性	施設サービス1単位当りコスト指標
		(3)有効性（結果, 必要性）	施設サービスの必要性・優先性指標
		(4)有効性（成果）	施設サービスによる住民満足度・有効性指標
		(5)有効性（代替案）	直営方式, 指定管理者制度, 施設の統合化, 民営化, セールアンドリースバック方式・選択指標
6	ベンチマーク・標準指標		他市, 他類似施設との比較指標
7	コスト指標	フルコスト・機会コスト	ライフサイクルコスト, 早期の修繕・改善コスト指標, コスト受益者負担指標
8	業績成果計画書		施設運営成果指標達成計画書
9	目標実施プロセス		投資計画の策定プロセス, コスト削減見込額の根拠明示の実施手続
10	業績成果測定プロセス		遊休財産額の集計プロセス
11	業績成果評価システム		遊休財産の有効活用・売却可能性の評価
12	業績成果報告書		コスト有効性指標, 効率性指標
13	マネジメントリスクの認識		公共施設の必要過大性リスク, 公共施設のランニングコスト増大リスク指標
14	リスク低減対応		コスト見直し, コスト有効性見直し
15	業績成果報告書の公監査目的		公共施設管理の妥当性, 質問・書類査閲・現場視察手続
16	業績公監査手続	効率性	施設設置のコスト効率性指標の検証
		有効性	施設設置・運営による住民満足度の検証
		コスト	コスト集計手続の適切性

17	業績公監査報告書			施設管理の統括部門の設置と情報の一元化の有効性 委託範囲の見直し
18	措置状況			改善事項の経過手続
19	結果公表			公表手段・時期の適切性
20	品質管理			業績の法的観点の理解と確証実施手続
21	公監査人の適格性	独立性		外部独立性, 内部独立性
		適格性		入札手続のプロセス検証能力
22	立法府の審議			公共事業の必要性と妥当性の検証
23	財務管理システム			補助金・自主財源の管理システムの検証
24	評価・格付			公共施設の規模と財源
25	インセンティブ・責任			有効性と将来コストの結果, 不当性の水準

〔ケース7〕 外郭団体（第三セクター等）の健全化・再生化可能性の業績評価監査

業績公監査チェックリスト

	監査過程		業績監査上の手続・技術, 証拠資料, 根拠データ etc
1	首長, マニフェストの有無		外郭団体経営改革方針
2	立法府・政策決定方針		外郭団体の経営改革・改善の実施
3	根拠条文		関係法令
4	目標管理のシステム		経営・運営健全化改革委員会の運営
5	目標業績指標 Ⓐ経営状況指標 Ⓑ財務・財政状況指標 Ⓒ外部環境指数 （3E＋2E）	(1)経済性	健全化・再生化コストの経済性指標
		(2)効率性	健全化・再生化プランの実施の効率性指標
		(3)有効性（結果, 必要性）	外郭団体の必要性・有効性指標
		(4)有効性（成果）	外郭団体の公益性と事業採算性の指標
		(5)有効性（代替案）	施策への活用・廃止・縮小・民営化・自立化・統合方式の指標
6	ベンチマーク・標準指標		他市・他外郭団体の比較指標

7	コスト指標	フルコスト・機械コスト	事業コスト縮減，自主財源，組織・人員体制のコスト指標，コスト意識指標，共通コスト
8	業績成果計画書		業績成果達成の改革プランの検証
9	目標実施プロセス		改革目標の達成度・期限の工程表
10	業績成果測定プロセス		目標業績指標の迅速性・正確性手続
11	業績成果評価システム		目標業績の分析評価手続
12	業績成果報告書		（事業再生スキーム類型の決定プロセス）
13	マネジメントリスクの認識		①（1）財政健全化リスク （2）損失補償債務等評価リスク
14	リスク低減対応		①（1）財政健全化リスク低減策 （2）損失補償債務等の評価リスク低減策
15	業績成果報告書の公監査目的		健全化・再生化目的との合致性・プロセスの妥当性
16	業績公監査手続	効率性	効率性指標の検証
		有効性	有効性指標の検証
		コスト	コスト集計・配賦計算の検証
17	業績公監査報告書		必要性・業績・コストの改革のスピード性・手続妥当性
18	措置状況		適切なガバナンス・外部専門家の評価，プロセスの検証
19	結果公表		事業内容，財務内容，市補助金，市OB・派遣職員，役員報酬，職員給与等の妥当性の開示
20	品質管理		計画・運営業績の評価能力と手続の妥当性
21	公監査監査人の適格性	独立性	外部監査性・内部監査性
		適格性	業績公監査目的との合致性
22	立法府の審議		立法趣旨と計画意図の達成度の評価
23	財務管理システム		市補助金・委託金・出資金・株式売却・自主財源の管理システムの適切性
24	評価・格付		規模的・財政的妥当性
25	インセンティブ・責任		計画・実行の成果とペナルティ

(別表)
Ⓐ経営状況指標

- 当該自治体との取引開始理由
- 外郭団体の沿革と歴史（経営環境への対応状況）
- 役員と従業員の状況（自治体関係者の内訳）
- ビジネスモデルの概要と経緯
- 当該自治体との取引内容と経緯
- 外郭関係者／共同経営者との関係
- 指定管理業務との関係
- 環境要因の分析（緊急性の程度）
- 経営上のリスク要因
- 経営不振の要因と支援計画の状況（再生型と再建／清算型法的手続等）
- 再生計画書の状況
- 財務リストラの経緯と状況
- 再生スキーム類型案（タイムスケジュールとタイムリミット）
- ガバナンス機能の状況
- 外郭団体経営検討委員会の活動状況

Ⓑ財務・財政指標

- 会計方針
- 純資産金額の算定及び調整必要項目
- 時価評価額（不動産の鑑定評価）
- 債権の回収可能性と資産性能力
- 固定資産の減損状況
- オンバランス／オフバランス項目
- 引当金の負債性
- 買掛債務の網羅性
- 未払金と未払費用の計上
- 賞与引当金及び退職給付引当金の十分性
- リース債務の計上
- 債務返済計画
- 財産の権利関係（自治体本体との関係性）
- 各種契約関係（自治体との関係性）
- 利害関係者とのキャッシュフロー関係
- 時価ベースB/S（調整後）と予想ベースB/S
- 実体ベースP/L（調整後）と予想ベースP/L
- 資金調達能力の状況

- 経理組織と手続
- 担保提供資源（金融機関及び債権者の保全状況）
- 簿外資産及び負債の有無
- 偶発債務及び後発事象の有無
- 係争事件の有無と訴訟内容
- 外郭団体会計監査の状況と結果
- 包括外部監査の状況と結果
- 債務圧縮政策及び資本政策（減資）の可能性
- 経営計画書の状況（二次損失発生可能性の有無）
- 債務償還計画の状況（法的整理の必要性の程度）
- 清算配当率計算明細と影響度
- スキーム別長短／回収率明細

ⓒ外郭環境指標

- 当該外郭団体設立時の外部要因
- 地域住民の関心状況
- 議事録の内容
- 当該外郭団体の周辺環境との関係（競争関係／業務と営業の不振要因）
- 金融機関・債権者・利害関係者の状況
- 金融機関等とのリスケジュールの経緯
- 地域住民への説明責任の履行方法
- 地域振興との関係（人口／世帯的／事業所的／従業員的／販売市場／不動産市場／まちづくり状況等）
- 自治体本体の出資者及び債権者としての責任関係
- 再生による将来還元可能性分析
- 住民訴訟リスクの可能性の分析

ⓓ外郭団体等の財政健全化リスク

リスク要因	→ リスク低減策
① 減価償却費を上回る地方債元金の償還の妥当性	➡ 減価償却計画及び地方債発行計画の検証
② 収入額の低さ収入単価の妥当性	➡ 料金改定の可能性の検証
③ 利用率の低さと環境変化対応の妥当性	➡ 利用率引上げの可能性の検証
④ 運営コストの高さと入札等の妥当性	➡ 調達コスト低減等の可能性の検証

⑤ 一般会計からの繰入の合理性と不足の妥当性	➡	繰出基準の適用の検証
⑥ 過大設備・人員投資の妥当性	➡	事業規模縮小の可能性の検証
⑦ フルコスト（総原価）と機会原価計算の妥当性	➡	直接原価・間接原価把握の正確性の検証
⑧ 民間ビジネスモデルとの競合関係	➡	民間ビジネスモデルとの比較による検証
⑨ 外部委託・資産売却業務縮小の可能性	➡	スクラップアンドビルド方策の検証
⑩ ビジネスモデル再構築の可能性	➡	短・中・長期ビジネスモデルの検証

索　引

あ行

IR ································ 181
IG ································ 250
アウトカム ························ 264
アカウンタビリティ ················ 180
イエローブック ···················· 250
1月23日総務大臣通知 ············· 29
一部事務組合 ····················· 131
一般会計等財務書類 ··········· 34, 165
一般基準 ·························· 258
一般に認められた経営管理の基準 ···· 244
インパクト ························ 264
インフラ資産 ·········· 60, 97, 98, 106
営利組織監査 ····················· 251
AC ······························· 252
SEA 報告 ························· 251
NAO ····························· 252
公けの知る権利 ··················· 262
オペレーティング・リース ··········· 56

か行

開始仕訳 ·························· 159
回収可能価額 ····················· 212
借入資本金 ················ 204, 205, 206
簡易水道事業 ··············· 222, 225
監査意見 ·························· 243
監査機能の拡張 ··················· 245
完全監査 ····················· 240, 255
管路経年化率 ····················· 234

基金 ···························· 87, 99
基準モデル ························· 5
基礎的財政収支 ··············· 182, 185
期末一括仕訳 ········· 24, 33, 81, 129
期末一括仕訳（簡便作成法） ····· 24, 36
期末一括仕訳（伝票単位ごと） ······· 36
期末要支給額 ····················· 208
キャッシュ・フロー計算書 ·········· 214
Q & A ························· 84, 126
QC チェックリスト ················· 228
行政コスト及び純資産変動計算書
　································ 16, 111
行政コスト計算書 ············· 15, 108
行政内部 ·························· 178
行政評価 ····················· 180, 264
強制評価減 ························ 77
行政成果 ·························· 255
行政マネジメントプロセス ········· 253
行政目的別明細 ··················· 104
業績 ······························ 255
業績管理統制 ····················· 261
業績公監査 ········· 239, 255, 257, 267
業績測度 ·························· 264
業績（行政成果）公監査基準 ······· 258
業務活動収支 ····················· 118
業務監査 ·························· 239
偶発債務 ·························· 138
国の公会計基準 ···················· 27
繰入制限 ·························· 223
繰延資産 ·························· 211

繰延収益	206
経営監査	239, 246
経営戦略の策定	224
経営比較分析表	225
経済性	248
経済性監査	255
経常収益	109
経常収支比率	182, 234
経常費用	108
経費回収率	223, 234
下水道事業	222, 225
欠陥指標	265
決算統計	89
決算統計情報	25
減価償却	57
現金主義	126
現金主義会計	31
減債基金	99
減債積立金	218
建設仮勘定	88
減損会計	211
減損損失の測定	212
減損損失の認識	212
減損損失累計額	216
減損の兆候	212
現物確認	87
5E	256, 265
広域連合	131
公営企業の戦略実施	228
公会計	262
公監査	239, 248, 255, 262
公監査基準	239, 257
公監査リスク	262, 264
公共施設マネジメント	54
公経営監査	227, 239, 248, 253, 255, 261, 262, 267
公経営監査基準	257, 258
工作物	76
控除対象外消費税	216
構成要素の測定	13
構成要素の認識	12
公的保証	262
公有財産台帳	51, 53
効率性	248
効率性監査	255
コード	248
コーポレートガバナンス	261
国際公会計基準	27
個人情報保護法	86
コストベネフィット分析	264
コスト有効性分析	264
固定資産税概要調書	66
固定資産台帳	32, 51, 53, 54, 88
固定資産台帳整備	82
固定資産台帳の整備等に関する作業部会	3
固定資産等形成分	102
固定資産等の変動（内部変動）	114
コマーシャル監査	249
今後の新地方公会計の推進に関する研究会	3
今後の新地方公会計の推進に関する実務研究会	28
コンサルティング	242

さ行

歳計外現金	95
財源	12, 114

財源情報	115, 117
財源情報の明細	128
財源の明細	117
財政支援	175
財政指標	178
財政状態	13
財政力指数	182
歳入額対資産比率	183
財務活動収支	118
財務規定	219
財務指標	190
債務償還可能年数	182, 185
財務諸表3表	18
財務諸表4表	17
財務書類の作成基準に関する作業部会	3
財務報告公監査	255, 257
財務報告公監査基準	258
3E	256, 257
3E監査	250
3表形式	16
GAO	248
GAO監査基準	248
GPR	250
事業用資産	60
資金計画書	214
資金収支計算書	15
資金収支の状態	13
資金仕訳変換表	32, 40
資産	11
資産管理	178
資産・債務管理	10
資産・負債アプローチ	12
資産の振替	142
資産評価	25
資産評価差額	114
資産老朽化比率	182, 183
市場価格のあるもの	77
市場価格のないもの	77
システム整備	174
施設更新必要額	191
施設の統廃合	179
自治大学校	175
市町村アカデミー	175
実質価額	99
実質公債費比率	182
実体維持減価償却計算	225
実体資本(資産)維持会計	225
指標	255
資本的支出	88
収益	12
修繕費	88
修繕引当金	208
集中取組期間	205, 225
重要な会計方針	123
受益者負担	187
受益者負担の適正化	180
出捐金	99
出資金	77, 100
取得価額不明	75
純行政コスト	114
純資産	12, 218
純資産の変動	13
純資産比率	182, 184
純資産変動計算書	15, 116
使用価値	212
償却原価	77
償却率表	62

正味売却価額·················212
証明·······························243
証明機能·························240
証明業務·························257
賞与等引当金·················102
賞与引当金·················26, 208
所有権移転外ファイナンス・リース
　　取引·······················96
所有権移転ファイナンス・リース
　　資産·······················96
将来負担比率·············182, 184
人材育成支援·················175
新地方公会計制度研究会········3
出納整理期間··········17, 26, 142
政策評価························264
政府監査基準··················250
セグメント情報···············212
セグメント分析·········179, 193
世代間公平性·············24, 183
世代間負担比率···············184
全国市町村国際文化研修所··175
全体財務書類···········8, 34, 165
全部適用························219
全部連結··················133, 148
総合償却·························58
相殺消去··················149, 166
総務省方式改訂モデル··········6
測度·······························255
その他の純資産減少原因······12
その他の純資産増加原因······12
ソフトウェア················79, 98
損失補償等引当金········26, 101

た行

第三セクター等···············132
貸借対照表············15, 102, 107
退職給付引当金···············208
退職手当組合··················210
退職手当引当金··········26, 101
耐震化状況·······················55
耐用年数··························59
宅地比準土地····················68
他団体出資等分··········143, 150
棚（たな）卸資産········100, 211
単式簿記··························38
弾力性···························186
地方公営企業会計基準·······204
地方公営企業法···············129
地方公会計マニュアル··········4
地方債 IR·······················198
地方三公社·····················131
地方政府会計基準審議会·····250
地方独立行政法人·············131
地目単位··························64
地目変換表·······················72
注記······················123, 137
中古の償却資産··················58
長期前受金·····················206
長期前受金戻入···············216
長期前払消費税···············216
徴収不能引当金··········26, 78
長寿命化履歴···············55, 86
庁内の体制整備·················81
低価法···························211
統一的な基準による地方公会計
　　マニュアル················28

索　引

投資活動収支	118
投資損失引当金	26
道路	61
特定の時期	26, 61, 97
特別交付税措置	175, 176
取替法	58

な行

内部牽制	261
内部統制	261
内部取引調査票	165
二重責任制度	256
のれん	135

は行

売却可能資産	78
発生主義	10, 13, 39, 127
発生主義会計	31
パブリックアカウンタビリティ	20, 27, 254, 256, 262, 263
パブリックアカウンティングファーム	250
PFI	181, 199
PFI事業	87
比較可能性	11
非監査財務諸表	243
非資金仕訳	48
日々仕訳	24, 33, 36, 81, 129
PPP	181, 199
備忘価額	26
備忘価額1円	61
費用	12
評価基準	63
標準的なソフトウェア	175

比例連結	133, 148
品質管理	227
ファイナンス・リース	56
VFM	248, 256, 257
VFM監査	249, 250
複式簿記	32, 36, 38, 127
負債	12
附属明細書	124
負担区分原則	203
不納欠損率	78
負ののれん	135
プライマリーバランス	185
フル償却	207
プログラム結果監査	250
ベスト・バリュー業績プラン	249
包括監査	249, 255
包括的業績評価	249
法規準拠性公監査	255, 257
法規準拠性公監査基準	258
報告主体	8
法人税基本通達	88
法定決算書類	142
法非適用企業	219
保証	243
保証機能	243
保証業務	257
保証の程度	243

ま行

マクロ的視点	178
マネジメント・アプローチ	213
マネジメント・コンサルティング	241
マネジメントシステム	254
満期保有目的以外	100

満期保有目的以外の有価証券………77
見える化…………………………………191
ミクロ的視点……………………………179
みなし償却制度…………………………206
無形固定資産……………………………89
無償所管換等……………………………114

や行

有価証券…………………………………77
有形固定資産……………………………89
有形固定資産減価償却率………………234
有形固定資産の評価基準……………60, 96
有効性……………………………………248
有効性監査………………………………255
誘導的……………………………………17
予算編成……………………………179, 193
余剰分（不足分）………………………102
読替え……………………………………140
読替方針…………………………………168
4表形式…………………………………15

ら行

ランニングコスト………………………55
リース会計………………………………212
リース資産………………………………57
利益積立金………………………………218
理解可能性………………………………11
流動資産…………………………………100
料金回収率………………………………234
臨時財政対策債…………………………129
臨時損失…………………………………109
臨時利益…………………………………109
累積欠損金比率…………………………234
連結科目対応表…………………………140
連結決算日………………………………134
連結財務書類………8, 34, 131, 134, 149, 165
連結作業項目……………………………139
連結修正…………………………………141
連結精算表………………………………144
連結貸借対照表…………………………150
連結対象団体……………………………158
連結調整勘定……………………………135

《著者紹介》

鈴木　豊（すずき　ゆたか）

現在，学校法人青山学院常任監事，一般社団法人青山公会計公監査研究機構理事長。
青山学院大学名誉教授，東京有明医療大学客員教授，経営学博士，公認会計士，税理士。

[主な経歴]
総務省「今後の新地方公会計の推進に関する研究会」座長，総務省「地方公営企業法の適用に関する研究会」座長，総務省「地方公営企業会計制度等研究会」座長，金融庁「公認会計士試験」（租税法）試験委員，日本公認会計士協会公会計委員会委員長，東京都「地方独立行政法人評価委員会」委員，さいたま市「外郭団体経営改革推進委員会」委員長，富岡市「公会計情報と公共施設マネジメント情報の一体的整備に関する調査研究委員会」委員長，地方公共団体金融機構経営審議委員会委員長代理，内閣府「行政刷新会議民間評価者」，財務省「東京国税局入札等監視委員会」委員長等を歴任。

[主な著書]
『政府・自治体パブリックセクターの公監査基準』（中央経済社），『税務会計法』（中央経済社），『自治体の会計・監査・連結経営ハンドブック』（中央経済社），『地方自治体の財政健全化指標の算定と活用』（大蔵財務協会），『自治体経営監査マニュアル』（ぎょうせい）他多数。

新地方公会計統一基準の完全解説
― 公会計・公監査の考え方とすすめ方

2016年5月10日　第1版第1刷発行

著者　鈴　木　　　豊
発行者　山　本　　　継
発行所　㈱中央経済社
発売元　㈱中央経済グループ
　　　　パブリッシング

〒101-0051　東京都千代田区神田神保町1-31-2
　　　　　　電話　03（3293）3371（編集代表）
　　　　　　　　　03（3293）3381（営業代表）
　　　　　　http://www.chuokeizai.co.jp/
　　　　　　印刷／文唱堂印刷㈱
　　　　　　製本／誠製本㈱

©2016
Printed in Japan

＊頁の「欠落」や「順序違い」などがありましたらお取り替えいたしますので発売元までご送付ください。（送料小社負担）
ISBN978-4-502-17461-2　C3034

JCOPY〈出版者著作権管理機構委託出版物〉本書を無断で複写複製（コピー）することは，著作権法上の例外を除き，禁じられています。本書をコピーされる場合は事前に出版者著作権管理機構（JCOPY）の許諾を受けてください。
JCOPY〈http://www.jcopy.or.jp　eメール：info@jcopy.or.jp　電話：03-3513-6969〉

―■おすすめします■―

学生・ビジネスマンに好評
■最新の会計諸法規を収録■

新版 会計法規集

中央経済社編

会計学の学習・受験や経理実務に役立つことを目的に，最新の会計諸法規と企業会計基準委員会等が公表した会計基準を完全収録した法規集です。

《主要内容》

会計諸基準編＝企業会計原則／外貨建取引等会計基準／研究開発費等会計基準／税効果会計基準／減損会計基準／自己株式会計基準／1株当たり当期純利益会計基準／役員賞与会計基準／純資産会計基準／株主資本等変動計算書会計基準／事業分離等会計基準／ストック・オプション会計基準／棚卸資産会計基準／金融商品会計基準／関連当事者会計基準／四半期会計基準／リース会計基準／工事契約会計基準／持分法会計基準／セグメント開示会計基準／資産除去債務会計基準／賃貸等不動産会計基準／企業結合会計基準／連結財務諸表会計基準／研究開発費等会計基準の一部改正／変更・誤謬の訂正会計基準／包括利益会計基準／退職給付会計基準／修正国際基準／原価計算基準／監査基準　他

会 社 法 編＝会社法・施行令・施行規則／会社計算規則

金 商 法 規 編＝金融商品取引法・施行令／企業内容等開示府令／財務諸表等規則・ガイドライン／連結財務諸表規則・ガイドライン／四半期財務諸表等規則・ガイドライン／四半期連結財務諸表規則・ガイドライン　他

関 連 法 規 編＝税理士法／討議資料・財務会計の概念フレームワーク　他

■中央経済社■